从零开始学

缠 论

缠中说禅核心技术分类精解

李洪宇◎著

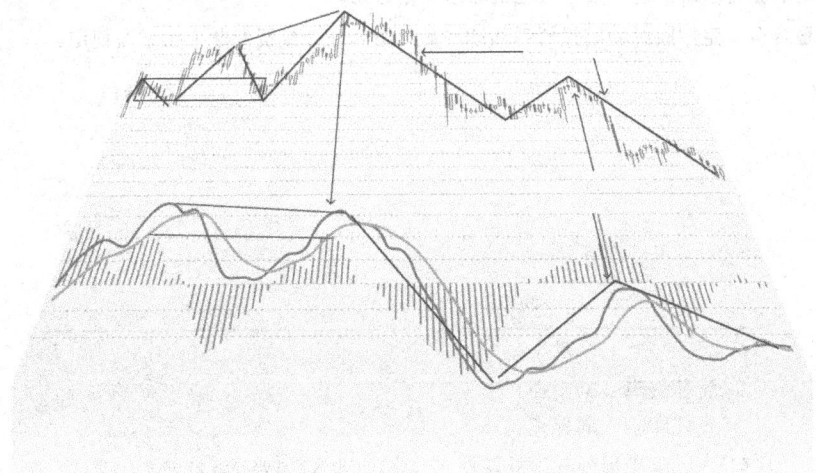

人民邮电出版社

北 京

图书在版编目（CIP）数据

从零开始学缠论：缠中说禅核心技术分类精解 / 李洪宇著. -- 北京：人民邮电出版社，2020.9
ISBN 978-7-115-54374-5

Ⅰ. ①从… Ⅱ. ①李… Ⅲ. ①股票投资－基本知识
Ⅳ. ①F830.91

中国版本图书馆CIP数据核字（2020）第119466号

内 容 提 要

本书是投资者学习缠论的普及读本，简单的方式，通俗易懂的语言，精心制作的图例是本书的亮点与特色。

本书分为4大篇，共11章。第1～2章是基础篇，包括缠论的理论基础及市场法则；第3～7章是形态篇，包括K线、分型、笔、线段、中枢等核心内容；第8～9章是动力篇，包括背驰、买卖点；第10～11章是工具篇，包括均线及MACD指标。本书循序渐进、详细有致地带投资者了解缠论的理论框架、核心思想体系、交易原则与操作技巧，帮助投资者快速理解缠论原文的核心内容，掌握相关要点，进而整合资源，建立属于自己的系统交易方法。

本书适合有一定炒股经验的投资者阅读，尤其适合证券投资专业人士学习使用。

◆ 著　　　　李洪宇
　　责任编辑　刘　姿
　　责任印制　周昇亮

◆ 人民邮电出版社出版发行　　北京市丰台区成寿寺路 11 号
　　邮编　100164　　电子邮件　315@ptpress.com.cn
　　网址　https://www.ptpress.com.cn
　　北京虎彩文化传播有限公司印刷

◆ 开本：700×1000　1/16
　　印张：16.5　　　　　　　　2020 年 9 月第 1 版
　　字数：269 千字　　　　　　2025 年 8 月北京第 22 次印刷

定价：59.80 元

读者服务热线：(010)81055296　印装质量热线：(010)81055316
反盗版热线：(010)81055315

2008 年，美国次贷危机爆发，进而引发全球金融危机。这样一个"黑天鹅"事件被一个叫作"缠中说禅"的博主精准言中，使其一夜之间声名鹊起。不仅如此，阅读其博客内容后读者发现，那一年我国股市的顶和底亦被其成功预测，于是其关于股市的博文内容借助互联网无限的外延属性，在读者中迅速传播开来。由此，"缠中说禅"成为股市一个时代的符号。

缠论，是"缠中说禅"博客内容的简称，博主通过《教你炒股票 108 课》系列文章，全面阐述了自己对于证券投资的心得以及具体的交易之道。经挖掘，大家觉得其真实身份就是某位曾经叱咤风云的投资者，由于战绩辉煌，且具有大资金交易背景，其博客文章被无数人传阅学习，进而演化为一种交易理论。但博主的理论虽好，文字却艰深晦涩，因此大家虽认可缠论理论的严谨，但对具体内容的解读的分歧却很大，以致缠论理论不能很好地在市场中应用。

道氏理论、波浪理论、江恩理论，这些理论之所以伟大，就在于其能指导具体的交易。这一点，缠论与国外理论相比不遑多让，倘若因其玄妙外衣而丧失作用，最终只能成为膜拜之物，确实有些可惜。

反复研读原文后，笔者认为缠论确实是实战效果极好的一套交易方法，其建立在自同性结构基础上的核心理论结构也很合理，只是不知博主出于何种目的，给该理论披上了一层外衣，予人以无限的神秘感。为此，笔者以简单为宗旨，以直白为基础，以图例解缠意，借鉴各家之言，加上自己独立研究的成果，希望将乱麻般的缠论外衣去掉，还缠论以本来面目。

市场上解读缠论的著作很多，笔者所述亦不过是一家之言，不足之处在所难免。这里要感谢出版机构对笔者的大力支持，同时希望读者阅读与使用缠论时要保持客观警醒的态度，以领悟为主，不可按图索骥。

缠者，事物纠缠不清的状态，暗喻股市混沌不清的态势。

禅者，事物拨云见日的局面，明说股市洞察玄机的结果。

缠中说禅，简称缠论，既说股市纠缠如乱麻，迷茫者在其中无所适从；又说股市本源看透如清水，通透者处局中逍遥快乐。

缠中说禅，投资者尊他为缠师，其 108 课博文道尽股市玄机，但又令无数人困惑。

为解投资者的心头所惑，笔者集近 20 年投资经验，对缠论原文的理论框架进行重新整合，配以生动的市场图例，剥开缠论神秘的外衣，让缠论变得简单而直白。

本书内容

全书共 4 大篇，分别为基础篇、形态篇、动力篇和工具篇。基础篇介绍缠论的理论基础和市场法则；形态篇详细论述 K 线、分型、笔、线段、中枢等缠论构件之间的内在机理与联系；动力篇阐述背驰、买卖点的辨识与应用；工具篇则借助均线、MACD 指标等工具，讨论缠论在外部环境中的具体表现。

除此之外，笔者在书中还提出诸如"成交金额看背驰""均线乖离""MACD 指标双用""长短均线定级别"等许多新的观点与方法，在丰富缠论交易体系的同时，也为投资者看懂盘面提供了一些帮助。

缠论不只是一种市场交易方法，更是一种全新的交易理论。尽管笔者已经审慎斟酌，但限于才智，解读这样具有丰富内涵的博文，疏漏之处还是在所难免，希望读者能予以包容和理解。

本书特色

1. **简单易学**：用通俗的语言剥开缠论神秘的外衣，解构缠论原文晦涩难懂的文字，让缠论原理变得简单易学，使读者一看就懂，一用就明。

2. **实战案例**：解读缠论时选用大量实战图例，让十几年前的缠论与市场贴合得更近，使缠论更符合时代的特点与需求，满足新投资者迫切想要掌握成熟投资理念的愿望。

3. **详细解读**：不是缠论原文般的说教，也不是对原文简单地进行解读，而是利用市场来分析缠论的合理之处，用缠论来解读市场的变化过程，使二者相辅相成，相得益彰。

缠论理论是完整的，但其逻辑与叙述不够清晰，如果本书能够给正在学习缠论的读者带来一些帮助，笔者将不胜荣幸。

第 3 章 **缠论形态篇之 K 线** / 29

第 4 章 **缠论形态篇之分型** / 42

第7章　缠论形态篇之中枢　/ 123

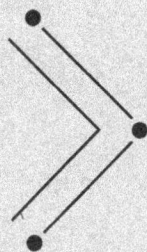

缠论基础篇之理论基础

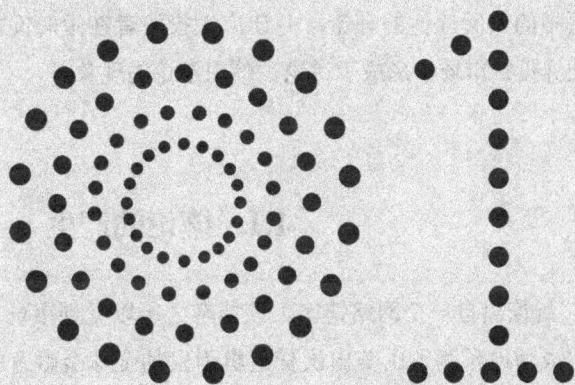

  "缠论"是近几年在国内兴起的一种使用特定技术规范，以图为分析对象的技术分析体系，缠论的兴起无疑是借助了互联网这个平台。缠论的创立者既没有著书立说，也没有开班授课，而是通过博客这一新兴的载体，以"网红"的形式出现，利用强大的粉丝力量迅速走红于网络，进而产生引流的作用，吸引更多的人阅读他的理论，并让广大投资者在短时间内就接受了缠论的思想，在证券投资市场中形成了讨论、使用缠论的现象。

1.1 缠论的产生

  缠论出自一个网络博客。该博客之所以受到市场上投资者的关注，是因为博主成功地预测了由美国次贷危机引发的全球金融危机，同时神奇地预测了A股市场的顶和底。其博客内容而后被大量转发和下载，之前的博客内容也被一遍遍点击查看。对于这些博客内容，讨论和发表自己见解的人也逐渐增多，进而形成了一股热潮。不知从何时起，原本零散、碎片化的博文被投资者上升到一个新的高度，认为这完全是由国人独创的新的投资理论，其成就和贡献不亚于国外流传百年的道氏理论、波浪理论以及江恩理论。根据"缠中说禅"的博客名称，投资者将这种理论命名为"缠论"。

"缠中说禅"博客先后发表了 1 134 篇博文，内容涉猎广泛，其中有 108 篇是论述股市投资的，有 114 篇是解读《论语》的，有 67 篇是关于音乐艺术的，其他还包括时政经济、白话杂文等内容，知识体系甚为庞杂。这当中最为经典的，也是投资者最为津津乐道的，就是"教你炒股票"系列和"解读《论语》"系列。"缠中说禅"博客在 2006 年 6 月 7 日发表了第一篇《教你炒股票》文章，此后，108 课系列文章陆续面世，它们共同构成了缠论这一投资思想体系。

2008 年 10 月，"缠中说禅"博客在发表了只有一句话的最后一篇博文后便停止更新。据传，其博客之所以停更，是博主因患鼻咽癌已经于 2008 年 10 月 31 日离世。

按照惯例，停更后的博客会随时间流逝而慢慢淡出大家的记忆，直至彻底被大众遗忘。但"缠中说禅"博客却相反，虽然已停更，但投资者却依然喜爱这个博客，并对博客始终保持关注，博主所主张的思想也进一步得到投资者的认同，并随证券市场的不断扩容与发展而表现出更加旺盛的生命力。

缠论内容越是被投资者所接受，越是被奉为圭臬，大家就越想探明缠论作者的真实身份。可惜问题的答案因作者的离世，直到如今也无从知晓。

幸运的是，不管这个人是谁，他的思想和交易体系毕竟流传了下来并照亮了后来者的路。纪念缠论作者最好的方式，就是我们在波谲云诡的证券市场中学好、用好缠论，让缠论发挥它的作用。

1.2　缠论的立论基础

理论是实践的先导，思想是行动的前提。缠论的作者也不例外，或许在构思《教你炒股票 108 课》系列文章的时候，作者已经为缠论投资体系搭建出了一个非常宏大的理论基础。

纵观并存于世的三大经典理论，无论是道氏理论、波浪理论还是江恩理论，都无一例外地将价格运动变化作为理论基础。这种做法很正常，因为市场之所以存在，就在于价格有波动，否则市场就是死水一潭，毫无波澜。只不过三大理论创立者的高明之处在于，他们不是单纯地将价格运动作为研究对象，而是提出了各自的思想体系，这就让他们的理论看起来丰富和立体了许多。譬如道氏理论，创立者查尔斯·道提出了道琼斯股票价格平均指数和铁路公司股票走势之间相互验证的设想，这与中国古话"孤木不成林"的意思其实并无二致。至于创立波浪理论的艾略特，则是将波浪结构与价格运动空间进行有机结合，在精准划分波浪结构的同时细分出延长浪的观点，使波浪理论在叙述价格运动空间上具备优势。而威廉·江恩，则是在价格相互验证和价格运动空间都已被提出的情况下另辟蹊径，提出时间循环的观点，从而让以自己名字命名的江恩理论也跻身于技术分析的经典理论殿堂之中。

缠论作者无疑意识到了这一点，在一个二维空间里，影响价格运动的因素就这么多，且都已经被前人所用，几乎没有留给其他人进一步发挥的空间，这也是金融市场百年来始终是三大理论"占据天下"的根本原因。

缠论作者非常聪明，既然可借用的外部条件已经丧失，那就目光向内，从价格运动本身出发，再次发掘可以利用的资源。在借鉴三大经典理论关于价格走势运动判断的观点后，缠论作者归纳整理，总结出了自身需要的结论，即价格运动形态分类。缠论作者在《教你炒股票108课》中曾明确提出："任何金融产品的价格波动都可以归结为3种类型，即上涨、下跌与盘整。"

缠论作者没有借助任何外部条件，就是在现有价格运动的基础上再次进行归纳总结，形成了自己的模式。这有点类似于"拼多多"，在所有人都觉得互联网模式已经被阿里巴巴、腾讯和百度"垄断"的时候，拼多多横空出世，硬是在互联网的红海中闯出一片蓝海，占据了一方天地。可以这样讲，缠论也是生生挤进技术分析理论殿堂的"外来者"，它打破了以往技术分析的局限，也打破了技术分析者的认知，让广大投资者意识到原来还可以这样看图。

在对价格运动走势进行归纳后，缠论作者对操作组合进行了有效分类，为了让结论成立，作者还添加了一个辅助条件作为解决问题的关键，这就是缠论的级别问题。缠论作者在文章中说："只要有人能够确立价格运动各级别的上涨、下跌和盘整的具体起始位置，谁就拥有了市场的提款机。"

在《教你炒股票108课》中，缠论作者的文字和说明看似零散与随意，实则文章内始终有一条主线在起着引领的作用，作者始终按照这个内在逻辑来构建缠论理论框架，只不过更多时候采取的是由表及里的表现方式。如果学习的人忽略了理论核心，仅仅去追求那些所谓的操作技能，那么离真正的缠论只会越来越远，这也是很多投资者学习缠论多年却依然无解的原因。

术是道的外在表现形式，道是术的内在生存基础，由内而外是知易行难，由外而内是知难行易。如果学缠者经过总结思考，能将二者有机统一并最终集于大成，那么相信其在投资路上定能有大收获。

1.3　缠论的唯一原则

在缠论体系中，作者始终把握一个原则不放，就是对于任何走势而言，最后终将归于完美。这种表达可以归类到关于走势的设定之中，即离不开缠论所讲的 3 种走势——上涨、下跌与盘整。很显然，缠论作者是想通过化繁为简的方式来解决实际问题。或许缠论作者认为，只有这种方式，才能让普通投资者躲过种种陷阱，绕开一切障碍，规避所有风险，最后直指核心，成功捕捉到价格运动即将上涨或下跌的那一刻。

考虑到时间周期，也就是交易级别这个因素对缠论体系的影响，缠论作者始终要求投资者在应用缠论的过程中首先要确定交易级别，因为不同的时间周期或者说是不同的交易级别代表了不同的交易思路。缠论作者认为，抛开交易级别去讨论缠论是没有意义的，因为两者说的不是同一件事。抛开交易级别讨论缠论，容易出现如波浪理论般的“千人千浪”，落实到缠论上面，就是“千人千缠”。一般而言，大级别走势对技术判断的要求相对较低，因为市场本身已经可以给出较为明确的信号，所以对于缠论初学者而言，笔者建议从大级别入手，等到逐渐熟练掌握缠论内容后，再向精细的小级别过渡。这里的大级别的最低标准是周线，一来信号明确，二来图较稳定，三来可以给投资者留出足够的容错时间，避免遭受较大的损失。

既然缠论作者将一切市场价格运动都归纳为 3 种走势，那么我们就需要确认究竟什么是上涨，什么是下跌，什么是盘整。

缠论作者关于这 3 种走势有明确定义。

- 上涨：最近一个高点比前一个高点高，且最近一个低点比前一个低点高。
- 下跌：最近一个高点比前一个高点低，且最近一个低点比前一个低点低。

■ 盘整：最近一个高点比前一个高点高，且最近一个低点比前一个低点低；或者最近一个高点比前一个高点低，且最近一个低点比前一个低点高。

很明显，所谓盘整走势介于上涨走势与下跌走势之间，如果从高低点的空间距离看，价格形态学上的收敛三角形或开放三角形也是盘整走势的一部分。

需要注意的是，缠论中所讲的上涨、下跌与盘整，指的是级别相同的情况下的，不同级别的价格走势是不允许进行相互判断的。同一级别内，上涨与下跌构成了趋势，而盘整在中间起着连接趋势的作用，如何判断趋势与盘整，是分辨价格运动的核心问题。为解决这个问题，缠论作者将 3 种价格走势运动进行组合，并将它们分成如下 3 种类型。

■ 陷阱式：上涨＋下跌，下跌＋上涨。

■ 反转式：上涨＋盘整＋下跌，下跌＋盘整＋上涨。

■ 中继式：上涨＋盘整＋上涨，下跌＋盘整＋下跌。

缠论认为，任何市场走势都可以通过这 3 类走势进行分解和研究，区别仅在于细节上的不同。从 A 股实际出发，在只有做多才能获利的市场中，买入是读者首先要考虑的问题。在上面 6 组基本走势组合中，可以买入的类型分别是"下跌＋上涨"，"下跌＋盘整＋上涨"以及"上涨＋盘整＋上涨"，原因在于组合最终都实现了上涨。至于另外 3 组走势组合，因为它们最终结果都是下跌，所以没有操作价值。

将 6 组组合再次进行分类，我们会发现其中 3 组是以上涨起步的，即"上涨＋下跌"，"上涨＋盘整＋下跌"和"上涨＋盘整＋上涨"。而另外 3 组则是以下跌起步的，即"下跌＋上涨"，"下跌＋盘整＋上涨"和"下跌＋盘整＋下跌"。现在我们可以发现，如果是以下跌起步，那么未来只有"下跌＋盘整＋下跌"这一组组合会有不好的结果，而另外两组组合的结果都比较好。再看另外 3 组，如果是以上涨起步，那么未来将有两组组合会出现不好的结果。对比这两种情况，从概率上说，在下跌走势买入属于最优解，因为它会增加 50% 的让投资者获利的概率。

组合确定后，接下来就是分析该如何应对下跌组合中的 3 种情况，以及如何在这 3 种情况中找到适合中小投资者操作且行之有效的交易方法。

现在我们看第一种"下跌＋上涨"的走势组合。对于这样一种走势，我们从价格运动趋势上是看不出任何端倪的，唯有当价格自身走出反向路径时我们才能有所察觉。

然后看第二种"下跌＋盘整＋上涨"的走势组合。若在价格运动跌势已尽的情况下进场，后面只有两种情况，一是上涨，二是盘整。上涨不用讲，这是我们期待的结果，但一旦遇到盘整怎么办？缠论作者的建议是减仓退出。为什么不全部退出，而仅是部分减仓呢？因为盘整后的走势也有两种，一是下跌，二是上涨。下跌意味着亏损，盘整意味着时间的消耗，这对于中小资金来说都是毫无必要的。对于较大的资金来说，判断盘整后是否能上涨就是最关键的问题。如果上涨的概率大，那么盘整就是最好的建仓期；如果下跌的概率大，那么盘整就是最好的退出时机。综合考虑价格走势的6种组合模式，"下跌＋盘整＋上涨"模式是最适合大资金的。

最后看第三种"下跌＋盘整＋下跌"的走势组合。这种组合模式适合中小资金使用，也符合缠论中参与趋势行情的论述。缠论作者认为，第一种"下跌＋上涨"的组合从大的空间角度看其实也属于盘整状态，而中小投资者其实不适合参与盘整走势。至于第二种组合，只适合大资金参与，中小投资者也被排除在外。这样一来，唯有第三种组合最适合中小投资者。如何在这种模式中发现进场买点呢？缠论作者给出的答案是在第二段下跌末期进场。为了让进场的信号更加清晰，缠论作者还引入了几何物理学中的能量及背驰的思维，帮助投资者得出结论。关于背驰，后面的章节会详细讲到，这里不再展开描述。进场后有两种可能，一是上涨获利，二是再次遭遇盘整。如果再次遭遇盘整，则要利用次级别卖点退出，这样既能避免浪费时间，也能避免后面有可能出现的二次下跌。如果是上涨获利，则需要恭喜投资者，因为按照趋势理论，股价的上涨至少要回到前期盘整区间才会遇到阻力，而这段空间会让投资者获利丰厚。

这个原则其实写在了《教你炒股票108课》的前面，起到的是点明主题的作用。可惜的是，随着缠论博客一篇篇展开，投资者对技术体系的内容越来越关心，这个重要原则却被投资者逐渐忽略。特别是在中枢定义趋势之后，大家更是直接追求中枢的扩展与应用，进而将这个原则抛在脑后。

图1-1所示是缠论作者提炼出的适合持有中小资金的投资者操作的模式。

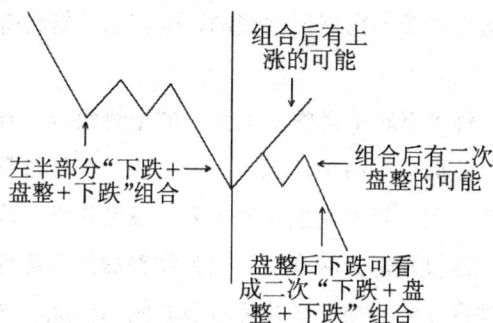

图 1-1　持有中小资金的投资者操作模式图

图 1-1 中用垂直线段将图分为两部分，左半部分是第三种走势组合，进场时机是利用背驰原理来选择买点。右半部分是可能出现的情况，即立刻展开上涨或展开二次盘整。如果股价上涨，则阻力位在前面盘整的位置；如果二次盘整，则后面有可能再次展开下跌，投资者可先行离场观望。一旦真的发生下跌，可以将图形看成二次"下跌＋盘整＋下跌"的走势组合，依然利用背驰原理选择时机进场交易，终能获取利润。

这一原则是缠论的理论基础，后面的买卖点以及中枢不过是它的细化与扩展应用。只要投资者能够认真对待，获取收益只是时间问题。

1.4　缠论的两大假设条件

缠论体系构建只是第一步，后面的问题在于，如何在交易中利用这种理论框架来解决实际问题。价格运动会受市场环境影响，这一点毋庸置疑，那么解决问题的关键就在于解决影响价格变化的市场环境问题。缠论作者在这里依然化繁为简，直接引出缠论的两大假设条件，即价格充分有效与非完全绝对趋同交易。

价格充分有效是说，凡是发生过的以及正在发生的价格运动都是客观且真实有效的，是市场交易者真实意愿的表达，这是作者为后面提出"走势终完美"的结论进行的铺垫。因为在作者看来，一切价格运动最后都可以被归入缠论理论体系当中，所以市场走势最终一定会趋于完美，这样才能符合缠论的定义。有的读者提出成交量这个维度，缠论作者也给出了明确解释，他认为成交量从来都不是交易的本质，交易的本质只有一个，就是市场价格，这是最客观公正的交易本质。站在纯交易的角度，价格才是市场的永恒，而成交量不过是在一个最短的时间段内重复成交的数量单位而已。

非完全绝对趋同交易，这句话是说任何交易行为都只能是相似的而绝不会相同，天底下没有完全一样的交易。缠论作者归纳总结出价格走势的3种模式，这就使得无论市场上的价格运动怎样变化，其实质都离不开这3种模式的制约，尽管局部会有所不同，但归根结底所有交易都是一种趋同性的交易。技术分析的存在是因为有三大假设条件作为基础，缠论作者提出自己的技术条件假设，其实质也是为了让一切价格运动都能用缠论来加以解释，二者的道理其实是一样的。

假设条件成立，缠论才具备应用的基础。将各种价格运动进行总结，缠论作者发现了价格走势的同构特性，即大部分走势看起来都是有规律可循的。然而市场让人着迷的地方就在于，尽管你在局部看到了某种同构性，但是这种特性却不能够被复制，否则每一个投资者都会做着同样的事情，市场也就没有了变化。没有变化的市场注定会消亡，要想维系住这个市场，"变"才是永恒不变的规律。

不同群体在不同时间段内发生的交易行为构成了非完全绝对趋同交易，因此它不会出现价格的同一，即不会在同样的价格出现完全一样的交易行为，自然也就不会发生绝对趋同交易，这也就间接证明了所有的交易在当下都是真实有效的。现实的金融市场本身就是一个非完全绝对趋同交易的市场，因为交易的主体、资金规模、资金管理水平、选股策略、基本面的把握、宏观经济的理解以及交易者的性格都不尽相同，这些都注定交易本身不可能趋同。只要不发生绝对趋同交易，那么缠论的这种假设就始终能够进行下去，缠论理论也会始终被证明有效。

无论交易者使用什么方法，只要是在价格充分有效，市场又非完全绝对趋同的交易里，一切价格走势就都在缠论的框架中。至于获利多少，能力高低，只是投资者对缠论体系内容理解的差异所致，不是缠论交易体本身的问题。

贪婪与恐惧是市场交易者普遍存在的两种心理，而这两种心理偏偏又是对立的，只要有人贪婪，就一定会有人恐惧，如此才构成了对手盘，交易才能继续，否则市场就会消亡。从这一点来说，缠论揭示的真相其实不是市场的变化，而是人的内心。

两个假设条件的成立是缠论得以存在的基础，也是缠论能够在市场中发挥作用的前提，离开这两个假设条件，缠论交易体系将无效。对两个假设条件的理解，直接决定了投资者对缠论交易体系理解的深浅程度。有的东西之所以一直有效，就在于人们对它始终坚信不疑。可以这样讲，只要人的本性不变，市场上的价格运动规律就不会变，缠论的逻辑就会一直发生作用，缠论交易体系就会一直有效。

1.5　缠论的三大支点

在缠论理论框架中，两个假设是缠论交易体系得以运用的必要条件，否则一切交易都无从谈起。但假设条件只能保证市场价格运动可以归类到缠论提出的 3 种走势模式中，对具体的交易过程只能起到模糊的引领作用，在实际交易中还需要不断细化。缠论作者深谙市场投资之道，自然明白这内在的逻辑关系，于是他在两大假设的基础上又提出了缠论的三大支点。

- 走势的不可重复性。
- 自同性结构的绝对复制性。
- 理论的逻辑推导。

如果把两大假设比喻成缠论的基石，那么三大支柱就是缠论的柱石，它们相互配合，共同支撑起缠论这座理论的殿堂。

在三大支点中，自同性结构是其中的核心，这是因为在交易过程中，自同性结构是最有可能被复制的。如果一个投资者因为某种价格形态而获利，那么他会愿意继续寻找让他获利的这种形态，或是寻找与这种形态相类似的形态。在过往的价格走势运动中，缠论作者已归纳总结出最适合中小资金投资者操作的走势组合，只要缠论学习者按图索骥，就能反复应用这种获利模式。利用这一点，缠论作者也搭建起了缠论体系中形态学的内容，至于后面所有的关于形态学的基础内容，仅仅是缠论在自同性结构思维下的具体应用。

走势的不可重复性意味着价格运动是随机的，它仅在缠论理论框架下才有迹可循，但在具体交易过程中却不容易被捕捉到。看起来相似的走势，交易的结果一定会不尽相同，因为在交易的那一刻，影响投资标的的场外因素实在是太多，诸如当时的市场环境，资金面松紧与否，投资标的基本面状况，甚至就连交易者当时的情绪状况和心理波动都有可能影响价格向不同的方向运行。但缠论的优势就在于，尽管市场如此复杂，但如果在一个较大的框架下观察这些看似随机的、不可重复的价格运动，却可以发现它们无一例外地复制着自同性结构。也正是因为存在这种自同性结构，股票价格运动才可以被技术体系所分析。因此，学习缠论最关键的一点，就是要找到所有技术分析以及操作程序在缠论中的具体位置。

理论的逻辑推导是缠论中各原理、定律的总纲，是缠论交易体系诞生的基础，更是缠论作者思考的产物。它将缠论的各部分内容进行了系统的梳理与排列，如一条线般将这些内容串联起来，进而让它们产生逻辑上的关系，共同构造出缠论的框架。为了弥补单一时间周期下的不足，也为了更好地诠释缠论当中部分内容涉及的精细之处，缠论作者引入"级别"这个概念，通过在不同时间周期下价格运动的具体表现，来阐述价格运动在次级别图上的合理性。在具体应用缠论的过程中，缠论作者采用了级别递归和同级别分解的组合方法，综合考虑问题并得出结论，最终解决了"如何确定各级别上涨、下跌和盘整的位置"这个操作中的核心问题。通俗地讲，就是确定了什么时候买，什么时候卖。

理论的逻辑推导是为了证明结论的绝对有效，缠论交易体系看似与其他理论有着相通或是相似的地方，但不同之处在于，缠论可以解释其他理论的一切细节及不足之处，而其他理论却不能做到这一点。究其原因，其他理论仅仅是某种经验性的归纳与总结，属于先验理论的一种，而缠论却有逻辑关系作为支撑，是一个由此到彼的过程，每一个过程都有着严密的结构，同时还可以进行解构，以此来适应下一个环节的需要。从这一点来说，缠论与其他理论相比具有绝对性与涵盖性，在实践中有着更大的优势。

可以这样讲，三大支点是缠论交易体系得以成功建立的基础，在两大假设的前提条件下，应用三大支点可以分解任何走势，并最终能解决一个原则所提出的最核心的问题。这样一来，由一个原则、两大假设、三大支点共同构建的环环相扣的缠论交易体系就有了严密的理论逻辑框架，构成了一整套价格运动分类体系和结构能量判定模式（形态学与动力学），再由这种模式最终解决实际交易问题。

图 1-2 所示是缠论交易体系的逻辑思维图。

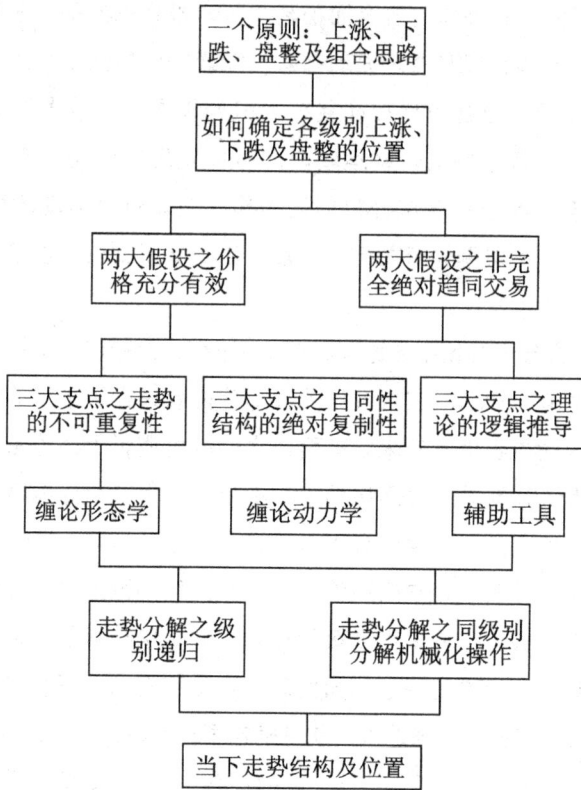

图 1-2　缠论交易体系的逻辑思维图

通过图 1-2，读者可以清楚地了解缠论交易体系整体的思维逻辑、交易理念、交易手段以及想要达到的最终目的。它可以帮助读者理顺缠论的核心交易思想，为读者更好的地学习和理解后面的具体内容奠定基础。

初学缠论的读者面对理论内容时或许会认为其枯燥无味、晦涩难懂，这是很正常的现象。但是，请大家千万不要放弃或者是略过这部分内容，因为后面的技术细节看起来简单、容易上手，其实都是为了反映前面的理论内容。有很多的读者之所以刚开始学缠论时很快，但到后面不得其法、停滞不前，主要原因就是忽视了前面理论内容的重要性。技术细节不过是你前行路上的手杖，它的作用仅仅是帮助你省时省力；而理论的作用就相当于路牌，它可以告诉你正确的路在哪里，这样你才不会南辕北辙，迷失方向。

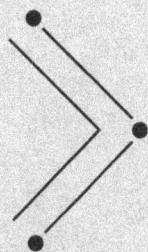

第 2 章

缠论基础篇之市场法则

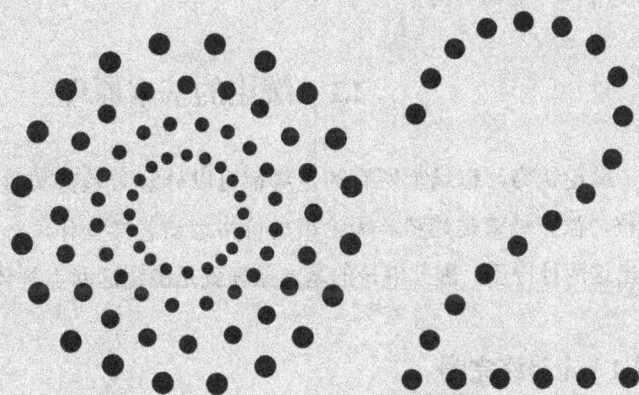

缠论是在市场中应运而生的，其一切交易法则皆来源于市场，其出发点与最终目的皆是为了帮助中小投资者，解决他们在市场中遇到的操作问题，想来这也是缠论作者创立缠论交易体系的初衷。

2.1　缠论的基本原理

缠论认为，市场上所有的走势都可以分解为趋势与盘整两类，趋势后面是盘整，盘整结束是趋势。无论市场价格运动怎样变化，一个完整的走势必然呈现出这两种特质，因此缠论的基本原理就是围绕这两点具体展开。

2.1.1　走势终完美

任何走势，如果对其进行结构上的分解，会发现其就是趋势与盘整的结合，因此走势终完美其实包含两方面内容。

一方面，无论是趋势还是盘整，它们的价格运动在图形上最终会呈现出完美的走势，也就是最终都要完成走势，如此才能进入下一个技术环节。好比一段上涨趋势，它的完美体现在上涨趋势必将终结，后面或是进入盘整，或是进入反方向的下跌趋势当中，无论哪一类，前提都是这段上涨趋势要结束。而这个结束在缠论体系看来，就是一种价格走势上的完美。

盘整也是如此，无论盘整的规模有多大，最终必然会结束并且进入某种趋势行情中。也就是说，盘整也会有结束的一刻，这也是盘整的完美过程。趋势终完美，盘整也终完美，二者的结合在构成一段完整走势的同时，也形成价格运动的终极完美。

另一方面，也是十分重要的一点，任何级别的技术走势最终呈现出的完美状态都包含了技术分析中最基本的东西，否则也不可能被缠论作者当作指导操作的原理。好比一段盘整走势，它结束后必然会连接趋势行情，可到底是上涨的趋势还是下跌的趋势，这就是技术分析中的核心问题了，它会直接导致投资者是获利还是亏损，进而导致投资者对缠论交易体系是坚持使用还是放弃。这里最大的也是唯一的难点在于，这种盘整的走势类型是否会延伸。缠论作者认为："在 3 个重叠的连续次级别走势类型后，盘整走势随时可以结束。"也就是说，只要出现 3 个重叠的连续次级别走势类型，盘整就已经达到了完美的状态，市场可以随时结束这种价格运动状态，转而进入趋势行情。但在实际走势中，谁也不知道盘整会持续多长时间，既可以随时结束，也可以围绕盘整不断地进行上下运动，进而让盘整状态升级，构成更大级别的盘整状态，这是完全有可能的。这就好像行情下跌时有很多人喜欢抄底，结果一次抄在"半山腰"，二次抄在"膝盖处"，三次似乎是抄到底，结果还有"地板价"，等到后面可能还有"地下室"等着你。为什么会这样呢？就是因为走势类型可以延伸，而且可以不断地延伸。

投资者要了解走势类型延伸的实质，因为这是准确判断走势类型的延伸何时会结束的关键点。对于趋势行情而言，走势延伸的关键点在于同级别、同向的价格运动不断产生价格中枢；对于盘整走势而言，走势延伸的关键点反而在于不能产生新的价格中枢。走势类型出现延伸，意味着原有行情已经实现了完美，走势可以随时结束，转而产生新的行情，所以原有的走势类型已经得以确定。趋势行情的特点是不断创出新高或者新低，在这个过程中至少会出现两个价格中枢；而盘整不同，它是在一个区间内进行价格的整固，因此价格中枢只能有一个。由此我们可以得出结论，判断走势类型延伸是否结束的关键就在价格中枢上，这是缠论技术体系分析的核心所在。可以这样讲，解决了价格中枢的问题，在缠论交易体系中很多需要进行判断的问题都可以迎刃而解。

2.1.2 走势类型必含中枢

中枢是缠论体系中非常重要的组成部分，也是区分盘整行情和趋势行情的关键环节。什么是中枢？缠论作者的原文是："所谓中枢，就是指某级别走势类型中，被至少3个连续次级别走势类型所重叠的部分"。

这句话里最关键的部分在于"3个连续次级别走势类型所重叠的部分"，这里面就涉及一个级别递归的问题。以日线级别为分界线，常规的次级别分别是30分钟线、5分钟线以及1分钟线。由于证券软件设置的原因，1分钟线以下的秒线在软件上是看不到的，这里就直接忽略。高于日线的大级别分别是周线、月线、季线和年线。以日线级别为例，其次是30分钟线，那么日线级别的中枢就应该由30分钟线上连续3个重叠走势类型所构成。依此类推，30分钟走势中枢是由5分钟线上的3个重叠走势类型叠加而成，而5分钟走势中枢则由1分钟线上的3个重叠走势类型叠加而成。因为1分钟以下的走势我们看不到，所以通常情况下，在交易时都把1分钟线看作不可分解的最低级别。有了这样的定义，我们就可以在任意一个级别走势中找到价格中枢，同时给出盘整和趋势在缠论意义上的定义。

缠论盘整：在任何一个级别的任何走势中，其完成的走势类型只包含一个价格中枢，这被称为该级别缠论的盘整。

缠论趋势：在任何一个级别的任何走势中，其完成的走势类型至少包含两个依次同向的价格中枢，这被称为该级别缠论的趋势——方向向上就是上涨趋势，方向向下就是下跌趋势。

在第1章中我们论述了一般意义上的盘整与趋势，本章又明确了缠论体系中的盘整与趋势。就走势而言，趋势行情相对容易理解，因为方向明确、比较好判断。但容易混淆的是盘整，我们又该如何甄别盘整与走势中枢呢？

我们说，盘整与中枢的区别主要在于定义。让我们再回顾一下第1章中关于盘整的定义："最近一个高点比前一个高点高，且最近一个低点比前一个低点低；或者最近一个高点比前一个高点低，且最近一个低点比前一个低点高。"如果我们用图来表示，盘整的走势示意图应该是图2-1这样的。

关于盘整还有一种说法，即如果股价上下波动幅度约在15%，且这种情形能持续一段时间，则可以认为行情进入盘整阶段。

盘整一：高点比前高点高，低点比前低点低

盘整二：高点比前高点低，低点比前低点高

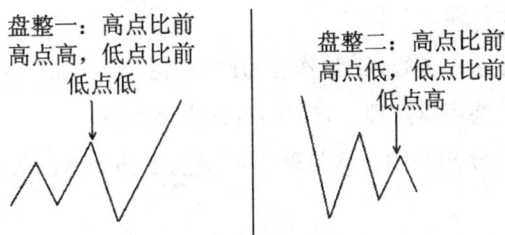

图 2-1 盘整走势示意图

图 2-2 所示是按照中枢定义做出的中枢走势示意图。

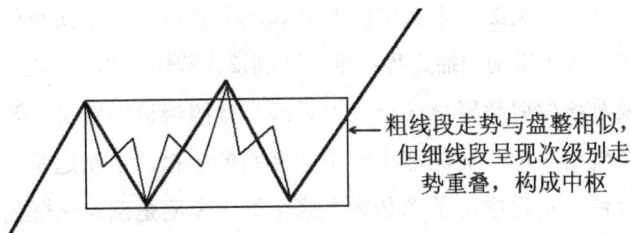

粗线段走势与盘整相似，但细线段呈现次级别走势重叠，构成中枢

图 2-2 中枢走势示意图

通过图 2-1 和图 2-2，读者或许对盘整与中枢能有一个清晰的认识，这对于大家在交易中正确判断行情会有很大的帮助。那么，在实际走势中是否会出现这样一种情况，即一段走势完全不包含价格中枢呢？我们说在一个可以连续交易的市场环境当中，这种情况是不可能存在的，因为出现这种情况只有一种合理解释，就是这只股票会永远不停地上涨或永远不停地下跌，而理论上这是根本不可能发生的。另一种情况倒是有可能发生，就是一个交易品种在经过一定时间的交易后被停止交易。例如在期货市场中，如果一个期货合约到了交割日期，那么市场会终止合约继续交易。但这种情况是特例，不在我们的讨论范围之内，因为那是规则所决定的。我们讨论的是在自然情况下的正常交易，如果交易不被取消，那么我们说任何级别的走势类型都必然包含至少一个价格中枢。

2.2 缠论的中枢定理

缠论交易体系的理论构建是前无古人的，同时也突破了原有三大经典理论的框框，这无疑推动了技术分析的发展，让交易手段"更上一层楼"。缠论的理论体系非常丰富，在基本原理的基础上还可以引申出不同的定理。

2.2.1 走势中枢定理

中枢是缠论体系的核心，缠论作者为此也煞费苦心，把一切的可能都想到了，进而提炼出 3 个走势中枢定理，它们的具体内容如下。

中枢定理一：在趋势中，连接两个同级别走势中枢的必然是次级别以下级别的走势类型。

中枢定理二：在盘整中，无论离开还是返回走势中枢的走势类型，其必然是次级别以下的。

中枢定理三：某级别走势中枢的破坏，当且仅当一个次级别走势离开走势中枢后，其后的次级别回抽走势不重新回到该走势中枢内。

我们来看该如何解释第一个中枢定理。按照缠论的定义，凡是趋势至少应该包含两个价格中枢，而能连接两个同级别的中枢，说明这是一段明确的上涨或下跌的行情。定理中用了"必然"这个词，表明是确定无疑的，接着又说明是"次级别以下级别的走势类型"，就是说在这个级别中，趋势行情应该运行得非常清楚。以日线级别为例，按照缠论的解释，它的次级别是 30 分钟线，再次级别，就应该是 5 分钟线。

原文中，缠论作者用反证法的形式，通过 3 个方面进行了回答。作者第一个回答说不能确定这一定是趋势行情，任何走势都有可能，最极端的情况就是价格产生了跳空缺口，然后再形成价格中枢。第二个回答说不一定是次级别，好比跳空缺口就是一步到位，价格在缺口出现后也可以直接展开下一个价格中枢的构造，但这应属于最低级别，倘若这种情况发生在日线、周线这种级别的图上，那就不会是次级别。但在第三个回答中，作者还是强调，相连走势的级别越低，往往表示其力度越大，这种大力度在笔者看来，其实就是趋势行情的反映，因为唯有趋势行情才能有这么大的力度。缠论作者在这里虽没有承认是趋势行情，但也没有否认。

图 2-3 所示是建设银行（601939）2018 年 12 月至 2019 年 3 月的日线图。

按照中枢的定义，我们从图 2-3 中可以看到，该股由低位到高位形成了两个价格中枢，连接两个中枢的则是一段上涨行情。这段行情是不是趋势行情，需要到"次级别以下级别走势类型"当中去寻找。按照这样的定理，我们看看该股的 5 分钟日内图是什么样子的，如图 2-4 所示。

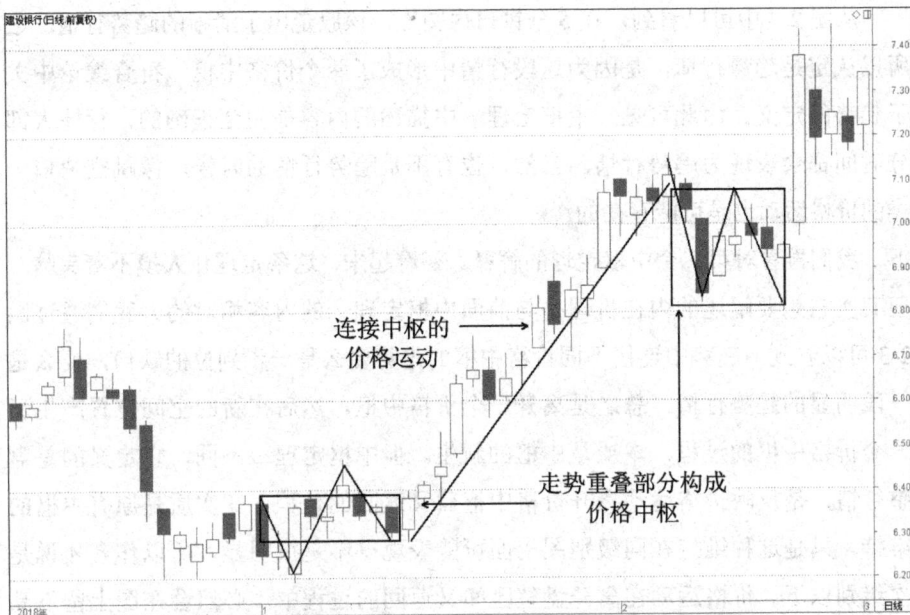

图 2-3　建设银行 2018 年 12 月至 2019 年 3 月日线图

图 2-4 所示是建设银行（601939）2019 年 1 月 5 日至 2019 年 2 月 14 日的日内 5 分钟图。

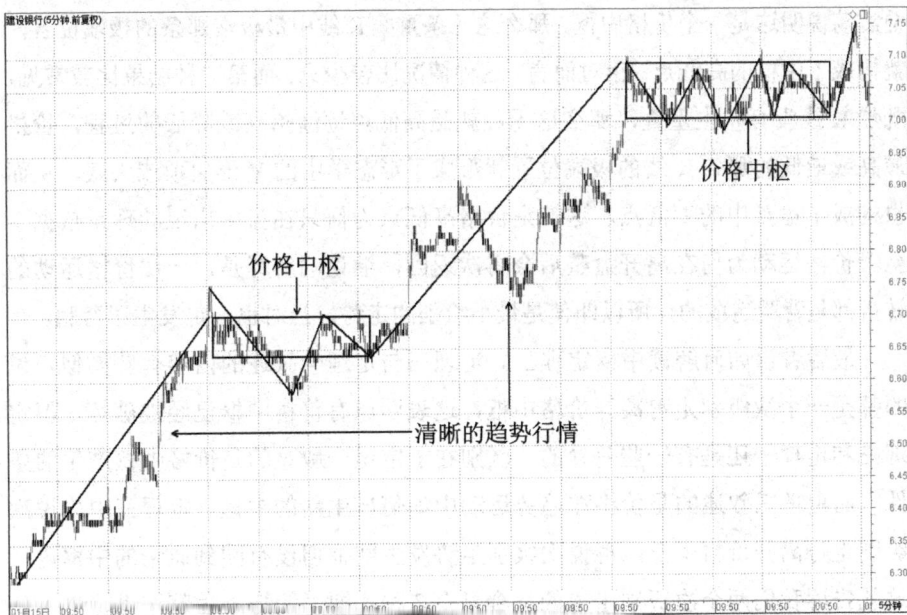

图 2-4　建设银行 2019 年 1 月 5 日至 2019 年 2 月 14 日日内 5 分钟图

从图 2-4 中可以看到，在 5 分钟日内图上，该股走出了清晰的趋势行情。之所以认定是趋势行情，是因为这段行情中形成了两个价格中枢，符合缠论中关于趋势的定义。由此可见，中枢定理一中描述的内容是完全正确的，行情大部分时间都会表现为趋势行情。当然，也有不是趋势行情的时候，像跳空缺口一类的价格运动也是可能存在的。

我们再看对第二个中枢定理的解释。初看起来，这条定理让人摸不着头脑，但其实它想要阐述的内在机理是与前面中枢定理一的内容相对的。我们通过图 2-3 可以看到，趋势中连接不同价格中枢的走势要么是一步到位的缺口，要么是一段明显的趋势行情，总之是离开一个价格中枢，然后在新的空间位置产生另一个价格中枢的过程，本质是中枢的新生。但中枢定理二不同，它定义的是盘整行情，是反映价格运动离开价格中枢后又返回的过程，其实质是原有中枢的维持，只是这种维持在同级别图上面可能表现得不是很明显，所以作者才说是次级别以下。价格运动在离开盘整区间又返回的过程中，必然会在图上留下高低点的痕迹。如果把这种痕迹放在最小级别图上来观察，则最终的结果有两种，缠论作者也说得很清楚，一是 3 条以上 1 分钟 K 线来回重叠震荡后的回头，二是 1 分钟 K 线无 3 条以上 K 线重叠的 V 形走势。第一种结果很好解释，来回重叠震荡说明这是一个价格中枢，那么这几条重叠 K 线中最极端那条的极端位置，就构成了中枢的高低点。相对而言，这种情况比较少见。而第二种结果比较常见，既然 K 线没有发生重叠，那么这无疑就是高低点逐渐抬高或降低的过程，价格最高或最低的那条 K 线的极端位置就形成了形态学中的 V 形尖顶或尖底，从而也构成了盘整中的高低点，这就是价格高低点为何只在盘中出现的理论依据。至于价格运动为何在离开盘整后会再次返回，缠论的解释是，一切价格运动的转折都是背驰造成的，所以即使是最小级别的走势，当时也一定发生了背驰。

最后看该如何解读中枢定理三。定理三与定理一叙述的内容有些类似，说的都是一个次级别走势离开价格中枢，这表明原有价格中枢已经被破坏。但定理三和定理一还是有一些差异的，区别在于定理一叙述的是价格中枢产生的条件，而定理三叙述的是价格在趋势运动中如何产生新的中枢。定理三中先说次级别走势离开价格中枢，再说次级别走势发生回抽但没有回到原来的中枢内，这就告诉我们两个次级别走势的组合只有 3 种，即"趋势＋盘整""趋势＋反趋势""盘整＋反趋势"。需要明确的是，由于定理三提到的是离开中枢的次级别和回抽中枢的次级别，二者方向相反，这里"盘整＋趋势"的方向就不对了，所以只能是"趋势＋盘整""趋势＋反趋势""盘整＋反趋势"这 3 种模式。

关于定理三还有一个很重要的点，就是趋势的形成和结束是可以在当下确认的。按照缠论的解释，趋势的形成就是在第一个中枢的次级别离开后，次级别反抽不回中枢时，表明这个中枢被破坏，行情进入新的价格运动中，趋势形成并得到次级别走势的确认（这也是中枢定理三要解决的问题）。反过来趋势的结束也一样，当趋势出现第一类卖点的时候，该趋势就结束了。切记，当下结束的趋势是独立的走势，其最后一个中枢虽然最终也能和接下来的盘整走势组合出高级别中枢，但实际上不能这么做，因为结束的趋势是一段独立的走势，其内部中枢不允许和后面的走势进行组合。盘整就不一样了，因为当下无法确认盘整是否结束，那么在"盘整＋盘整"走势中，第一个盘整的内部中枢就可以和第二个盘整的内部中枢进行组合，这样一来就相当于中枢级别升级了。

趋势有上涨与下跌两种，代表向上突破和向下突破两种不同的情况。从交易的角度看，破坏原有价格中枢最强有力的模式就是"趋势＋盘整"，它意味着离开中枢的力量明显大于回拉中枢的力量。力量次一点的模式是"趋势＋反趋势"，而"盘整＋反趋势"则是最弱的。在实战中最具操作价值的一类模式，就是一个次级别走势向上突破原有价格中枢，然后并不回调，而是以盘整走势替代，其整理完毕后的二次上涨往往比较有力度，这种突破发生在底部区间时更是如此。这种交易模式的理论依据，其实就是缠论中枢定理三。

2.2.2 走势级别延续定理

缠论之所以有别于其他三大经典理论，就在于缠论作者引入了级别的概念，从而能够解释更为具体的走势行情，作者由此还提炼出了两个走势级别延续定理。

走势级别延续定理一：在更大级别走势中枢产生前，该级别走势将延续。

理解该定理的关键在于"更大级别"这 4 个字。以日线为例，假设价格运动在日线级别上面形成趋势行情且没有停歇，那么此时我们观察的重点就是周线，因为周线是日线的更大级别。也就是说，同级别的价格中枢只能让行情进入盘整状态而不能让趋势逆转，因为级别相同，它的力量还达不到这个要求。但周线不一样，它是日线的更高级别，在周线上形成的中枢意味着在日线上面已经有连续3 次的价格重叠，原有趋势力量有了很大的消耗，已经为后面的价格逆转创造了条件。缠论作者为此曾有过特别说明，在他看来，价格中枢其实是可以扩展的，只是这个扩展具有限定条件，即次级别价格运动不能超过 9 次。一旦超过 9 次，就表明次级别价格运动已经有 3 次重叠过程，原有价格中枢就会升级为一个更大级别的价格中枢。这种情况叫中枢的扩展，我们在第 7 章会为大家进行说明，这里不再赘述。明白了这个道理，以日线作为投资周期的读者心中就应该有数了，日线的趋势行情何时会结束，只需看周线中什么时候出现价格中枢就可以了。

是不是观察日线级别的行情都需要看更高级别的图呢？其实也不是。如果单纯看日线，就要留意日线级别走势中枢之间是否发生价格运动的重叠现象。缠论作者明确指出："趋势行情里，同级别的价格中枢按照规定是不能有任何重叠的，这包括任何围绕走势中枢产生的任何瞬间波动之间的重叠。"哪怕围绕该中枢产生的波动仅与前面走势中枢延续时的某个瞬间波动区间有一丝重叠，也不能认定该走势类型是趋势行情，而应将其看作一个更大级别的价格中枢。若价格中枢发生这种情况，也表明趋势行情的动能变到严重的消耗，未来要提高警惕。

这样的文字很难让人理解，我们通过图 2-5 与图 2-6 来为大家详细解释一下。

图 2-5 所示是正常价格中枢示意图。

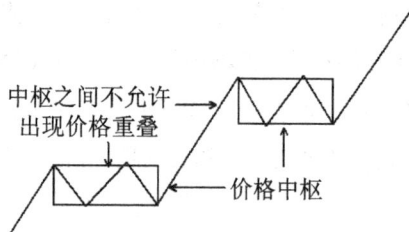

图 2-5　正常价格中枢示意图

图 2-5 中展现的是一段趋势行情，在两个中枢之间没有任何价格重叠，价格运动将两个价格中枢串联起来，这是正常的趋势行情。

图 2-6 所示是中枢之间价格发生重叠的中枢升级示意图。

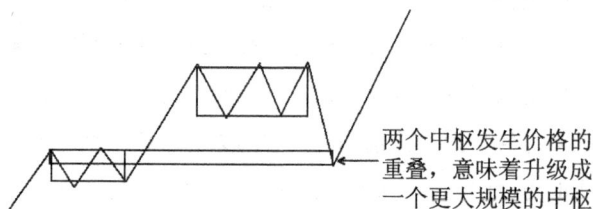

图 2-6　价格重叠中枢升级示意图

在同一级别中，两个原本不相干的价格中枢发生了价格的重叠，此时就不能再看成是趋势的演变，而是要将原有价格中枢进行合并，升级成更大一级的价格中枢，新中枢区间就是原有中枢的所有重叠区间。这里，所有围绕走势中枢产生的前后两个次级波动都必须至少有一个与走势中枢的区间有重叠。在交易中如果发生这样的情况，则意味着原有趋势要发生震荡甚至改变。

走势级别延续定理二：在更大级别的价格中枢产生时，当且仅当围绕连续两个同级别价格中枢产生的波动区间产生重叠。

这段话听起来很绕口，也很难理解，为此在缠论原文中，作者用了一个形象的比喻加以说明，我们来看一下。"价格中枢就如同天上的恒星，其和围绕该恒星转动的行星构成一个恒星系统。而两个同级别恒星系统要构成一个更大级别的系统，首先至少是其中的外围行星之间要发生关系。"以读者都熟知的太阳系为例，就是太阳这颗恒星本身与围绕它运转的八大行星共同构成了太阳系。假设在太阳系周围还有一个类似于太阳系的星系，那么两个星系在各自转动的过程中，一定是恒星周围的行星运行轨迹最先发生重叠，而绝不会是两颗恒星本身，这就是走势级别延续定理二想要说明的内容。

图 2-7 所示是围绕两个价格中枢进行波动，进而发生价格重叠的示意图。

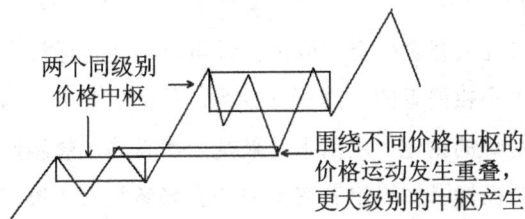

图 2-7 围绕两个价格中枢波动，进而发生重叠示意图

中枢的形成有两种方式，一种是在价格上升过程中形成的，一种是在价格回调过程中形成的。缠论作者认为："中枢的形成与延伸，由与中枢形成方向一致的次级别走势类型的区间重叠确定。"这句话是什么意思呢？我们看图 2-7，图中左下方的价格中枢符合标准，它由 3 个次级别走势构成。图中右上方的价格中枢有些不同，是由 5 个次级别走势构成的，其本身已经属于中枢的延伸，并且在第三个次级别走势中与围绕下方中枢的价格运动发生了重叠。根据形成方式来判定，这个中枢应该属于回调形成的中枢，那么它就应该由向下的次级别走势类型的区间重叠来确定。这也就表明，筹码在图中右上方的价格中枢内

已经开始变得不稳定，即便价格后面会突破上中枢，但是在中枢升级后，价格还是有很大的概率会返身跌回新的中枢之内。

在缠论原文中，作者用数学表达式的方式对走势级别延续定理进行了数学上的说明。只是这段文字晦涩难懂，又没有配图，因此我们在这里就不进行具体的阐述。其实，作者之所以如此，就是为了引出交易中的第三类买卖点。由于缠论交易体系涉及的买卖点一共有 3 类，因此关于第三类买卖点的问题我们一并放在第 9 章中讨论，这里就不展开论述了。

2.3　交易心理

很明显，缠论作者在证券市场上有过刻骨铭心的心路历程，因此才对投资者心理上的缺陷与弱点了解得如此深刻，也才能在总结缠论交易体系的同时，用部分篇幅来阐述投资者在交易心理上的一些弊端。对于普通投资者来说，学习缠论无疑也是一次交易心理上的升华。

2.3.1　赌徒心理

由于曾经参与过大资金投资，缠论作者可以站在普通投资者的对立面，更冷静客观地看待中小投资者的一些疯狂行为，他把这些人称为"赌徒"，并对他们的心理有过精辟的论述。生活中的赌徒，就是输了想赢回来，赢了还想继续的一群人。一个投资者如果抱着赌徒的心态来参与市场投资，内心必然是极其不稳定的，在交易中也一定带着患得患失、焦躁恐惧的情绪，而这恰恰是交易的大忌，投资者的结局在这一刻其实已经注定。

那么，拥有赌徒心理的投资者都有哪些特点呢？缠论作者为我们进行了总结。

■ 刚进市场时根本不知道市场是什么，然后就不断投入。

■ 内心刚开始很"膨胀"，给自己设定了一个虚拟目标，完全无视市场本身的风险。

■ 一旦亏损，心理就发生改变，想着反弹多少后就退出，再也不投资了。

■ 担心失去机会，特别是失去赚大钱的机会。

由于有了上述的心理，在实际交易中投资者就会表现出与赌徒心理对应的交易行为——越是亏损越要挣扎，最后越陷越深，直至被市场淘汰。

存在赌徒心理的投资者的交易表现主要体现在以下几方面。

■ 卖完了担心失去机会又买回来，买回来害怕风险太大又卖出去，交易行为始终被一股无名的引力所牵引，在交易的深渊中来回浮沉，直至倾覆没顶。

■ 与频繁操作相对的就是不敢操作。有机会时觉得是陷阱不敢下手，上涨时又开始后悔，只得追高，结果就是被套牢，成为山顶的哨兵。

■ 不主动学习，只相信捕风捉影的消息，希望通过走捷径的方式获取利益，总幻想有一天天上掉落的馅饼能砸到自己。

■ 为自己提前设定目标，想象通过市场投资来赚钱，以满足自己无尽的生活需求。

在替他们感到惋惜的同时，缠论作者也希望帮助他们纠正不成熟的投资心态。

纠正赌徒心理主要通过以下几个方面来完成。

■ 交易只是生活的一部分而不是全部，你参不参与，它都在那里，不要把自己的全部身心都投入市场，要多享受生活。

■ 获利是个积累的过程，那种依靠一夜暴富赚来的财富，最后都会还给市场，这样的例子很多。

■ 市场中有无数个机会，不用担心会错过。操作失误很正常，但真正的成功都是在严格地按照规范操作程序下完成的。

■ 切记，一定要用闲钱进行投资，那种把全部身家押进来幻想博一把的人最后都没有好的投资结果。

■ 绝不追涨杀跌。恐惧的心理是下跌不敢买而敢卖，因为担心后面还会跌；贪婪的心理是上涨不卖出却追买，因为认为会涨得更高。缠论就是要让大家克服贪婪与恐惧的心理，跌到出现买点就买，涨到出现卖点就卖。只有战胜自己，最终才能成功。

2.3.2 单一思维

市场的走势是变化无穷的，正确的做法应该是随着市场的变化不断地调整自己，以此来适应这个市场。但有些投资者不一样，他们在某一时刻通过某种模式取得了收益，于是就想一直沿用这种交易模式，却不知市场是随时变化的，那种把市场当成一个单一的、适用线性思维模式的场合，妄图找到一个永恒的可以固定的模式，像做数学题一样套用公式的思路注定是行不通的。他们以为找到了解决市场问题的万能钥匙，殊不知已经陷入僵化的单一思维模式而不能自拔了。

股票交易方式更多的时候是模糊的，它映射的是投资者的心理痕迹，这种痕迹是不可能被复制的，因为每个投资个体的所思所想都是截然不同的，这也是市场每天都在不断变化的根本原因。投资者应该放开自己的心胸，跳出狭隘的、单一的思维模式，让自己有一个更广阔的思维空间，如此才能客观、全面地认识整个市场，才能冷静、沉着地应对不断变化的市场。有句话说得好，如果时光能够回到 10 年前，现在的中小投资者都是投资高手。这话有一定的道理，可正是因为时光不能倒流，所以这些中小投资者到了今天依然未能改变命运。这是为什么呢？因为市场永远在变，你跟不上这种变的节奏，你的命运就是注定的。

缠论作者意识到中小投资者大多具有这种单一思维的弊病，为此他在原文中通过寻找第三类卖点为例，向投资者讲述了市场变化过程中第三类卖点的变化情况。市场的根本交易是什么？就是简单的一买一卖。可就是这么简单的事情，由于市场的变化，买卖时机也随之发生了变化。可想而知，单一的思维会导致怎样可怕的后果。市场如果僵化，就会失去存在的意义；投资者如果僵化，就注定会被市场淘汰。所以，放弃那种单一的思维模式，是投资者摆脱亏损、走上正确投资道路的第一步。

2.3.3　脆弱心态

反复磨炼心态对于投资者来说是非常重要的一个环节，它决定着一个投资者能够最终成长为一个合格的市场投资人。拥有脆弱心态的人即便有再好的投资机会，在震荡的市场面前可能也会把握不住，为此缠论作者列出了 10 种类型的人。在他看来，这些人其实不适合参与市场投资。

这 10 种类型的人分别如下。

■ 赵括型。这类投资者就是纸上谈兵，不能实际解决问题，因为投资市场不是单纯的理论研究，一买一卖都需要投入真金白银。

■ 不受控制型。投资市场上，即使在某一次操作中明明已经知道方向不对，但就是控制不住自己，而且这种情况还经常发生，就好像心里有一股顽劲一样，这类投资者一到需要抉择的关键时刻就会掉链子。

■ 赌徒型。对于这一类型的投资者来说，市场就是一个赌场，他们的目的就是参与市场的"赌博"，其他的与他们无关。

■ 耳朵控制大脑型。这类投资者做事不经思考，在市场上一旦听到什么风吹草动，就立即由耳朵直接操纵手。如果每一次交易都是这种情况，那么这类投资者不适合在市场中生存。

■ 股评型。这类投资者喜欢吹嘘，明明亏得一塌糊涂，还会继续自吹自擂说自己的交易方法多么高明。

■ 永远不认错型。这类投资者对自己的问题其实看得很清楚，也知道症结在哪里，可就是会在交易中犯同样的错误，且可以一直犯下去永远改不了。然而投资市场是残酷的，在市场中一个错误就足以致命。

■ 疯狂购物型。在投资市场上，这类投资者指的就是账户里可能只有几万元本金，却买进很多类型投资产品的人。他们的账户里什么类型的投资产品都有，何种投资产品上涨都与他有关，但就是赚不到钱，只是通过这种方法来安慰自己。

■ 入戏太深型。入戏太深就是对一件事太过投入，过于关注，到了不能自拔的程度。这类投资者在投资市场上对价格每一点细微的波动都很在意，以致情绪总处于失控边缘。行情上涨受不了，行情下跌也受不了，每次交易对他来说都是一次煎熬。

■ 祥林嫂型。祥林嫂是鲁迅文艺作品里的一个人物，其特征就是永远唉声叹气，最后演变成特别享受这种悲剧情调。投资是一个管理财富的过程，投资的成就应该让人感到满足才是，而这类投资者却总是自怨自艾。

■ 偏执型。偏执型的投资者爱认死理，他们认准的事非做不可，拥有这种偏执性格的人进行学术研究或做其他事情可能问题不大，但在千变成化的市场中，偏执的投资者是难以成功的。

上述这 10 种类型是失败投资者的典型代表，但不是说这 10 种类型的投资者一定会投资失败，只是说他们需要做出深刻改变才行。性格决定命运，要想投资成功，一定要认清自己，也只有看清自己的弱点进而做出改变，才能不犯错或者少犯错，投资效果自然也会好起来。

2.3.4　心理较量

交易是人与人之间无声的"战斗"，不管你是拥有多大资金量的机构，还是只有几万元的散户，战斗的本质是一样的。市场不过是战斗的场合，而图就是战斗的武器，价格运行痕迹就是双方心理的映射与思考的结果。较量不取决于资金量，一亿元和一万元如果按幅度计算，消亡或翻倍的时间是一样的。因此，战斗的关键不在于资金的多少，而在于战斗时的心理，心理的较量才是决定战斗胜负的关键。缠论作者用中枢举例，提出构成价格中枢的要素是线段而不是笔，并提出了线段比笔更具稳定性的判断。笔和线段是缠论中的专有名词，第5章和第6章中会仔细描述，这里不再赘述。笔者想说的是，缠论作者之所以将线段和笔相比较，主要还是为了说明交易者的心理一旦形成某种固定模式，在没有外力打破的情况下，往往趋向于稳定的状态。好比一只上涨途中的股票，没有谁会在此时想到下跌的问题，只有当价格开始上下震荡，变得极不稳定，也就是价格中枢开始形成的时候，交易者对未来的预期才会发生改变，心理较量也才正式开始。这个阶段是市场分歧最大的时候，也是多空判断最难的地方，因为上涨与下跌都有可能。请记住，方向不确定只能产生震荡，交易者因心理分歧而做出的不同方向的操作才会产生中枢，交易的胜负最终在这里体现。

价格中枢反映了交易者的心理，越是简单的中枢，越能证明其中一方力量的强大。而复杂的价格中枢，即便到后来有一方获得了胜利，其后的走势也是一波三折。之所以如此，还在于获胜一方的力量不足以压制另一方，走势就容易夭折。本书的读者想必此时已经明白，看盘的关键点不在趋势行情，而是在价格中枢上面。大家一定要寻找价格中枢简单的股票，然后跟随获胜的一方前行，这样可以减少很多无谓的判断，不仅省时而且省力。资金的流动就像水一样，总是沿着阻力最小的方向前进，只要找准了方向，就可以取得事半功倍的效果。

第 3 章

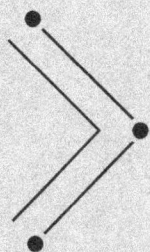

缠论形态篇之 K 线

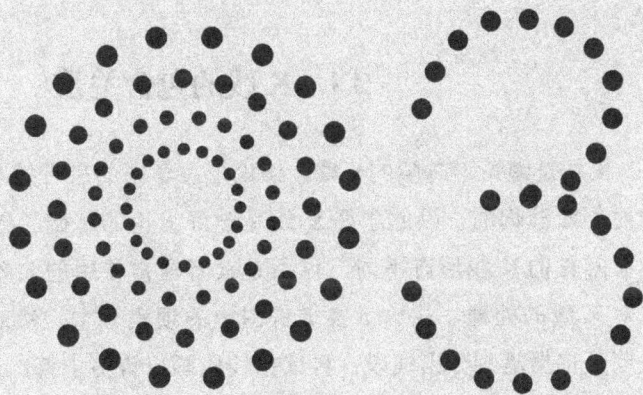

　　"缠论"是一套技术分析交易体系，其依赖的路径就是具体交易品种的价格图。在当前市场上，最忠实、客观记录价格的工具就是 K 线，因此学习缠论，或者说是解读缠论，就一定绕不过 K 线这个门槛。

3.1　K 线的包含关系

　　K 线是缠论形态学的开端，缠论形态学中的所有技巧都是由 K 线开始，进而不断演化的，因此学好 K 线是学好缠论的基础。缠论中的 K 线形态与读者常见的 K 线形态不同，也不是读者通常使用的 K 线排列组合，而是通过对 K 线的处理，找出价格走势图中的顶底分型，然后根据顶底分型划分出笔，依据笔划分出线段，再依据线段画出价格中枢，最后根据价格中枢，结合动力学部分的背驰等技术，找到读者最关心的交易中的买卖点。一切的技术体系最终的结果都是为买卖服务，也只有买卖才能构成交易。与其他交易体系不同，缠论交易体系给出的买卖点都是清晰可辨的，这也是缠论存在的根本原因。

　　缠论交易体系分为两个部分，一是形态学，二是动力学。其中形态学包含 5 个方面，即 K 线的处理、顶底分型、笔、线段和中枢。K 线处理在这 5 个方面中处于初始地位，没有 K 线的处理，其他 4 个方面就无从谈起，所以我们先来了解 K 线的处理。

如何处理 K 线？在缠论中主要是通过包含的技术手段甄别出缠论需要的 K 线，这里就引申出 K 线的包含关系。如何理解这种包含关系呢？最简单的解释就是一条 K 线的高低点全部收缩在与其相邻 K 线的高低点范围之内，我们说二者之间就具有包含关系。这里有 3 点需要读者注意：一是两条 K 线必须是相邻的，那种与相邻 K 线相比创出新的高低点的 K 线不在此列，跨度很远的 K 线也不在此范围内；二是 K 线的高低点不限于 K 线实体，还有上下影线；三是在 K 线的包含关系中，K 线颜色不是考虑的重点。

K 线的包含关系有两种：一是左包右，即右侧 K 线的高低点被左侧 K 线所包含；二是右包左，即左侧 K 线的高低点被右侧 K 线所包含。有很多读者将缠论中的 K 线的包含关系等同于 K 线理论中的"孕线形态"，其实二者还是有区别的。孕线形态只有一种，就是左包右的包含关系，类似于母亲孕育孩子的过程。至于 K 线包含关系中的右包左，则属于反转类的"吞没形态"。

图 3-1 所示是两种 K 线包含关系示意图。

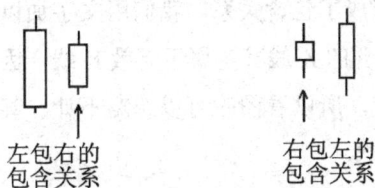

左包右的
包含关系

右包左的
包含关系

图 3-1　K 线包含关系示意图

K 线包含关系在交易中比较普遍，按照 K 线理论的解释，左包右的这种 K 线形态其实反映了市场交易群体的一种犹豫心理。而右包左的这种 K 线形态，代表当日投资力量完全战胜前一日投资力量，属于当日反转形态。缠论体系则不涉及这些，之所以提出包含概念，只是为了简化 K 线数量，便于缠论使用者能够更快速地识别出有效 K 线，为后面正确画出价格的分型做准备。

图 3-2 所示是上证指数（999999）2018 年 12 月至 2019 年 3 月的日线图。

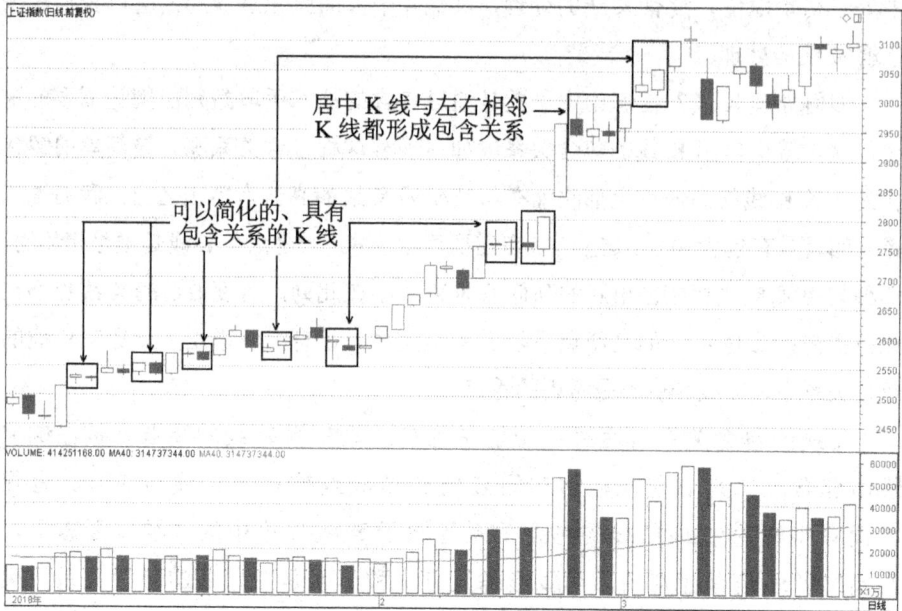

图 3-2　上证指数 2018 年 12 月至 2019 年 3 月日线图

在这段上涨行情中，一共出现了 9 处 K 线包含形态，我们在图 3-2 中用方框进行了标注。其中有一处比较特殊，即方框中 3 条 K 线那一处，居中的 K 线与左右相邻的 K 线都形成了包含关系，我们用文字加以特别说明。在缠论交易体系中，认为这种被包含的 K 线其实属于无效 K 线，因为它的功能与作用完全被包含它的 K 线所替代，所以看图时可以忽略不计，甚至可以将它们抹去，这样使图看起来更干净简洁。

图 3-3 所示是上证指数（999999）去掉被包含 K 线后的日线图。

通过图 3-2 与图 3-3 的对比我们能看到，简化后图的价格运行轨迹更加简明，高低点更加清楚，交易者可以更好地对投资标的进行技术分析，效果也更明显。

当然，由于时间的连续性，作为记录价格的工具，尽管是无效 K 线，交易所依然会如实地记录。这就需要交易者具备快速读图的能力，能有效识别 K 线的包含关系，同时对原有图进行简化处理，为后面学习分型奠定基础。

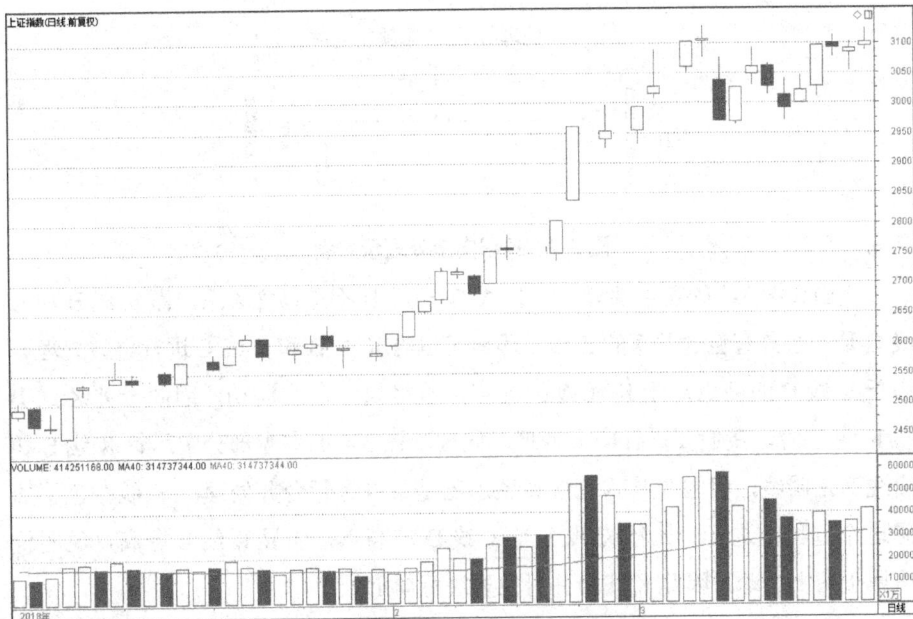

图 3-3　简化后的上证指数日线图

3.2　K 线包含处理原则

K 线的包含处理可以理解为 K 线之间的合并，是一种简化 K 线数量的手段，目的是方便缠论学习者辨识价格的分型结构。包含处理原则分为两类，即向上处理和向下处理。

3.2.1　向上处理及原则

这里的 K 线指的是在交易时间内每天都会发生交易，中间不会有时间漏掉的连续 K 线。因为 K 线之间除了具有相邻的包含关系，还会有其他的复杂关系出现。

K 线的向上处理方法是：当准备对存在包含关系的两条 K 线进行合并时，若价格正向上运动，如果第一条可以合并的 K 线高点相比前一条无包含关系的 K 线高点高，则采取向上处理。K 线向上处理时与 K 线本身的颜色无关。

图 3-4 所示是 K 线向上处理的示意图。

处理K线时与颜色无关

图 3-4　K线向上处理示意图

我们看图 3-4 的左半部分，K 线 A 与 K 线 B 不是包含关系，而 K 线 B 和 K 线 C 是一组具有包含关系的 K 线，因此可以将 K 线 B 和 K 线 C 进行合并处理。由于 K 线 B 的高点高于 K 线 A 的高点，价格属于向上运动，因此合并 K 线 B 与 K 线 C 时，我们要进行向上处理。同理，图 3-4 的右半部分中尽管 K 线 E 和 K 线 F 是阴线，但因为具有包含关系，还是可以进行合并处理，K 线颜色不妨碍这个过程的进行。比较 K 线 E 与 K 线 D 的高点，明显 K 线 E 更高，说明价格属于向上运动，因此 K 线合并时也要进行向上处理。

向上处理的原则：向上处理时，以合并两条 K 线中的最高点为高点，以合并两条 K 线中较高的低点为低点，合并成一条新 K 线。

图 3-5 所示是图 3-4 中左侧 K 线向上处理合并新 K 线的示意图。

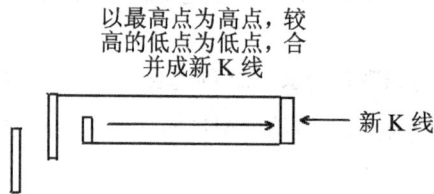

以最高点为高点，较
高的低点为低点，合
并成新 K 线

← 新 K 线

图 3-5　向上处理合并新 K 线示意图

图 3-4 中右半部分 K 线向上处理合并新 K 线的方法与左半部分相同，这里不再赘述。通过图 3-5，读者能清楚了解 K 线合并时向上处理的原则。

3.2.2　向下处理及原则

K 线的向下处理方法是：当准备对存在包含关系的两条 K 线进行合并时，若价格正向下运动，如果第一条可以合并的 K 线高点相比前一条无包含关系的 K 线高点低，则采取向下处理。K 线向下处理时与 K 线本身的颜色无关。

向下处理的原则：向下处理时，以合并两条 K 线中的最低点为低点，以合并两条 K 线中较低的高点为高点，合并成一条新 K 线。

图 3-6 所示是 K 线向下处理合并新 K 线的示意图。

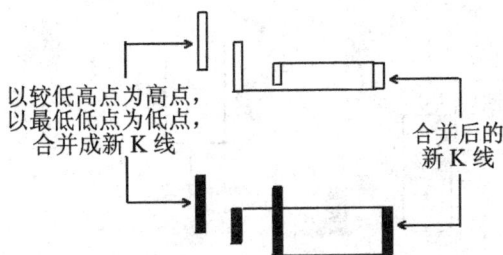

图 3-6 向下处理合并新 K 线示意图

我们看图 3-6 的左半部分居上的一组 K 线，K 线 B 和 K 线 C 具有包含关系，可以进行合并处理；K 线 B 与 K 线 A 不具有包含关系，比较二者的高点，K 线 B 低于 K 线 A，因此价格属于向下运动，合并处理 K 线 B 和 K 线 C 时要选择向下处理。再看图 3-6 的左半部分居下的一组 K 线，尽管都是阴线，但不妨碍进行 K 线包含处理。K 线 E 和 K 线 F 具有包含关系，可以进行合并处理；K 线 E 和 K 线 D 不具有包含关系，可以比较高点。由于 K 线 E 的高点低于 K 线 D 的高点，这样合并处理时就要选择向下处理。

图 3-6 的右半部分是根据向下处理原则生成的新 K 线，取点是以具有包含关系的两条 K 线中的较低的高点为高点，以两条 K 线中最低的低点为低点，合并成一条新 K 线。

理解了 K 线合并处理方法和原则后，我们在交易时观察图的速度就会提升很多，看图时可以直接忽略一些无效 K 线，目光只需在有效 K 线上停留即可。

图 3-7 所示是桐昆股份（601233）2018 年 12 月至 2019 年 1 月的日线图。

图 3-7 中左半部分是一段下跌走势，出现了两组具有包含关系的 K 线，我们用字母 B、C、D、E 加以标注，同时用方框予以框定。观察第一个方框，K 线 B 将 K 线 C 包含在内，比较 K 线 A 与 K 线 B 的高点，明显 K 线 A 的高点更高。根据包含处理原则，合并 K 线时需要进行向下处理。第二个方框中，K 线 D 将 K 线 E 包含在内，且 K 线 D 的高点比 K 线 C 的高点低，因此也需要进行向下处理。

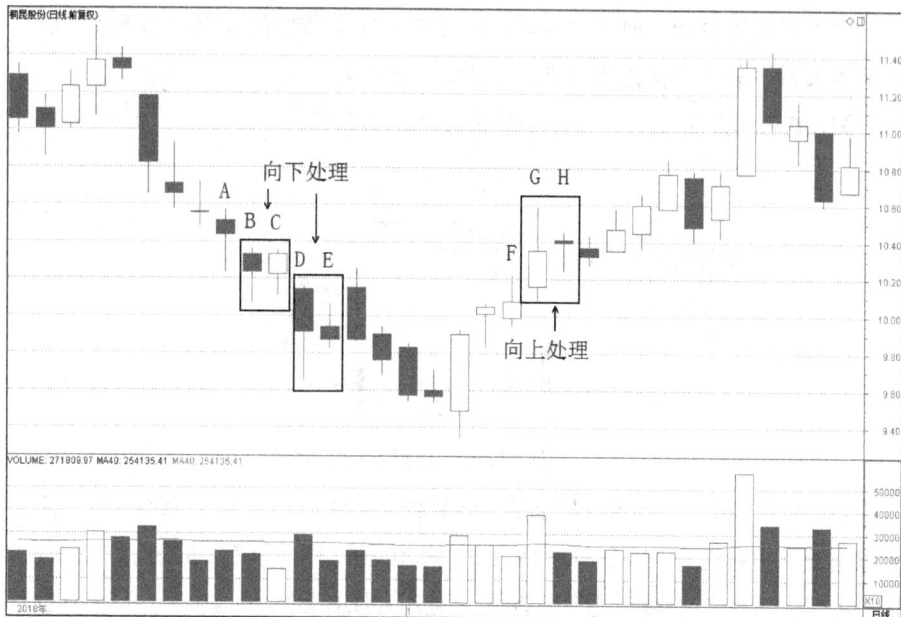

图 3-7　桐昆股份 2018 年 12 月至 2019 年 1 月日线图

图 3-7 中右半部分是一段上涨走势，其中 K 线 G 与 K 线 H 具有包含关系，我们用方框予以框定。比较 K 线 G 和与它相邻的 K 线 F 的高点，很显然 K 线 G 的高点更高。根据包含处理原则，合并 K 线时应该进行向上处理。

图 3-7 中并没有画出包含处理后的新 K 线，读者如果将这部分内容牢记于心的话，其实在头脑中已经可以形成新 K 线的模型，而无须再另行画出。K 线的包含处理只是缠论中的基础知识，读者不必在这里过多纠结，只要掌握好处理原则即可。

3.3　K 线包含处理顺序

熟练掌握 K 线包含处理的原则后，相信读者在看到一幅 K 线图时，应该已经有一定的处理能力了，并且会感觉到 K 线图也已经不是原来的样子，而是变得简单与清晰了。

有这样的改变很正常，这说明读者的看图能力得到了提高，但这仅是第一步，因为 K 线包含处理的原则不仅要过滤掉无效的 K 线，在处理时还需要考虑时间因素。

3.3.1　时间处理原则

我们看到的 K 线来自交易所发送的原始数据，是交易所的交易撮合主机当前时刻所有交易品种的部分报价快照和上一时刻到当前时刻内的成交汇总数据，也就是通常意义上的行情回报数据。在得到行情回报数据后，各软件开发商再依据自定的规则将数据解压到软件上，就得到了我们目前看到的 K 线图。交易所的行情数据以数据包形式发送，大约 5 ～ 6 秒发送一次。现在我们知道了，行情的交易其实是有时间因素在里面的，这也是我们不能回避的一个问题，因此在合并处理具有包含关系的 K 线时，时间的先后顺序是重点。

对 K 线进行合并处理时要按照 K 线产生的时间先后顺序进行，即先对前面发生的具有包含关系的 K 线进行合并处理，再对后面发生的具有包含关系的 K 线进行合并处理，这是原则性问题，千万不能搞错。

图 3-8 所示是一幅前后都有包含关系的 K 线示意图及其处理效果。

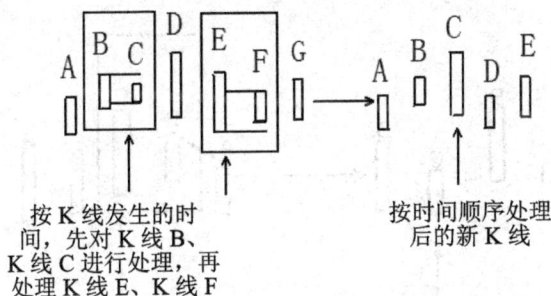

图 3-8　K 线处理效果

图 3-8 中左半部分一共有 7 条 K 线，我们用字母进行标注，其中 K 线 C、K 线 F 与左右 K 线之间都具有包含关系，此时该怎么处理呢？按照时间顺序的原则，K 线 B、K 线 C 和 K 线 E、K 线 F 优先产生，应先对其进行包含处理，我们也用方框予以框定。处理时一定要正确区分是向上处理还是向下处理，并按照处理的高低点标准严格执行，然后才能得出新 K 线。

图 3-8 中右半部分是按照时间顺序，根据向上处理和向下处理原则，再考虑处理时高低点的选择而得出的新 K 线。可以看出，处理后的新 K 线与左侧原 K 线相比显得简单清楚，视觉上的效果也更好，便于投资者分析。只是此时出现了另一个问题，我们发现即便将 K 线按照时间顺序进行处理后，还是会有 K 线具有

包含关系，就如图3-8中右半部分的新K线B、K线C一样，此时又该如何处理呢？此时，我们就需要了解K线包含处理顺序的第二条原则，就是再次处理原则。

3.3.2 再次处理原则

新K线产生后我们需要进行第二次观察，如果发现新K线之间还具有包含关系，则按照向上或向下处理原则，对新K线进行二次处理。这个过程就是K线的再次处理。

新K线高低点的位置是判断新K线是否具有包含关系的依据。我们观察图3-8右半部分新K线的高低点可以看到，在这一组新K线中，只有新K线B与新K线C具有包含关系，其余新K线都创出了不同的高低点，与相邻新K线间不具有包含关系。得出结论后，我们也就知道需要进行二次处理的只有新K线B与新K线C这一组，我们只对其进行再次处理即可。

图3-9所示是新K线再次处理后的效果图。

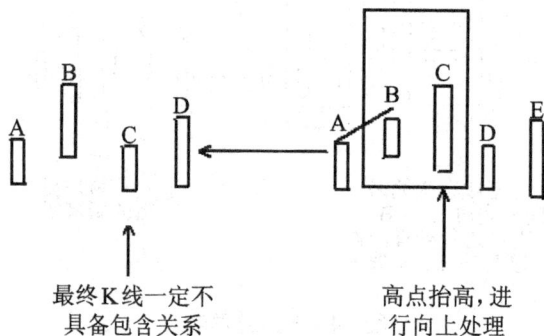

图 3-9　K线再次处理后的效果图

图3-9中右半部分新K线B与新K线C具有包含关系，我们用方框框定。由于K线B的高点比它相邻的新K线A的高点高，我们得出进行向上处理的结论，即在新K线B与新K线C中选取最高的高点作为再次处理后新K线的高点，相对较高的低点作为再次处理后新K线的低点。按照这个原则，我们可以得到最终的K线图，也就是图3-9中左半部分只有4条K线的K线图。

按照缠论的要求，只有K线之间完全不具有任何相互包含关系时，才具有判断价值。图3-9中左半部分的K线完全符合缠论的要求，也只有这样的K线，才能在其上面进行缠论交易体系的其他技术分析，进而得出结论，帮助投资者在市场中进行买卖操作。

按照缠论的要求，最简洁的 K 线图应该只有明确的高低点和转折点，其中高低点可判断趋势的存在，而转折点可判断趋势的变化。在缠论体系的趋势行情应该持股，因为趋势一旦发生改变就会产生买卖点，所以到最后缠论作者坦言："交易其实非常简单，就是买卖与持股。"

读到这里读者是不是有些心动呢？原来缠论非但如此简单，而且还颠覆了你最初的想象，那些看起来复杂无比的技术分析其实对交易的帮助并不是很大，交易的核心或者说交易的本质十分简单，这就是"大道至简"的最好解释。

按照缠论的解释，图上的 K 线在经过合并得到最终的 K 线图后，彼此相邻 K 线的关系其实就只有形态，我们来看一下具体的 4 种形态分类。

图 3-10 所示是 K 线最终分类的示意图。

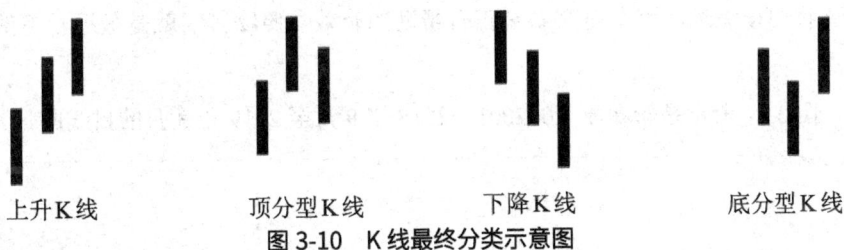

| 上升K线 | 顶分型K线 | 下降K线 | 底分型K线 |

图 3-10 K 线最终分类示意图

在缠论体系中，K 线最终被分为 4 种，即代表上升趋势的上升 K 线，代表下降趋势的下降 K 线，代表顶部转折的顶分型 K 线，代表底部转折的底分型 K 线。

按照上述 4 种 K 线形态分类，我们可以这样理解：只要一只股票的 K 线高点在不断抬高，就说明这只股票处在上升行情中，此时持股最好；只要一只股票的 K 线低点在不断降低，就说明这只股票处在下降行情中，此时观望最好。如果一只股票的 K 线高点发生转折，表明该股原有上升行情有可能发生某种转变，大家要仔细观察并制订相应的卖出计划。同理，如果一只股票的 K 线低点发生转折，表明该股原有下降行情有可能发生某种转变，大家也要仔细观察，同时制订相应的买进计划。

在实际交易中，投资者不可能在看到一张图后自己再另行画图，那样工作量很大，即使是专业投资者，精力与时间也不允许。缠论作者也意识到了这个问题，为此他说过，"进行 K 线合并的目的主要是为了识别顶底分型，因此对于图中一些非关键位置的 K 线没有必要强制进行 K 线的包含处理，投资者只要掌握基本原则，能看出一个大概即可。"

3.3.3　K 线关键位置

按照缠论作者的论述，非关键位置的 K 线可以不进行包含处理，反过来就说明，关键位置的 K 线就一定要进行 K 线的包含处理。那么问题来了，何处才是关键位置呢？这个问题不搞清楚，我们就没有办法对关键位置的包含 K 线进行合并处理。

物理学中的参照物概念是一个很好的思路。在金融市场上，时间是永远向前的，但未知的行情属于没有发生的事实，因此不具备参照的价值，要想找到有价值的参照点，只有回溯历史行情。在我们的记忆中，能够有印象的历史行情只有那些曾经发生过趋势改变的高低点，例如 6 124 点的历史高点和 998 点的历史低点。这就说明，过往行情中的高低点就是我们在交易中的有效参照物。当然，这个参照物不一定是历史上那些绝对的高低点，毕竟那已经是历史了，距离我们很遥远，因此对交易真正有帮助的有效参照物其实就是最近行情的高低点。

图 3-11 所示是新和成（002001）2018 年 9 月至 2019 年 3 月的日线图。

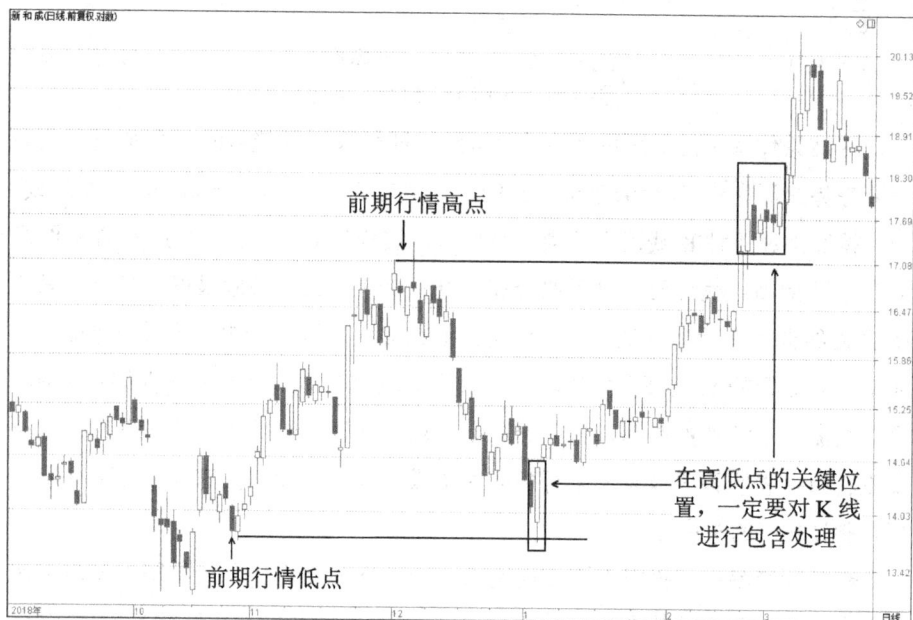

图 3-11　新和成 2018 年 9 月至 2019 年 3 月日线图

将过往行情的高低点作为未来行情的参照物，我们就能够得到 K 线的关键位置。观察图 3-11 中方框的位置，我们发现在靠近过往行情高低点时，该股的相邻 K 线之间产生了相互包含的关系，这个时候投资者一定要进行 K 线的包含处理，得出明确的结论，进而指导自己的操作。当 K 线简化后，投资者对行情就会有一个较为准确的判断。

图 3-12 所示是新和成（002001）在关键位置进行 K 线包含处理后的效果图。

我们通过技术手段对该股在高低点关键位置产生的具有包含关系的 K 线进行了合并处理，从中也能看到，合并处理后的 K 线在行情的关键点位起到了十分重要的作用。在前一段行情的低点，新 K 线用一条长阳线止住了前期的下跌趋势，探明了短期底部；在前一段行情的高点，新 K 线同样用一条长阳线突破了前期关键点位的阻力，继续向上拓展了空间。

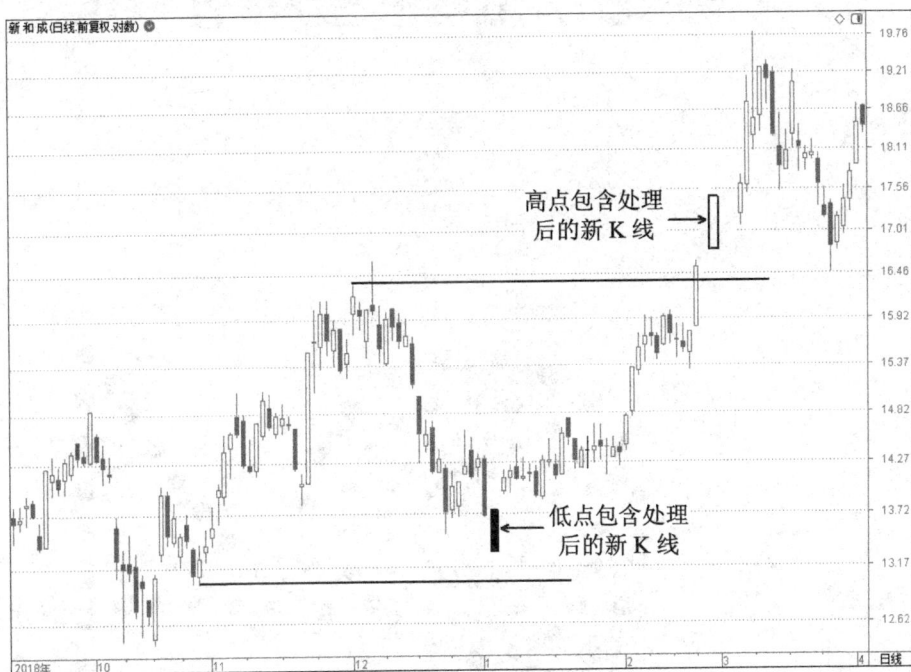

图 3-12 新和成 K 线包含处理后的效果图

看懂了 K 线图，特别是关键点位的 K 线图，投资者读图的能力就会有很大的提高，对于交易也会有很大的帮助。最关键的是它打开了一扇门，我们由此可以进入更高级别的缠论交易体系殿堂，那里有更质朴却更有效的技术分析手段等待我们去学习，让我们一起出发吧。

第 4 章

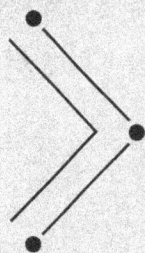

> 缠论形态篇之分型

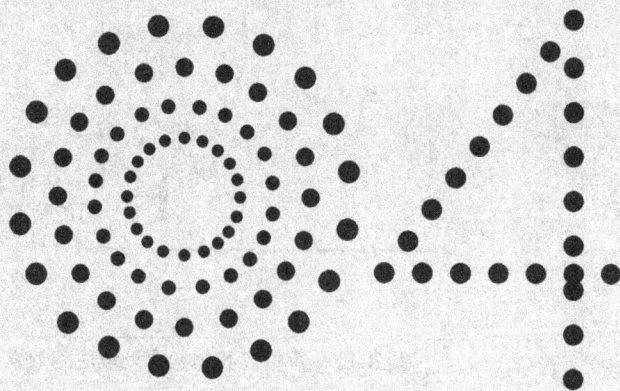

04

"分型"一词最初是由美国交易大师比尔·威廉姆斯提出来的。提起比尔,可能国内投资者不大熟悉,但如果提起"混沌操作法则"相信大家都知道,而这套法则就是比尔创立的。在《混沌操作法》一书中,比尔关注到了 K 线在价格转折过程中的变化,进而提出了"上分型"和"下分型"的概念。只是比尔的方法来自 5 条 K 线的价格变化,缠论作者在此基础上对分型予以简化,以 3 条 K 线为基础,提出了"顶分型"和"底分型"的观点。

4.1　顶分型

分型技术在缠论中十分重要,缠论技术的发端就是分型。可以这样讲,读者一旦真正掌握了分型技术,即使没有缠论交易体系中其他技术的辅助,也可以在市场中生存下去。

缠论中的顶分型是由 3 条 K 线组成的。但是读者要清楚一点,这 3 条 K 线指的不是大家看到的普通图中的 K 线,而是经过包含处理后的新 K 线。当然,如果一只股票价格走势简单,在相对高点出现的 K 线不具有包含关系,我们也可以直接拿来应用。如果 K 线具有包含关系,则一定要按照前面谈到的包含处理原则对 K 线进行合并处理,这样才能形成真正的顶分型。

4.1.1 顶分型定义

缠论作者对顶分型有这样的定义：3 条经包含处理后的连续 K 线，若中间 K 线的高点最高，且低点也是 3 条 K 线中最高的，则这种形态就是顶分型；顶分型的最高点被称作该分型的顶。

缠论中，顶分型只看 K 线的高低点，不考虑 K 线颜色。

图 4-1 所示是顶分型示意图。

图 4-1　顶分型示意图

在图 4-1 中所示的 3 条连续 K 线中，中间 K 线的高点是 3 条 K 线中最高的，低点也是 3 条 K 线中最高的，这种 K 线形态就是顶分型。

顶分型是个信号，股价在上涨过程中如果出现顶分型，意味着这段行情有可能出现转折。如果一只上升中的股票在 K 线图上一个顶分型都没有出现，那么投资者完全可以安心持股，等待股价进一步向上拓展空间，直到顶分型出现后再做决定。

缠论认为，所有股票的顶都必须形成顶分型，没有顶分型就没有价格的顶。

如何理解顶分型的形成呢？在缠论作者看来，任何一个顶分型的形成，其实都是市场多空双方在某个区域"搏斗"的结果。毫无疑问，顶分型能够形成，一定是做空力量战胜了做多力量，只是我们不知道的是，在这个过程中，多头曾 3 次努力想要挽回局面，而空头为了达到自己的目的，也予以了 3 次阻击。对照图 4-1 中的标准顶分型 3 条 K 线模型，我们完全可以推演出其中惨烈的较量经过。第一条 K 线的高点是做多力量以正常的价格行进，在被做空力量阻击后，价格出现回落，回落体现在第一条 K 线的上影线或是第二条 K 线的下影线上。第二条 K 线的高点是多头的第二次努力，K 线的上影线部分就是多头留下的痕迹。到了第三条 K 线，做多力量会进行最后一次尝试，只是这种尝试已经起不了作用，空头可以轻易化解，以至于多头不能在 K 线上留下一个新高点。通过推演我们能够知道，即使一个简单的顶分型结构背后也是多空双方反复较量的过程。古人"一鼓作气，再而衰，三而竭"的说法还是很有道理的。

4.1.2 顶分型分类

分型属于缠论体系中的基础构件，缠论作者对此也予以极大的关注，并对分型进行了系统的总结。

顶分型有两种分类，一是简单的、不具有包含关系的顶分型结构；二是复杂的、具有包含关系的顶分型结构。

图4-2所示是两种顶分型结构示意图。

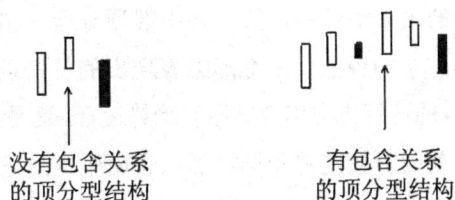

没有包含关系
的顶分型结构

有包含关系
的顶分型结构

图4-2 两种顶分型结构示意图

图4-2中左半部分的顶分型结构相对简单，K线之间不具有包含关系，传递的信息就是多空双方没有太多犹豫，胜负一清二楚。

图4-2中右半部分就是具有包含关系的顶分型结构，只要不出现长阴线直接将前面阳线吞没，其传递的信息就是多空双方都在犹豫与观望，空头并没有绝对的实力能将多头防线一举击溃。

复杂的、具有包含关系的顶分型需要根据包含处理原则进行合并处理，然后进行研判。至于简单的顶分型，直接研判就可以。为此，缠论作者在原文中还特意提及了几种情况。

图4-3所示是缠论中提到的3种顶分型结构示意图。

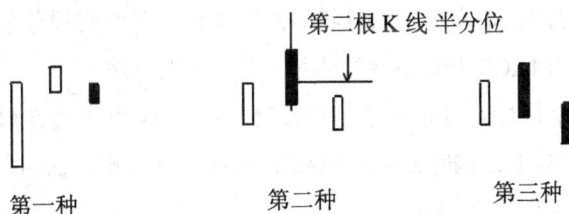

第二根K线 半分位

第一种

第二种

第三种

图4-3 3种顶分型结构示意图

第一种顶分型的意义：像这种K线先是长阳，后面K线是小阳、小阴的顶分型结构意义不大，绝大多数都是中继顶分型，直接成为行情顶部的可能性很小，后续行情应该与前面行情方向保持一致。

第二种顶分型的意义：中间 K 线出现长上影线或者直接就是长阴线，后面 K 线虽然是阳线，但却不能站上中间 K 线价格区间的半分位，这种顶分型结构杀伤力度较大，后续行情大概率会向其他方向转变。

第三种顶分型的意义：最后一条 K 线跌破了第一条 K 线的低点，如果阴线还不能站在第一条 K 线价格区间的半分位之上，则这种顶分型结构就是最坏的，一旦出现，几乎可以确认价格到了相对高点。

相对于信号明确的顶分型结构，第一种中继顶分型其实更应该引起投资者的注意。按照股票形态学的说法，中继形态表现出的价格调整，其实只是一个暂时休整，市场下一步的运行方向仍遵循原有趋势运行。这是一个很重要的信息，既然行情后续发展与前面行情走势相同，那么说明中继形态中其实蕴含着交易机会。在交易中如果发现中继顶分型，投资者只需找到合适时机进场就可以了。

我们来看一下中继形态本身具有的特征。

■ 交易方向是行情原有方向，属于顺势交易，没有逆势交易的风险。

■ 中继形态本身的高低点是天然的阻力支撑位，能够帮助投资者清晰辨认交易风险。

■ 中继形态延续原有方向时容易出现凌厉的单边走势，这是做多力量集中释放的表现。

■ 在市场某个阶段走势中，中继形态可以出现无数次，直至趋势扭转。

正是有了这几点特征，中继形态才会成为操作中最能被把握的交易机会，同时可以将交易风险控制在有限的范围内。

尽管有诸多优点，但我们观察的毕竟是顶分型结构，因此保留几分风险意识还是很有必要的。在交易中投资者如何判断自己看到的顶分型是不是属于中继形态呢？利用 MACD 指标进行过滤是一种很好的方法。

关于 MACD 指标在缠论中的使用技巧，在第 11 章中会详细介绍，这里只说明行情出现顶分型结构时如何用 MACD 指标进行过滤，以判定该顶分型结构是否属于可操作的中继顶分型。

图 4-4 所示是建设银行（601939）2018 年 12 月至 2019 年 3 月的日线图。

如图 4-4 中所示，该股在一轮上涨过程中出现了 3 处顶分型结构，从形态上看均属于第一种顶分型，即 K 线先是长阳，后面连接的 K 线是小阴、小阳，我们在图中用方框框定。按照缠论作者的解释，这种顶分型结构意义不大，行情由此见顶的可能性很小，绝大多数都应该是中继顶分型。理论上是如此，但在交易中如何有效地进行判断也需要一定的技巧，我们由此引入 MACD 指标作为辅助过滤工具。

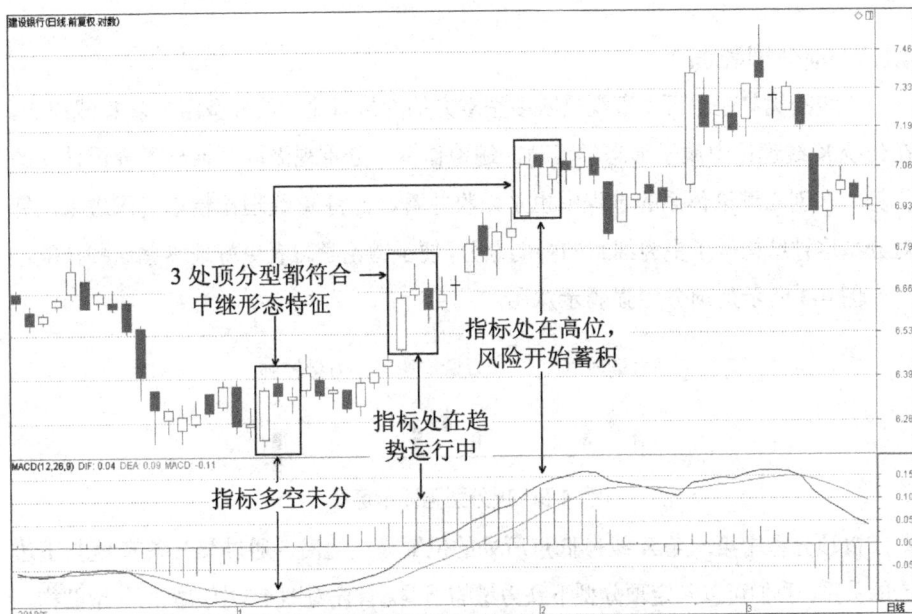

图 4-4　建设银行 2018 年 12 月至 2019 年 3 月日线图

由下至上地观察，第一处顶分型结构出现时 MACD 指标处在多空未分、混沌未明的状态，谁也不知道 MACD 指标后面会不会金叉上行。加上顶分型本身有见顶的意味，所以不能轻易认定第一处顶分型结构就是中继形态。再看中间这处顶分型结构，它处在行情启动后的上升途中，此时一轮行情刚刚起步，MACD 指标正处在向上发散的运行态势当中，从侧面佐证当前价格整体运行态势良好，因此这一处顶分型结构最有可能是上升中继形态。再看第三处顶分型结构，此时价格运行到相对高位，MACD 指标经过一轮扩展后，红色柱状线（实际走势图中为红色）已不能继续升高，表明风险在积蓄。从实践角度看，该处顶分型结构也不能说是中继形态。因此，风险最小也最具操作价值的其实是中间那处顶分型结构，这类机会如果把握得好，则可以快速获取收益。

关于顶分型，缠论作者还有一段精辟的论述，他在《教你炒股票 108 课》系列中指出："上涨过程中第一次出现的顶分型，一般情况下不会立即导致行情向下发生转折。但如果是第二次甚至是第三次连续出现顶分型，投资者就要特别小心，这个时候出现的顶分型向下的概率就会很大。"图 4-4 中的建设银行就非常符合这一论述，在出现 3 处顶分型结构后，行情就进入了一个盘整的阶段。其后行情因为已经脱离顶分型结构内容，这里就不再讨论了。

4.1.3　顶分型强弱

K 线的优势在于可以直观反映多空双方的力量对比。顶分型由 3 条 K 线组成，在传统 K 线理论中属于形态学范畴。缠论作者十分重视汲取其他技术分析体系的优势，在创立缠论体系的过程中也是兼收并蓄，他将 K 线理论精华引入进来，针对分型这种结构做了更为细致的强弱划分，便于缠论学习者更好地掌握这种技能。

图 4-5 所示是顶分型强弱示意图。

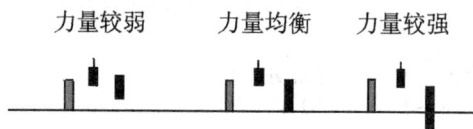

力量较弱　　　力量均衡　　　力量较强

图 4-5　顶分型强弱示意图

以顶分型中第一条 K 线最低点所处的位置为下边沿，通过第三条 K 线与下边沿的关系，我们可以判定顶分型下跌力量的强弱。首先看图 4-5 中左侧顶分型结构，第三条 K 线最低点距离下边沿较远，表明第一条 K 线具有很强的支撑力量，顶分型下跌力量较弱，后市有较大概率转变成中继顶分型。图 4-5 中居中的顶分型，第三条 K 线最低点与下边沿刚好相抵，表明多空力量均衡，这种下跌力量属于中等强弱。但如果居中的 K 线也是阴线，则两股做空力量叠加，后市看空的意味要更浓一些。图 4-5 中右侧顶分型第三条 K 线最低点直接击破下边沿，表明下跌力量已经大于第一条 K 线的支撑力量，价格反转意味明显，此处形成一个价格高点的概率很大。

顶分型是 K 线形态的一种，本身对我们判定多空双方的力量就有很大的帮助。例如 K 线实体大小，上下影线长短，是否有向上或是向下的跳空缺口等，都与力量的判定有直接的关系。类似的情形没有办法一一解释清楚，读者只有在实战中慢慢体会与领悟，才能最终转变成自己的投资技能。

图 4-6 所示是宝钢股份（600019）2018 年 12 月至 2019 年 4 月的日线图。

该股从 2019 年 1 月开始走出一轮上涨行情，当股价来到相对高位后，在较短的时间内就接连形成两个顶分型结构，我们用方框框定。仔细观察方框内的顶分型结构，可以发现左侧顶分型结构更像是一种中继形态，其后价格也确实没有回落，简单整理后再次向上。按照顶分型力量的强弱划分，我们看出右侧具有包含结构的顶分型出现了最坏的一种走势，即非但跳空低开拉出一条长阴线，而且还击穿顶分型左侧 K 线的下边沿，表明空头力量在这里占据主动，直接导致价格见顶。股价随后虽有短暂企稳，但最终还是展开了一段回落，由此可见顶分型的作用。

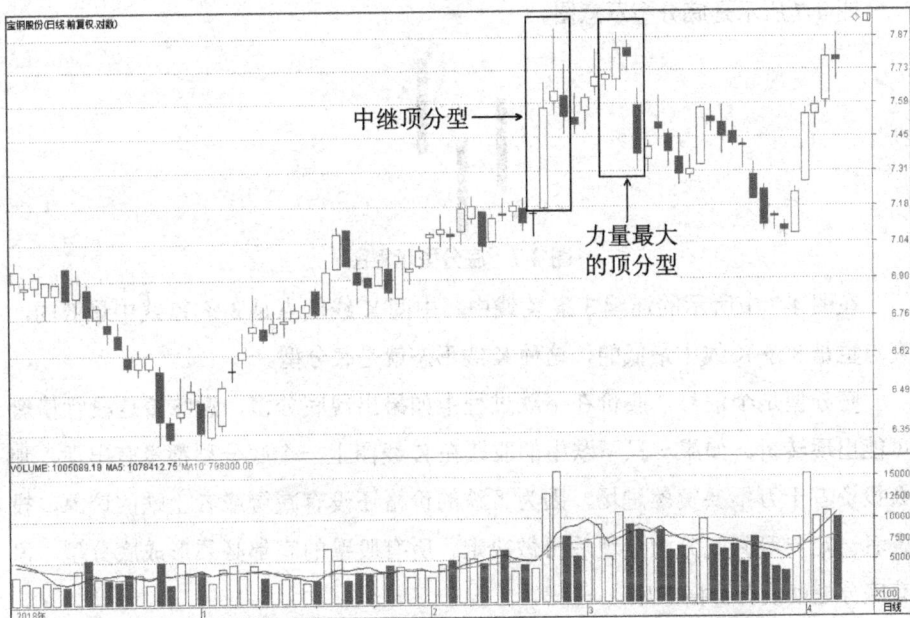

图 4-6 宝钢股份 2018 年 12 月至 2019 年 4 月日线图

读者还应该注意一点，即该股的回落是两个顶分型结构合力作用的结果。在交易当中，如果一个局部连续出现顶分型结构，则表明股价在这个区间遇到了很大的阻力。投资者在面对这种情况时，一定要提高警惕。

4.2 底分型

将顶分型结构倒过来，我们就能够得到底分型结构，二者是对应的关系。

与顶分型一样，底分型也由 3 条 K 线组成，K 线之间如果具有包含关系，也要进行合并处理，在得到新 K 线后才能确定底分型结构是否完成。有的股票走势简单，如在相对低点的 K 线不具有包含形态，则我们可以直接拿来应用。

4.2.1 底分型定义

缠论作者对底分型有这样的定义：3 条经包含处理后的连续 K 线，若中间

K 线的低点最低，并且高点也是 3 条 K 线中最低的，则这种形态就是底分型；底分型的最低点被称作该分型的底。

缠论中，底分型只与 K 线高低点有关，与 K 线颜色无关。

图 4-7 所示是底分型示意图。

图 4-7　底分型示意图

在图 4-7 中所示的连续 3 条 K 线中，中间 K 线低点是 3 条 K 线中最低的，高点也是 3 条 K 线中最低的，这种 K 线形态就是底分型。

底分型是个信号，股价在下跌过程中如果出现底分型，意味着这段行情有可能出现转折。如果一只下跌中的股票在 K 线图上一个底分型都没有出现，那么投资者千万不要贸然进场，因为下跌的价格还没有减缓或者止跌的迹象，投资者一定要等到底分型出现后再做决定。所有股票的底都必须形成底分型，没有底分型就没有价格的底。

缠论作者认为，底分型同样是市场多空双方在某个区域"搏斗"的结果。底分型能够成立，一定是做多力量战胜了做空力量。在这个过程中，空头也曾做出 3 次努力想要维系原有局面，而多头为达到目的，对空头也予以 3 次阻击。对照图 4-7 中的标准底分型 3 条 K 线模型，我们也可以推演出多空反复较量的过程。第一条 K 线低点是做空力量以正常的价格行进，在被多头力量阻击后，价格出现反弹，这个反弹体现在第一条 K 线的下影线或是第二条 K 线的上影线上。第二条 K 线中的低点是空头的第二次努力，K 线的下影线部分就是空头留下的痕迹。到了第三条 K 线，做空力量会进行最后一次尝试，只是这种尝试已经起不了作用，多头可以轻易化解，以至于空头不能在 K 线上留下一个新低点。由此可见，任何一个底部都来之不易，都是多空双方反复较量的结果。

4.2.2　底分型分类

底分型同样有两种划分，即不具有包含关系的简单底分型结构和具有包含关系的复杂底分型结构。

图 4-8 所示是两种底分型结构示意图。

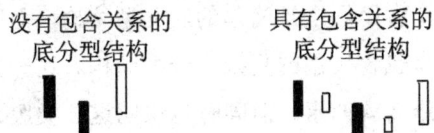

图 4-8　两种底分型结构示意图

图 4-8 中左半部分是不具有包含关系的底分型结构，多空双方力量对比简单明了，胜负立分。

图 4-8 中右半部分是具有包含关系的底分型结构，只要不出现长阳线将前面的阴线直接吞没，其传递的信息就是多空双方陷入某种胶着的状态，任何一方都没有足够的力量将另一方击溃。

复杂的、具有包含关系的底分型需要根据包含处理原则进行合并处理，然后进行研判。至于简单的底分型，直接研判就可以。读者可以参阅前面顶分型结构描述，将其反过来运用，即是底分型结构。通常情况下，市场底部构造得比较缓慢，需要时间积累与成本沉淀，如此一来，底部结构往往以复杂形态出现。有的时候，需要多次构造底部后底分型才能够形成。

图 4-9 所示是红旗连锁（002697）2018 年 12 月至 2019 年 4 月的日线图。

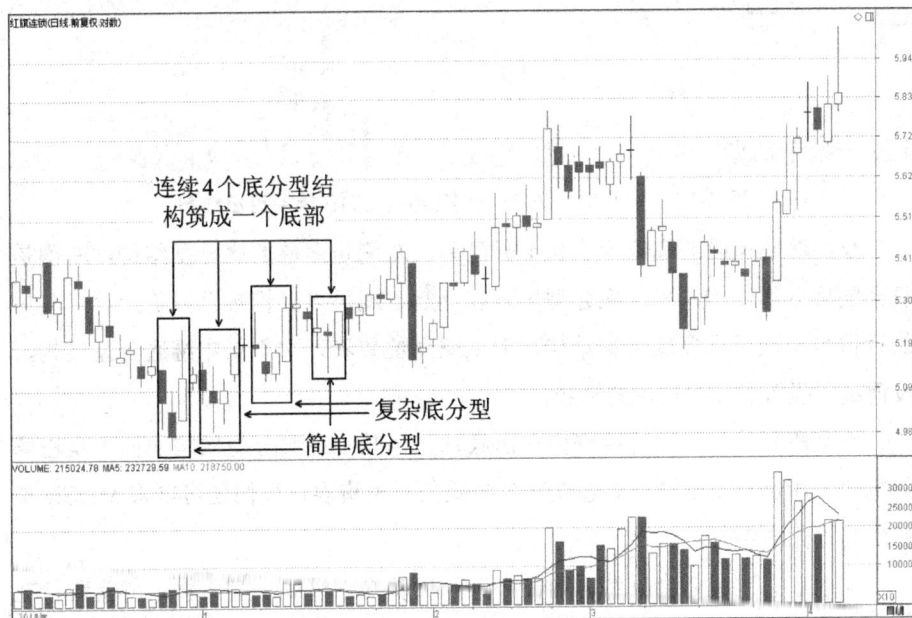

图 4-9　红旗连锁 2018 年 12 月至 2019 年 4 月日线图

该股底部构造十分经典，在图 4-9 中方框框定的位置连续出现了 4 个底分型结构，从左至右第一个和第四个是简单的底分型结构，而第二个和第三个则是需要经过合并处理具有包含关系的复杂底分型结构。这一类底部固然说明底部构筑很艰难，不是一蹴而就的事，但同时也说明这一类股票的筹码十分凌乱和分散，有可能仅是中小资金在参与。相对而言，如果是大资金在参与，则股票走势就会规范许多。

图 4-10 所示是兴业银行（601166）2018 年 12 月至 2019 年 4 月的日线图。

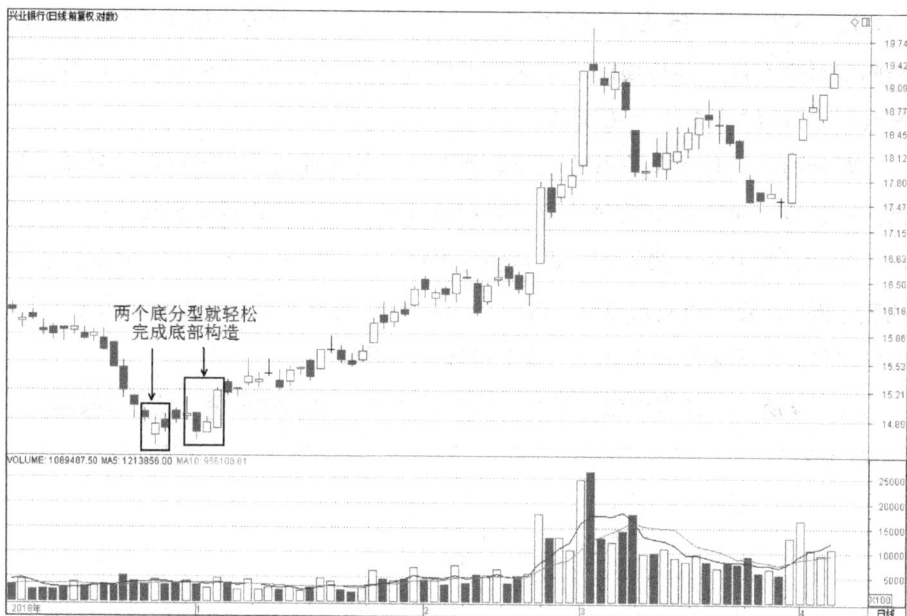

图 4-10　兴业银行 2018 年 12 月至 2019 年 4 月日线图

我们看到该股的底部构造就十分简单，左侧是简单的底分型结构，右侧是复杂的底分型结构，两个底分型串联在一起，就可以轻松推动股价上行。其后的行情也出现了很多底分型结构，但从空间位置看，大都是中继底分型结构，反而给了投资者多次进场的机会。

不是所有的底分型都能够构筑出底部，一些中继底分型结构非但不是进场的机会，相反却是陷阱。要想在交易中避免此类错误，我们还可以将 MACD 指标作为过滤的手段。

中继形态到最后会延续之前的走势，反映在中继底分型上面，就是股价在某个位置出现了底分型结构，看起来像是底部，有可能摆脱之前的下跌态势，进而发生向上转折。但股价经过震荡，最终跌破底分型结构的下边沿，依然按照原有格局运行，在底分型位置进场的投资者全部被套在其中。

如何有效识别一个底分型结构究竟是中继形态，还是股价真的见底呢？在交易时我们需要注意两点，一是底分型的数量，二是 MACD 指标当时的状态。

缠论作者曾经明确指出，下跌过程中第一次出现底分型，如果在形态上不是十分强烈，那么一般情况下这种底分型都是中继底分型，不会立即使行情向上发生转折。但如果是连续第二次或者第三次出现底分型时，投资者就要特别小心，因为此时发生向上转折的概率就非常大了。

底分型出现时，如果 MACD 指标中的指标线以及柱状体都在空头区域运行，那么这个底分型的作用就要打折扣，需要慎重对待。如果价格连续出现底分型，此时指标线以及柱状体也有了积极运行的迹象，那么投资者就要认真考虑股价是否可能会发生向上转折。

图 4-11 所示是大博医疗（002901）2018 年 11 月至 2019 年 3 月的日线图。

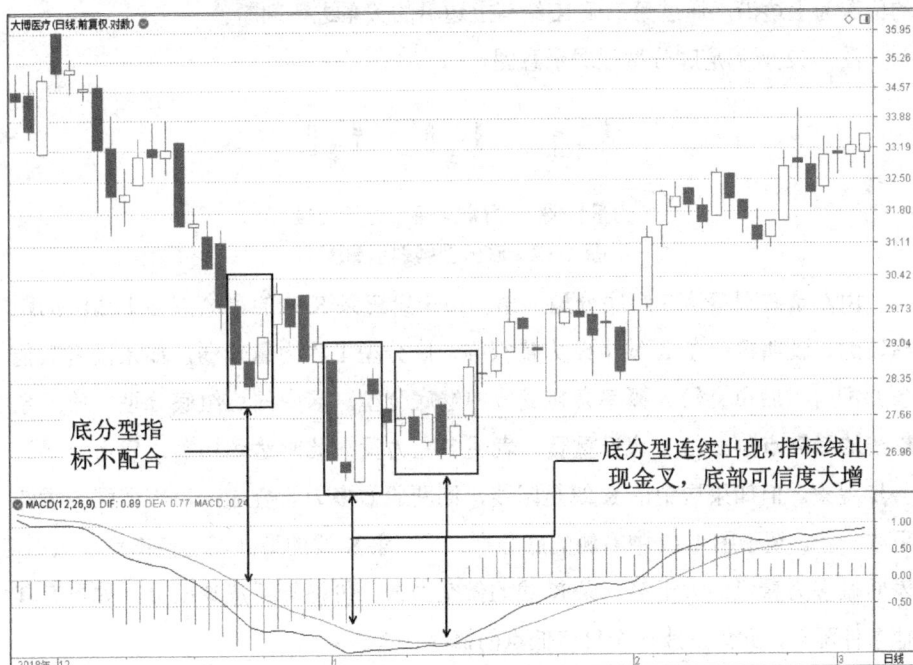

图 4-11　大博医疗 2018 年 11 月至 2019 年 3 月日线图

该股在下跌途中一共出现 3 处底分型结构，我们用方框框定。仔细观察图 4-11 中最左侧方框，我们看到此处是一个简单的底分型结构，如果用 MACD 指标来过滤，可以看到指标当时依然处在空头区域。因此，对于这样的底分型我们不能报以很大期望。从后面的结果看，股价后续跌穿了这个底分型下沿，从而让这个底分型结构成为一种中继形态。其后股价在相对低位企稳，并接连构筑两个底分型。此时再看MACD指标，其柱状体已经翻红（实际走势图中显示为红色），指标线已经出现金叉，此处底部成功的概率增加不少，是个较好的机会。随后股市印证了当初的判断，在震荡上行中走出一轮中级行情。

4.2.3　底分型强弱

底分型由3条K线组成，这3条K线必须是经过合并处理后的K线。相对于顶部，底部的判断相对容易，因为其构筑的时间比较漫长，这就使得一些底分型形态到最后与寻常K线无异，所以寻找那些力度强劲的底分型形态就显得尤为重要，它们才是决定底部最终能否构造成功的真正力量。

判断底分型上攻力量强弱的方法很简单，以底分型第一条K线最高点所处的位置为上边沿，通过第三条K线与上边沿的关系进行判断。

图4-12所示是底分型强弱示意图。

力量较弱　　力量均衡　　力量较强

图 4-12　底分型强弱示意图

由左至右观察这3组底分型，第一组中第三条K线的最高点与上边沿的距离较远，说明第一条K线下跌力量很强，底分型上攻力量较弱，如果没有其他条件配合，后市有较大概率会转变成中继底分型。居中的这组底分型，第三条K线的最高点刚好与上边沿重叠，表明多空力量在此时达到均衡，后市还要进一步观察。但如果居中的K线是阳线，则两股做多力量叠加，后市转强的意味更浓一些。至于图4-12中右侧的底分型，第三条K线的最高点直接击穿上边沿，表明做多力量已经大于第一条K线的做空力量，价格转折意味明显，如再有其他条件配合，此处形成一个价格低点的概率很大。

与顶分型不同的是，由于向上推升价格需要持续稳定的买盘，因此成交量在底分型结构中就显得很重要，最好能持续温和放量，形成价升量增的态势，或者至少保持一个平量的状态。至于那种不规则放量的情况，只能说明底部筹码还不够稳定。凌乱的成交量必然导致价格的震荡，这对于底部的构造是极为不利的。

图 4-13 所示是四川双马（000935）2018 年 12 月至 2019 年 3 月的日线图。

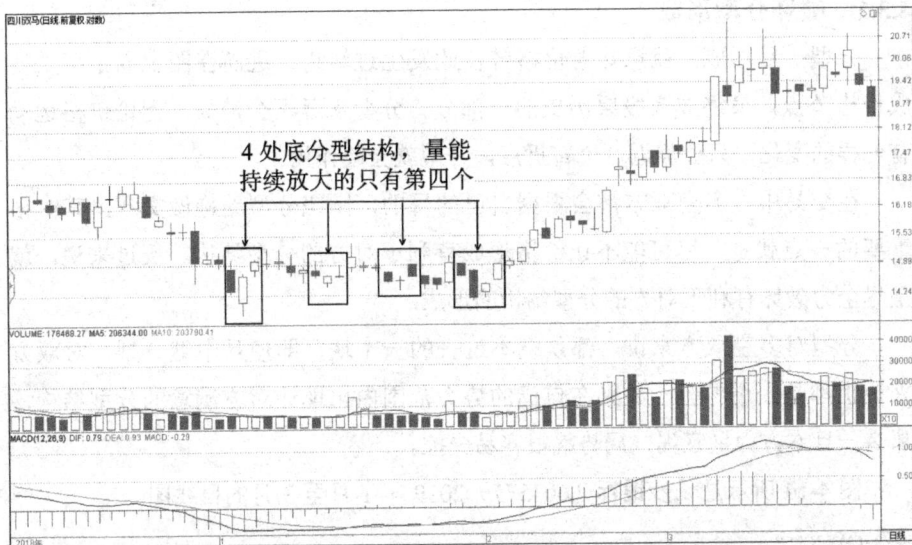

图 4-13 四川双马 2018 年 12 月至 2019 年 3 月日线图

该股的底部是由 4 个底分型结构构筑而成。由左至右观察，第一个底分型完成后没有量能放出，指标还在弱势空头区，算不上底部完成。第二个底分型后虽有单日量的放出，但量能不连贯，表明当时该股筹码还十分凌乱，市场没有形成合力，多空分歧较大。第三个底分型由一串阴线构成，做空力量还在抵抗，量能也呈萎缩状态，向上力量不足。第四个底分型与前 3 个不同，首先是 K 线呈现出最强攻击态势，然后指标开始走强，其后是量能逐步温和放出，说明做多力量在凝聚。如果说单一底分型不足以扭转局势，但 4 个底分型的合力就可以确认此处就是价格的转折点。在此之后，价格开始缓缓上行，确认了这个底部构筑的完成。

4.3 分型操作方法

既然市场中所有的顶都是由顶分型构成，所有的底都是由底分型构成，那么看到顶底分型，我们自然就知道市场的顶底位置，也就可以利用分型进行交易，这种使用分型技术进行交易的方法被称为"分型交易法"。需要记住的是，在分型交易法中，多空双方围绕分型所做的一切努力都是为了破坏对方的企图，进而实现本方想要达到的目的。

4.3.1　破坏分型形成

分型一旦形成，就意味着价格曾在此发生过转折，进而在图上固定下来变成价格节点，最终成为股票历史的一部分。分型永远不会消失，无论价格运动有怎样的变化，只要靠近这个转折点，分型就会起作用。

在交易中，多空双方都会根据自己的目的，围绕分型结构做文章，其中很重要的一点就是，尽可能不让价格形成有利于对方的分型结构。反过来说，就是尽全力破坏有利于对方的分型结构的形成。

分型对多空双方来讲，都是绕不过去的一个坎，即使是中继分型，对双方来说也都是一个考验。如果在自己的势力范围内出现让对方满意的分型结构，那么一旦本方力量衰竭，局势就很容易失控。

图 4-14 所示是长沙银行（601577）2019 年 1 月至 3 月的日线图。

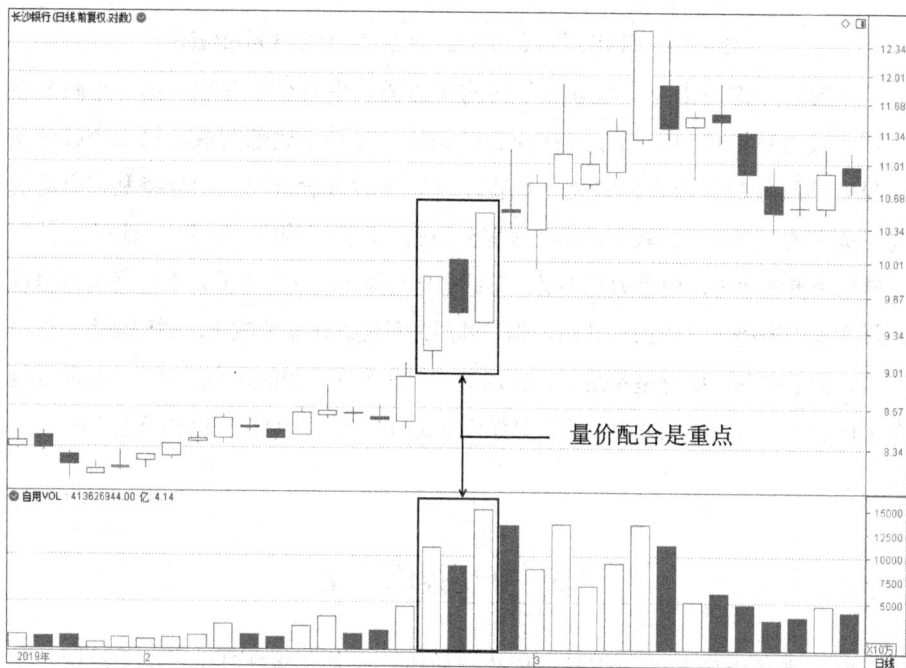

图 4-14　长沙银行 2019 年 1 月至 3 月日线图

该股是一家区域性股份制商业银行，上市后不久股价即展开回落，其后经过整理开始向上发力。图 4-14 中方框框定的地方是我们观察的重点，方框内左侧是一条很有力度的阳线，但中间那条长阴线同样很有力度，这是空头对多头强有力的反击。按照正常思维，股价第二天最大的可能就是惯性低开，然后下跌一段，或是当天继续收阴线，或是留下一条下影线。无论哪种情况发生，K线形态必然形成一个顶分型结构，一旦顶分型形成，向下的牵引力会极大地制约价格继续向上运行，要想维系住向上运行的态势，多头必须有所行动，以破坏空头想要在此构成顶分型的打算。我们看到股价在第二天低开后直接高走，不给空头任何构成顶分型的机会，且全天都是强势上涨，最终以涨停板报收，在瓦解空头攻势的同时也破坏了空头的意图。最主要的是，它向投资者传递出多头实力强劲的盘面语言，引导股价在后市继续上行。

从量能表现看，当天的走势也是多头主动攻击的格局，配合长阳线的是成交量的大幅放出，一举吞噬掉前一日的阴线量能，表明多头有足够的筹码控制局势的发展。

图 4-15 所示是云铝股份（000807）2018 年 9 月至 10 月的日线图。

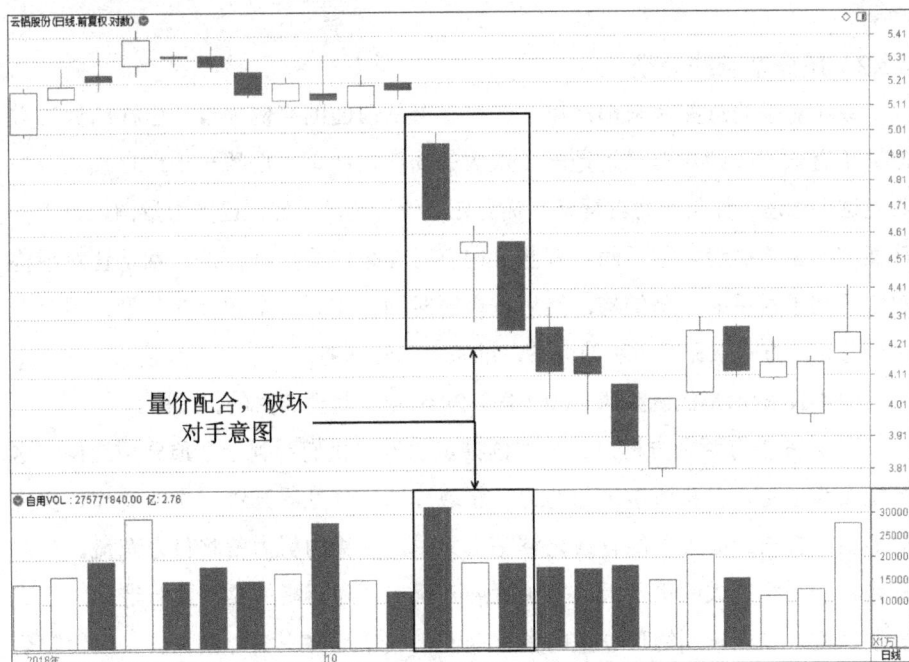

图 4-15　云铝股份 2018 年 9 月至 10 月日线图

我们通过云铝股份这只股票，来看一下空头破坏多头意图的手法。图 4-15 的方框内左侧第一条 K 线是一条长阴线，显示一切尽在空头的掌控之中。但是第二日局势发生了变化，多头组织力量发动反击，将原本应该是一条中阴线的局面变成了小阳线，并且留下了长长的下影线。按照惯性，第三天的 K 线只要能顺势平开或者是高开，即多头稍稍发力创出一个小高点，然后不创新低，盘面上就会留下一个底分型结构。毫无疑问，多头想借助这个底分型结构进行盘底，逐步化解空头的攻势。面对多头的反击，空头在第三天平开后立刻展开攻势，让开盘价位成为当天最高点，根本不给多头创出新高的机会，直接用长阴线将昨天的长下影阳线吞噬掉，可见空头是有备而来。从成交量上看，第三天的成交量虽然没有特别放大，但也与第二天基本持平，可见空头破坏对手意图的决心，将局面牢牢掌控在了自己手中。

通过图 4-14、图 4-15 中的实例我们能感受到，处于优势的一方为了破坏对手的意图从来都是不遗余力的。因为他们知道，一旦给对手可乘之机，让他们建立起"桥头堡"，后续的"部队"就会源源不断地过来。交易其实与战争很相像，处于优势的一方如果不能完全掌控局面，那么必然是后患无穷的。

4.3.2　用分型制约分型

破坏对手的意图从来都是第一选择，但从前面的实例来看，这样的做法看似简单有效，实则对自己也是一个很大的伤害，所谓"伤敌一千，自损八百"就是这个意思。如果实力占据绝对优势还好说，倘若不然，己方力量消耗过大，反而容易留下破绽。鉴于此，有些机构有时会采取第二种方法，就是让对手构筑成不利于对手的分型结构，然后在极短时间内完成一个相反的分型，用分型制约分型的方式来瓦解对手的力量，维系自己的优势。

图 4-16 所示是亿帆医药（002019）2019 年 1 月至 3 月的日线图。

图 4-16 中有两个方框，在细方框框定的地方我们看到一个顶分型结构，这是空头为了阻止多头所做出的努力，想通过这个分型展开进一步的动作，实施对多头的打击。如果不能有效化解空头力量，多头的努力就将付之东流。我们看到在顶分型完成的第二天，多头就展开反击，随后略做整理就营造出一个底分型结构，以此来制约顶分型的做空动能，成功地将空头力量瓦解，股价随后又顺利展开上攻。对比两个分型的量能，我们可以看到底分型的量能明显大于顶分型的量能，这也表明多头力量完全占据上风，空头无法改变多头占据优势的局面。

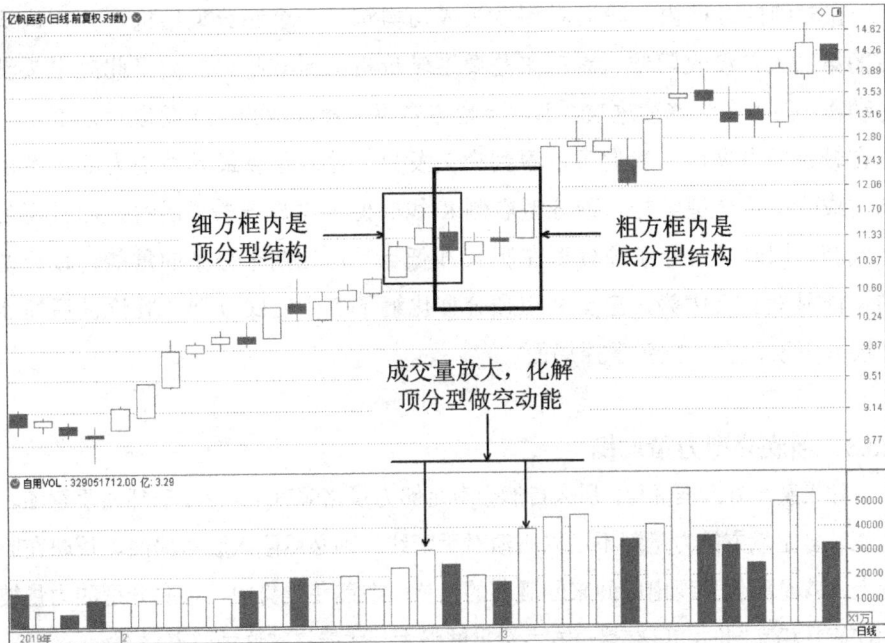

图 4-16　亿帆医药 2019 年 1 月至 3 月日线图

我们再来看空头化解多头的实例。

图 4-17 所示是桐昆股份（601233）2018 年 11 月至 2019 年 1 月的日线图。

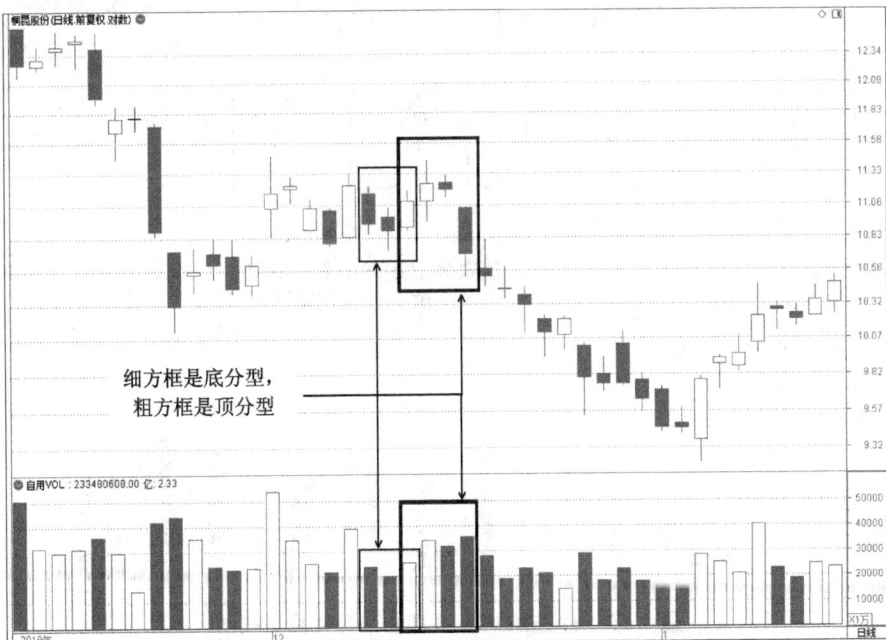

图 4-17　桐昆股份 2018 年 11 月至 2019 年 1 月日线图

在较细的方框内，我们看到多头成功构筑了一个底分型结构，并在构筑后的第二天继续收阳线，看起来是要逆转价格的原有趋势。如果此时空头没有动作，任由多头继续进攻，则这个地方有很大概率成为一个阶段性的低点。但在较粗的方框内，我们可以看到空头发力，并且是以最具杀伤力的一种形态完成一个顶分型结构。顶分型右侧 K 线非但本身是一条长阴线，而且还跳空低开，同时又击穿了顶分型左侧 K 线低点。对比两个分型的量能，顶分型的量能显然更有优势，空头利用顶分型化解了多头的底分型，股价在后面连续展开下跌，空头重新掌控局面。

4.3.3 顶底分型力量均衡

如果某一方占据优势，那么自然会有足够力量化解对手攻势，破坏对手意图。但倘若多空双方的力量都不足以击溃对手防线，则必然陷入胶着局面，反映在股价上，就是股价呈现出区间来回震荡的走势。在震荡走势中，顶底分型的力量彼此均衡且相互制约，只有某一方力量足够强大，才能打破这种胶着局面。

图 4-18 所示是上证指数（999999）2019 年 1 月至 4 月的日线图。

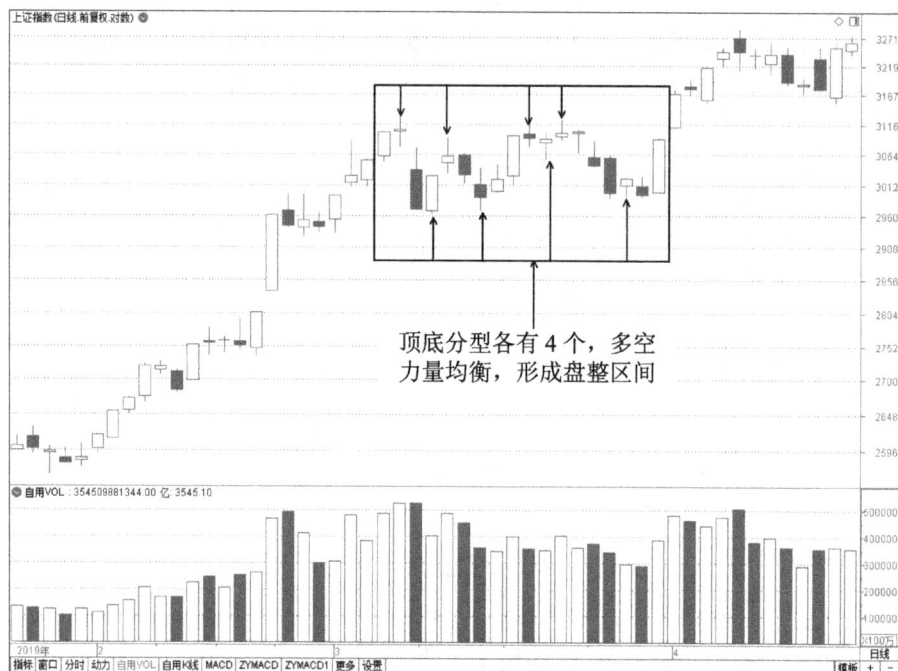

图 4-18　上证指数 2019 年 1 月至 4 月日线图

多空双方力量均衡，哪一方都不能够占据优势，价格就只能在某一个局部形成盘整区间，这样经典的实例就是 2019 年年初的上证指数。

2019 年年初，国家强力推出"科创板"，大力发展科技产业的宏观背景下，上证指数一扫阴霾，走出一轮爆发性行情。从 2019 年 1 月 4 日的 2 440 点起步，仅 2 个月时间就来到 3 000 点附近，涨幅高达 23%。当指数来到 3 000 点后，多空双方开始产生巨大分歧，有的认为风险已高，有的认为牛市刚刚开始，反映在盘面上，就是图 4-18 中看到的用方框框定的区间。如果用分型技术来分析此图，可以看到多空双方在这里展开了激烈的"战斗"，狭小区间内各自营造出 4 个有利于自己的分型结构。正因为双方力量均衡，谁都无法占据优势，所以指数也由此进入一个盘整局面。

技术分析之所以成立，其中一个设定条件就是走势可以消化一切信息。这里我们也可以看到，图中表现出来的分型结构，恰恰是多空双方各自对当时政策、资金情况、国际局势的深度解读，我们从中也能体会到缠论交易体系的高明之处。

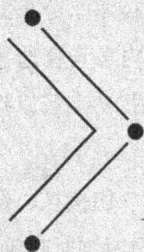

第 5 章

缠论形态篇之笔

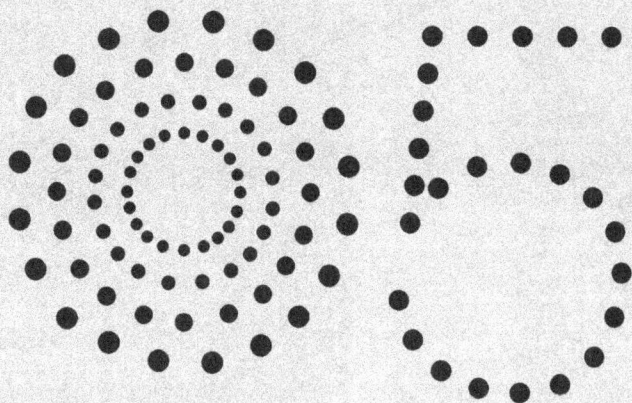

05

"笔"是缠论交易体系中的专有术语，其依托分型而生，是分型的高阶进化。分型揭示的是股价空间位置的转折点，而笔揭示的则是股价的具体运行轨迹。

5.1 笔的定义与要求

在缠论形态学中，画线分析是最基本的技术分析方法，也是缠论交易体系当中的一项基础技能。分型转折是股价运行中的一个点，在此基础上形成的笔就是由点到线的过程。有了笔的存在，投资者就可以看清股价运行的总体轮廓，起到辅助投资人判断股价当前所处的空间位置的作用。

缠论作者对笔的定义：缠论中两个相邻的顶分型和底分型，顶底分型之间的连线称为笔。

笔连接的是相邻的顶底分型，分型之间的价格波动可以直接忽略。顶底分型一定要相邻的才有效，那种隔几个的情况无效。

笔形态特征中最重要一点，就是在顶底分型之外要有连接 K 线存在。连接 K 线的数量没有限制，1 条、2 条、3 条甚至是 N 条都可以。可以这样讲，缠论形态的复杂，主要体现在 K 线的复杂上。

关于笔，缠论作者在原文中列出了几个要点，对笔进行了规范。

■ 顶分型和底分型之间至少要有一条 K 线相隔，这样才能构成一笔。

■ 必须是一个顶分型对应一个底分型，或者是一个底分型对应一个顶分型。

■ 在同一笔中，顶分型中最高的那条 K 线的区间至少要有一部分高于底分型中最低的那条 K 线的区间。

只有上述 3 个条件同时满足，在图上画出的笔才是正确的。

将笔正确画出是读图的基础，否则股价实际走势与投资者判断之间就会发生偏差，具体操作自然也会出错。因此，读者一定要正确认识并仔细体会这部分内容。

图 5-1 所示是正确的笔的划分示意图。

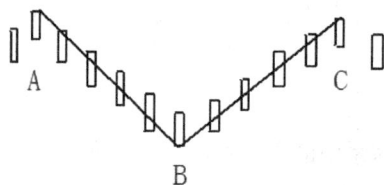

AB 是一笔，BC 也是一笔

图 5-1　笔的划分示意图

图 5-1 中 A 点处是一个顶分型，B 点处是一个底分型，C 点处又是一个顶分型。我们用笔的标准与图中走势对照，发现 AB 以及 BC 之间完全符合要求，即顶底分型是相邻的；有不少于一条的连接 K 线；最主要的是顶分型高点明显高于底分型高点，确保了空间的有效性。在上述 3 点全部得到满足后，我们将 A 点与 B 点连接起来，得到笔 AB。同理，连接 B 点与 C 点得到笔 BC。

在实际作图中，连接点一定是顶底分型的最高点和最低点。按照缠论作者关于笔的标准来观察图例，我们就会发现，真正的笔最少需要 5 条 K 线才能完成。为什么是 5 条 K 线呢？因为标准的一笔是从顶分型最高点出发到底分型最低点结束，观察笔的轨迹只包括顶分型高点 K 线及其右侧 K 线，底分型低点 K 线及其左侧 K 线，加上最低数量的 1 条连接 K 线，刚好是 5 条 K 线。顶分型左侧 K 线和底分型右侧 K 线可以不计算在内。

与分型不同，笔在图上不是固定不动的。随着价格的运行，在某一级图上，一些分型不再适合连接成笔，笔就会随之调整，以适应分析的需要。

笔是在顶底分型的基础上产生的，其在交易中有何作用呢？简单说，笔起到的是一种过滤作用，一些不重要的价格波动在笔形成的过程中会被自然过滤掉，剩下来的就是真正有价值的价格运行轨迹，这样的价格运行轨迹便于投资者更好地决策。

我们通过一个实例为读者讲解一下。

图 5-2 所示是新和成（002001）2018 年 12 月至 2019 年 4 月的日线图。

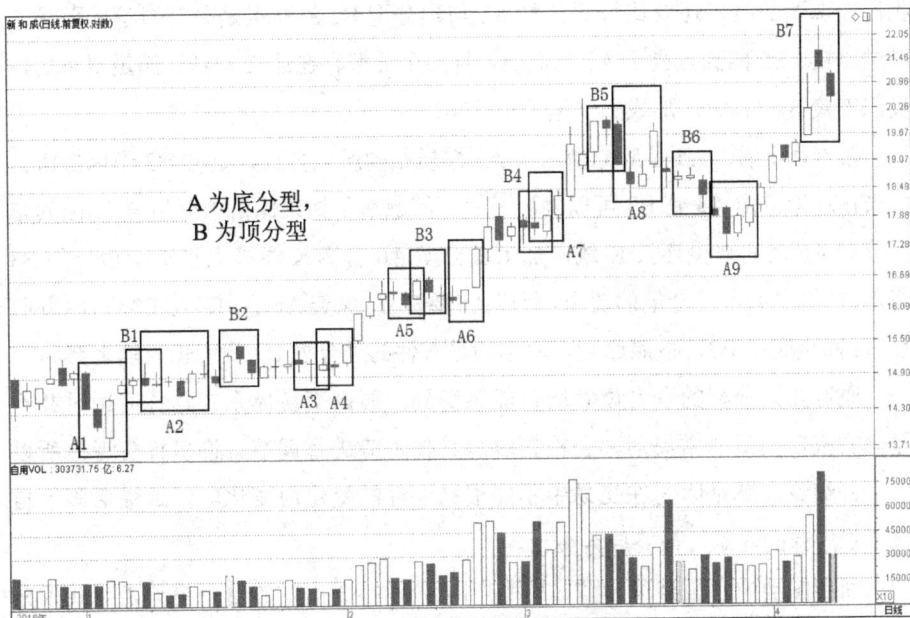

图 5-2　新和成 2018 年 12 月至 2019 年 4 月日线图

图 5-2 中有很多的方框，这些方框框定的位置都是分型，其中字母 A 代表底分型，字母 B 代表顶分型。从图中可以看到，这些方框有的单独成立，有的相互重合，如果按照分型的操作方法在底分型买入、顶分型卖出，投资者基本上是非常疲惫的，因为分型数量实在是太多了。毫无疑问，我们是不能这样进行交易的，在这些分型中一定有一些与 K 线一样，属于无效的分型，我们如果能通过一些技术手段将无效分型与有效分型区分开来，交易就会变得极为简单，这就是笔的过滤作用。根据笔的划分原则，我们可以对图上的分型进行有效整合，如此一来，股价运行的轨迹就一目了然了。

具体过程中一定不要忘记分型构成原则，对具有包含关系的 K 线要进行合并处理，这里我们假设所有分型已经满足我们全部的需要。首先从底分型 A1 开始，因为与顶分型 B1 之间缺少连接 K 线，而分型 B1 首先被排除。A2 是底分型，两个底分型之间不能相互连接，底分型 A2 也被排除。顶分型 B2 与底分

A1 之间符合笔的 3 个要素，可以保留，连接 A1 与 B2 就产生了第一笔。

我们继续出发。A3 与 A4 同样是底分型，而且相互重合，这种情况只能选择一个作为真实有效的底分型，选取原则就是看哪一个底分型的低点更低。比较之下，A3 低点比 A4 低点更低，A3 予以保留。由于股价处在一个震荡区间，我们在选取的时候还要比较底分型 A3 与顶分型 B2 的高点是否符合笔的要求。经过比较，B2 的高点高于 A3 的高点，且两个分型存在连接 K 线，满足要求后，我们连接 B2 与 A3，形成另一笔。

接着往下看。A5 是底分型，与 A3 性质相同所以舍弃，这样 B3 予以保留。本来在理论上由 A3 到 B3 可以画出一笔，问题在于如果保留顶分型 B3，因其与底分型 A6 之间缺少连接 K 线，加上底分型 A6 右侧 K 线高点也高于顶分型 B3 高点，二者之间不符合笔的要求，所以 A6 要舍弃。舍弃 A6 后，B4 与 B3 性质相同，且 B4 高点高于 B3，按照原则，原本满足条件的顶分型 B3 我们也只能舍弃。

通过几处分型的取舍读者应该能感受到，缠论交易体系在具体应用时并不僵化古板，而是非常灵活，会根据股价具体走势进行调节。许多投资者之所以学不好缠论，就是因为在交易中不能根据条件的变化而变化，以致最后陷入自己不能解释的怪圈，最终放弃缠论。

回到图当中，舍弃顶分型 B3 后，由底分型 A3 出发的这一笔只能寻找顶分型 B4。B4 与 A3 之间满足笔的全部条件，可惜顶分型 B4 与底分型 A7 之间却没有一项条件符合笔的要求，于是我们只好再次放弃 B4，继续寻找适合 A3 的落脚点，这就是顶分型 B5。A3 与 B5 之间没有任何问题，连接这两点形成新的一笔。

由顶分型 B5 开始，股价进入一个调整阶段，但这不影响笔的使用。我们看底分型 A8 不符合笔的要求，直接舍弃，顶分型 B6 与 B5 性质相同直接跳过，如此一来，底分型 A9 就成为候选，它与顶分型 B5 之间满足要求，可以构成一笔。其后股价转为上行，中间没形成分型，直到顶分型 B7 出现，连接 A9 与 B7，股价终于告一段落。

根据笔的定义，股价这次登山之旅的运行轨迹是，以底分型 A1 为出发点，途经顶分型 B2，其后是底分型 A3，经过一系列的取舍，决定去往顶分型 B5，其后是底分型 A9，最后到达顶分型 B7。

图 5-3 所示是新和成（002001）用笔划分后的股价走势图。

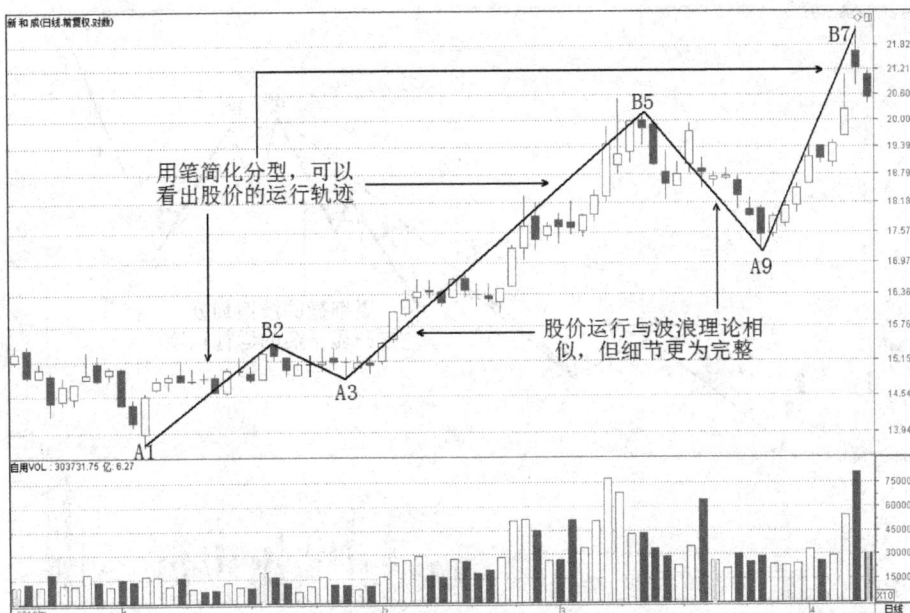

用笔简化分型，可以
看出股价的运行轨迹

股价运行与波浪理论相
似，但细节更为完整

图 5-3 新和成用笔划分后的股价走势图

我们可以发现，原本杂乱无章的分型经过笔的过滤后，股价运行轨迹清晰无
比，呈现出一种有序的结构。有技术分析功底的读者看到过滤后的图或许会有一
种错觉，觉得股价运行轨迹与波浪理论十分相似，这又是为什么呢？其实这种现
象恰恰证明缠论的先进，就像缠论作者在《教你炒股票 108 课》中论述的那样："缠
论可以完美解释市场上存在的任何理论，但任何理论都不能解释缠论。原因只有
一个，就是缠论可以更好地表达股价运行的细节，而其他理论却不行。"

按照分型理论，分型既然发生，那么就一定会发挥作用。回头再看图 5-2，
读者或许有疑问：图中按照笔的要求舍弃的部分顶分型 B3、B4 与 B6，部分
底分型 A6、A7 与 A8，它们对股价的作用体现在哪里呢？我们说这些分型其
实也是有用的，当初的舍弃是限于日线级别图，如果选择次级别图，那么这
些被过滤掉的分型依然会发挥作用。日线的次级别是 30 分钟线，感兴趣的读
者不妨自己验证一下，看看会有怎样的发现。笔者的结论是，在 30 分钟图上
面，当初舍弃的分型其实与日线图上选定的分型一样，都是股价运行当中很
重要的转折点。

图 5-4 所示还是新和成（002001）日线图，只是我们保留的是当初舍弃的那
些分型，看看连接这些分型会有什么效果。

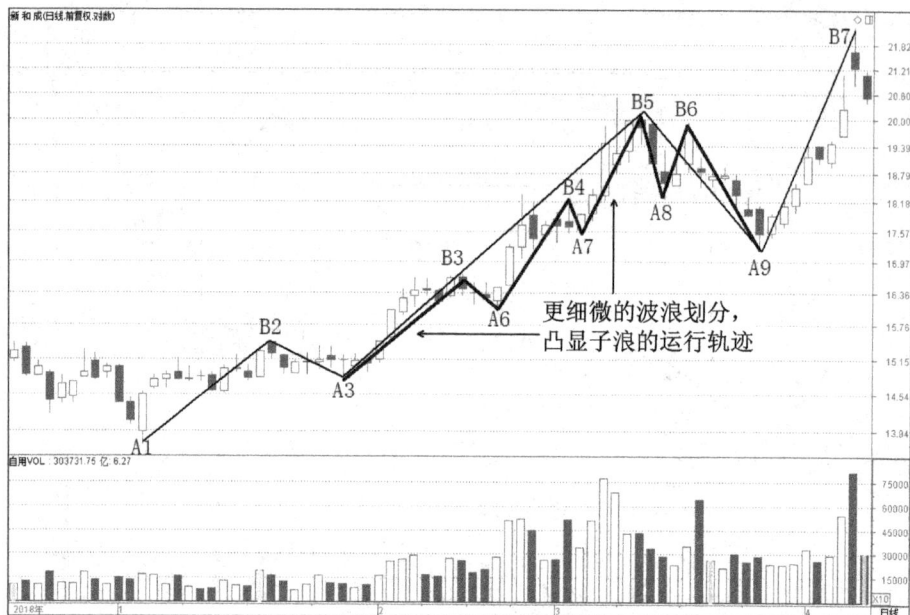

图 5-4　新和成次级别分型转折图

　　这次旅行还是从 A1 出发，到 B7 结束，只是中途停靠点选取了原本舍弃的那些分型。在图上连接当初舍弃的分型，其作用与保留的分型一样，都能勾勒出股价的运行轨迹，只不过是更细微的转折划分。从波浪理论的角度观察，A1到 B7 的整体运行轨迹刚好是一个完整的上升 5 浪，而底分型 A3 到顶分型 B5 的转折，就是波浪理论中最具爆发力的 3 浪。至于舍弃分型勾勒出的股价运行轨迹，其实就是 3 浪中 5 个更小的子浪，它们共同推动 3 浪形成一段标准的延长浪。再看顶分型 B5 到底分型 A9 的运行轨迹，刚好满足 4 浪中 ABC 调整浪的要求。

　　如此完整的波浪形态是很难得的，但请读者不要忘记，这一切都是遵照缠论技术要求而实现的，它也进一步印证了缠论作者的观点："缠论可以完美解释市场上存在的任何理论，包括波浪理论。"

5.2　上升笔与下降笔

　　缠论认为，价格的运动方式只有上涨、下跌、盘整这 3 种。盘整从内部结构上看也有一些角度，但不足以明确股价的运行方向，整体上还是一种横向运动，故而我们放弃关于盘整的讨论。剩下的只有两种，就是价格的上升与下降，由此衍生出上升笔和下降笔的观点。

顾名思义，上升笔的方向一定是向上的，这就决定了上升笔只能由底分型开始，至顶分型结束，以此来观察价格上涨的运行轨迹。

笔不会单独存在，从方向上看，上升笔是两个分型以及中间向上 K 线的结合体。通俗描述，"底分型＋上升 K 线＋顶分型"构成上升笔。这里的上升 K 线在数量上没有限制，最少是一条，最多是 N 条。

图 5-5 所示是上升笔的示意图。

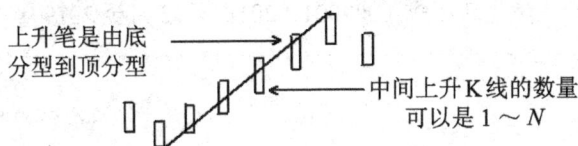

图 5-5　上升笔示意图

上升笔很好理解，其一定是以底分型的最低点为起点，中间穿过连接 K 线，以顶分型的最高点为终点，如此一笔才算完整。读者需要注意的是，顶分型最高点一定要高于底分型最高点。

下降笔，顾名思义，其方向一定是向下的，这就决定了下降笔只能由顶分型开始，至底分型结束，以此来观察价格下跌的运行轨迹。

从方向上看，下降笔是"顶分型＋下降 K 线＋底分型"的结合体，同上升笔一样，下降笔中的下降 K 线也没有数量限制，最少是一条，最多是 N 条。

图 5-6 所示是下降笔的示意图。

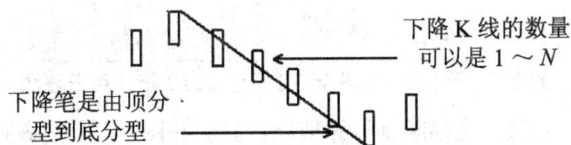

图 5-6　下降笔示意图

下降笔也很好理解，其一定是以顶分型的最高点为起点，中间穿过连接 K 线，以底分型的最低点为终点，如此一笔才算完整。读者需要注意的是，要想使下降笔能够最终完成，顶分型中最高的那条 K 线，一定要有部分价格区间高于底分型中最低那条 K 线的部分价格区间。

任何走势，只要按照笔的要求正确划分后，股价运行态势就会清晰地呈现在我们眼前，无论其是上涨或是下跌。下跌就是下降笔多一些，其间夹杂着上升笔的反弹上涨；上涨就是上升笔多一些，其间夹杂着下降笔的调整。

除了前面提及的能够帮助投资者看清股价运行轨迹，过滤掉一些意义不大的分型外，笔其实还有一个很重要的作用，就是度量价格上升或下降的力度。这种度量分为两类，一是通过前后两段同向笔的比较，可以看出价格上升或下降的力度是否有衰竭或是加速迹象；二是通过相邻但反向的两笔的比较，可以衡量股价转折力度的强弱。不要小看这两点，因为这都是交易中的大问题，它决定着我们是否应该继续持股，也决定着我们是否可以进场参与。

图5-7所示依然是新和成（002001）2018年12月至2019年4月的日线图。

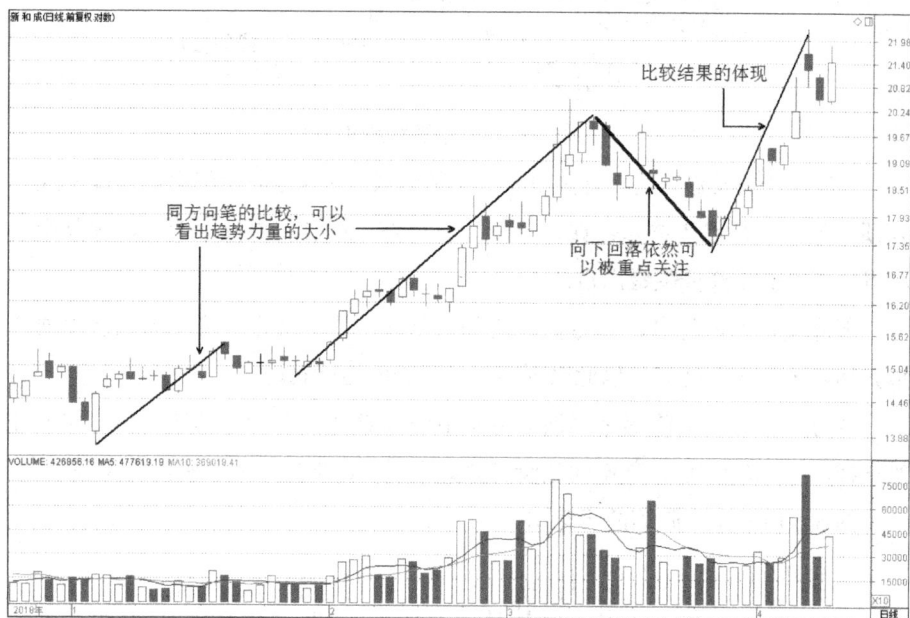

图5-7　新和成2018年12月至2019年4月日线图

有了前面的铺垫，这幅图就很好理解。我们在图5-7上把该股3处上升笔全部画出，下降笔只保留1处。因为行情都是经由时间演变而来，所以比较的顺序以时间优先为原则。

比较同向笔可以看出趋势力量的大小，这在该股身上也能得到验证。很明显，行情经过不断演化，第二处上升笔上涨趋势力量比第一处上升笔上涨趋势力量大出许多。如此强大的趋势行情，上涨力量不可能一次就耗尽，需要有二次释放的过程。想明白这一点，投资者即使在前面没有进场，在图中所示的下降笔形成过程中也可以对该股保持密切关注，如果能通过分型技术进场，后面一段上升笔的行情还是可以让投资者获取利润的。

图 5-8 所示是中信证券（600030）2018 年 8 月至 11 月的日线图。

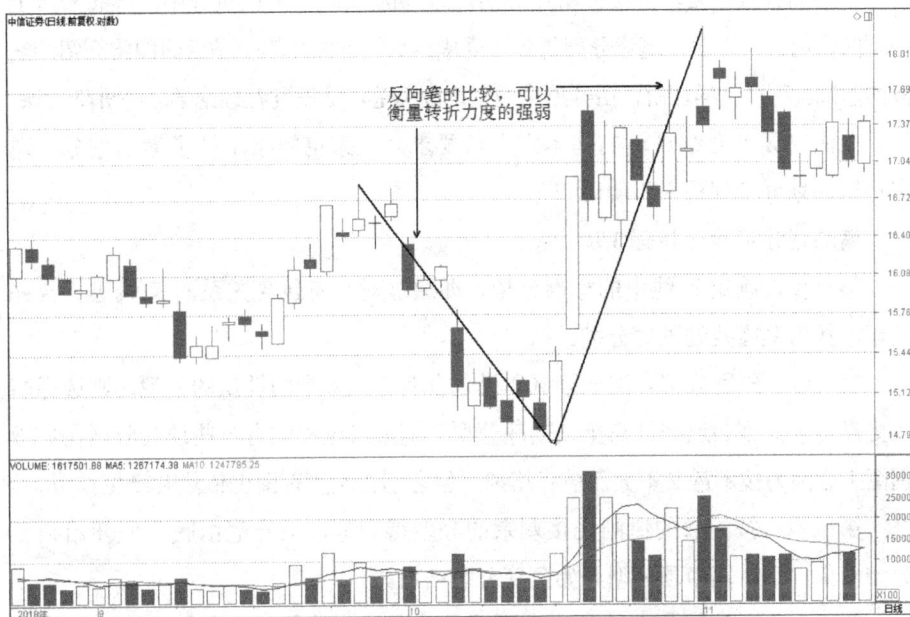

图 5-8　中信证券 2018 年 8 月至 11 月日线图

图 5-8 中股价运行轨迹出现了反向的转折，通过连接不同分型与中间 K 线，我们可以画出方向相反的两笔。将反向两笔相比较，上涨力量要明显强于下降力量，这表明在一来一往的局部"战役"中，多头已经开始占据上风，未来只要能守住阵地，不再创新低，后市就值得期待。由于上涨需要成交量的支持，因此在反向比较的过程中，成交量可以作为一个辅助指标。我们看到该股上升笔的成交量要远远超过下降笔的成交量，这也从侧面表明在这个地方有资金开始进场。对后续行情感兴趣的读者可自行在软件上查阅，结果是该股在经过整理后，随着券商板块的集体走强，又展开了一轮波澜壮阔的上涨行情。

同向笔或者是反向笔之间的比较会发生作用，主要还是与 K 线有关。K 线是多空双方力量最直接的反映，特定的 K 线组合更是如此，而分型就是一种特定的 K 线组合。笔建立在分型的基础上，与 K 线是一脉相承的关系，因此 K 线的特点当然可以直接体现在笔上。

5.3　笔的划分步骤

笔的划分很重要，价格在由点（分型）到线（线段）的过程中，笔起着承上启下的作用。一方面，笔让分型得到了升华；另一方面，笔也是后面即将介绍的线段的基础。可以这样理解，由分型进而正确画出笔，是投资者缠论学习的进阶功课。

前面向读者介绍过笔的基本定义与要求，大家也粗略了解了笔的划分，现在将笔的划分步骤进一步明确。

笔的划分步骤一共有 3 步。

第一步，确定 K 线中的标准分型，即通过对具有包含关系的 K 线进行合并处理，找出笔需要的顶底分型。

第二步，甄别分型。同一区域如果包含两个或多个同性质的分型，则选择高点更高的顶分型和选择低点更低的底分型。笔形成过程中有一些顶底分型在本级别图上会因为技术意义不大而被省略掉，但它们在次级别图上依然会产生作用。

第三步，按相邻的原则连接剩余的分型得到笔，上升笔由底分型开始到顶分型结束，下降笔由顶分型开始到底分型结束。

明确一点，连接相邻的顶底分型或是底顶分型才能构成一笔，那种连接两个顶分型或是两个底分型的做法都是错误的。

图 5-9 所示是兴业银行（601166）2018 年 12 月至 2019 年 1 月的日线图。

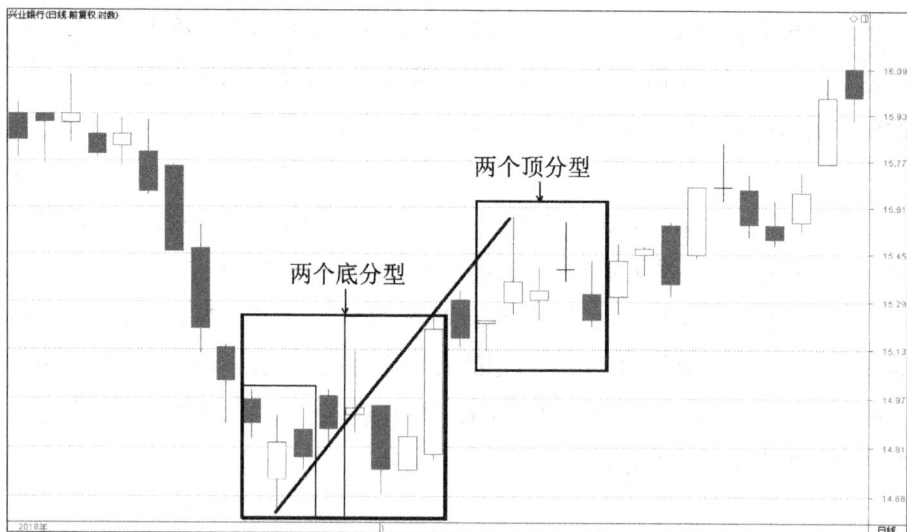

图 5-9　兴业银行 2018 年 12 月至 2019 年 1 月日线图

图 5-9 中有两个相对较大的方框，其中在下面的方框中还包含有两个小方框，内部是两个底分型。观察这两个底分型结构，左侧底分型的低点更低，根据笔划分步骤，选笔时应选左侧底分型，右侧底分型可看成连接 K 线。上面方框中是两个顶分型，其中左侧顶分型的高点高于右侧顶分型高点，按照选取原则，左侧顶分型入选。连接确定下来的底顶分型，可得到正确的一笔。

尽管缠论面世已经有十几年了，并且缠论原文就摆在那里，可还是有缠论初学者感到困惑：为什么笔的划分一定要顶底或底顶，两个顶（或底）为什么不可以呢？

搞不清楚这个问题，缠论学习者就很难深入学习笔这个缠论构件。面对这样的疑问，笔者在这里直接引用缠论作者的原文来解答。缠论作者说："从分型到笔，必须是一顶一底。那么两个顶或底能构成一笔吗？这里有两种情况。第一种，在两个顶或底中间有其他的顶和底，这种情况只是把好几笔当成了一笔，所以只要继续用一顶一底的原则，也自然可以解决。第二种，在两个顶或底中间没有其他的顶和底，这种情况意味着第一个顶或底后的转折级别太小，不足以成为值得考察的对象。在这种情况下，第一个的顶或底就可以忽略其存在，画笔时不计算在内。所以，根据上面的分析，对第二种情况可以进行相应的处理（类似对分型中包含关系的处理）。严格地说，先顶后底，构成向下一笔；先底后顶，构成向上一笔。所有的图形，都可以唯一地被分解为上下交替的笔的连接。很明显，除了第二种情况中的第一个顶或底类似的分型，其他类型的分型都唯一地分别属于相邻的上下两笔，是这两笔间的连接。"

希望本书读者能认真仔细阅读上述内容，如能真正理解领会，学习笔的相关内容就不再会有任何困难。

为更好地做出说明，缠论作者为此还有一个形象的比喻，他将人的膝盖比作一个分型，而人的大腿和小腿就是依据这个分型划分的相连的两笔。

图 5-10 所示是第一种笔划分中的分型省略示意图。

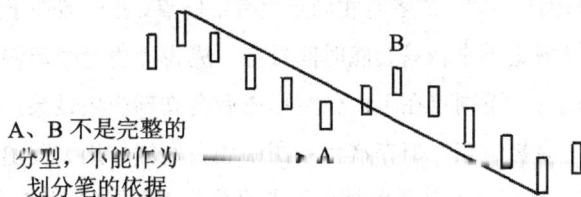

A、B 不是完整的
分型，不能作为
划分笔的依据

图 5-10 分型省略示意图

图 5-10 中有字母 A、B，分别代表底分型和顶分型。根据笔的划分原则，笔的起点由上面顶分型引出后应该与底分型 A 连接，其后连接顶分型 B。但因为底分型 A 与顶分型 B 之间缺少连接 K 线，不符合笔的原则，不能构成一笔，所以此处就应该对底分型 A 做省略处理。按照顶底相连原则，我们寻找的应该还是底分型，这样顶分型 B 也相应省略，找到另一个底分型后就有了图中最终笔的划分。

在本级别图中，分型 A、B 对笔的构成没有帮助，但在次级别图中，它们的作用就会凸显出来。

图 5-11 所示是分型 A、B 在次级别图中的作用示意图。

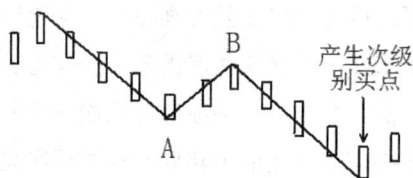

图 5-11　分型 A、B 在次级别图中作用示意图

次级别图中由于 K 线数量增多，分型 A、B 就可以作为笔的划分构件而存在，并且能反映价格在细微处的转折变化。

次级别图的优势在于，它可以将本级别过滤掉的价格信息完整无误地展现出来。以本图为例，这种价格运动如果按照缠论走势类型划分，刚好是第 1 章中谈到的最适合散户投资的"下跌 + 盘整 + 下跌"的类型组合，本级别普通的一段走势在次级别图上已经产生可以交易的信号。

分型不会无缘无故产生，每一个分型节点在图上都有它的作用，这一点请读者牢记。

5.4　笔的延伸与结束

笔产生的基础是分型，二者有相同点也有不同点。相同点在于，笔一旦形成，就会与分型一样固定下来，只会随时间推移，成为历史行情后慢慢淡出投资者视线，但不会消亡。不同点在于，分型形成后会立刻产生效果，即使有的分型在笔形成过程中会被省略，但在次级别图中还会发挥作用。而笔是动态的，在一笔没有真正完成之前，会随着行情的发展而发展，结果取决于具体的价格走势。

笔结束的标志是产生出反向的笔，但在笔没有结束之前，笔是可以不断延伸的。之所以会走出延伸的走势，主要是因为某一方力量过于强大，可以维系住价格按原有方向运行，即便中间偶有变化，也能在极短时间内予以纠正或化解。

图 5-12 所示是上升笔延伸示意图。

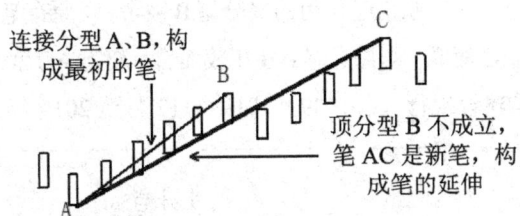

图 5-12 上升笔延伸示意图

上升笔一定是从底分型开始。图 5-12 中 A 点是一个底分型，B 点是一个顶分型，二者中间有上升 K 线相连，完全满足笔的构成要素，连接分型 A、B 可以构成一笔。如果后面产生一个新的底分型，且与顶分型 B 之间有连接 K 线，则下降笔成立，意味着笔 AB 被终结，这就是笔的结束。

但价格运行没有按预想的发展，经过短暂停顿后股价就再次走强并创出阶段新高，在 C 点处形成新的顶分型。根据笔的划分步骤，同性质顶分型出现后要选择高点更高的顶分型，这样原来起作用的顶分型 B 被舍弃，原有笔 AB 也不复存在，新笔为连接分型 A、C 而成。与原有笔 AB 相较而言，新笔 AC 就是上升笔的延伸。

图 5-13 所示是下降笔延伸示意图。

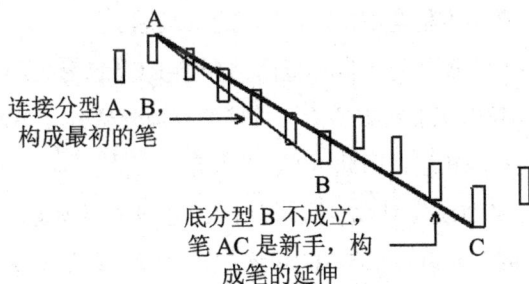

图 5-13 下降笔延伸示意图

下降笔一定是从顶分型开始。图 5-13 中 A 点是一个顶分型，B 点是一个底分型，且二者中间有下降 K 线相连，完全满足笔的构成要素，连接分型 A、B

可以构成一笔。如果后面产生一个新的顶分型，且与底分型 B 之间有连接 K 线，则上升笔成立，意味着下降笔 AB 被终结。

但价格运行没有按预想的发展，经过短暂停顿后股价就再次下跌并创出阶段新低，在 C 点处形成新的底分型。根据笔的划分步骤，同性质底分型出现后要选择低点更低的底分型，这样原来起作用的底分型 B 被舍弃，原有笔 AB 也不复存在，新笔为连接分型 A、C 而成。与原有笔 AB 相较而言，新笔 AC 就是下降笔的延伸。

图 5-14 所示是建设银行（601939）2018 年 12 月至 2019 年 3 月的日线图。

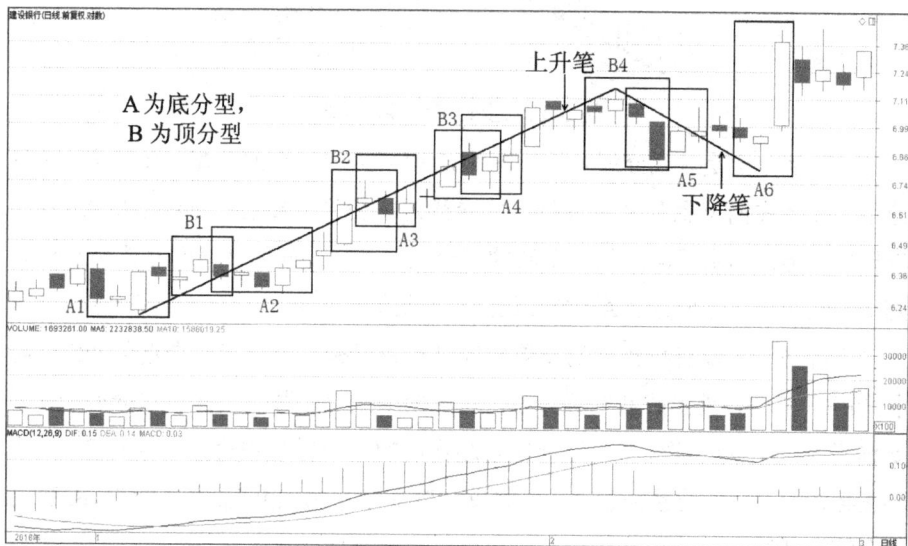

图 5-14　建设银行 2018 年 12 月至 2019 年 3 月日线图

该股这一段上升走势产生了很多分型，我们用字母 A 代表底分型，字母 B 代表顶分型，将分形用方框全部框定，同时予以标注。

股价从标注 A1 的底分型起步，直面顶分型 B1，二者之间分型独立但中间没有连接 K 线，不符合笔的构成要素，只好放弃顶分型 B1。A2 与 A1 同为底分型，二者性质相同不能相连，因此 A2 予以舍弃。

股价继续上行来到顶分型 B2 处，其与 A1 之间全部满足笔的构成条件，可以生成笔 A1B2。接下来该寻找与 B2 相连的底分型，只是多头在这个位置力量十分强大，其采取我们在第 4 章中介绍过的以"分型制约分型"的策略，不等顶分型 B2 发挥作用，在极短时间内直接营造出底分型 A3 来化解了空头的攻势。读者可以观察副图中的 MACD 指标，可以发现此时指标刚好处在多头发散区间，有力地支持了多头的行动。B2 与 A3 间不具备笔的条件，对 A3 予以舍弃。

股价进一步上升创出阶段新高，继而形成顶分型 B3，由于其高点高于 B2，根据笔的划分步骤，此时顶分型 B2 就丧失了成为笔构件的资格。舍弃 B2 后，意味着原有笔 A1B2 不复存在，新笔 A1B3 产生。

后续底分型 A4 的作用与前面 A3 相同，都是多头化解空头攻势，向市场传递本方继续推升股价的意图，这里不再赘述。

当股价再次创出新高产生顶分型 B4 后，新笔 A1B4 替代了原有笔 A1B3，后面只看股价是否还能创出新高，如果有，则顶分型 B4 也需要舍弃，新笔 A1B4 也会不复存在。

笔的确定其实就是笔结束的开始，当我们由 B4 出发，连接 A6 时，下降笔 B4A6 产生，上升笔 A1B4 也就结束了。随着股价的继续运行，未来如果有新的上升笔出现，则下降笔 B4A6 也会被终结。

多头在顶分型 B4 处力竭，股价见顶回落后产生底分型 A5。只可惜 A5 与 B4 之间不满足笔的构成条件，二者不能连接成笔，我们只好继续观察股价的变化。其后底分型 A6 产生，它与 B4 之间没有任何问题，这样上升笔 A1B4 就最终确定了。

该股最终的运行轨迹就是图 5-14 中线段所示的部分，它最初由笔 A1B2 开始，经过不断的演变到笔 A1B4 确定，而中间原本成笔的 A1B3 就是笔 A1B2 的延伸。

分型可以简化 K 线让图变得简单，笔则可以过滤分型，让价格运行轨迹更加流畅。至于笔的延伸与结束，其作用体现在可以帮助投资者修正笔的最终走势。相比分型，笔是更高级别的看图技巧。

缠论初学者如果能熟练掌握从分型到笔的基础知识，那么就基本具备了看图分析能力，对于市场的常规变化也能完全适应。在此基础上只要再进一步，掌握笔构件中的模式种类，可以说就已经初窥缠论玄机了。

5.5　笔的当下模式

无论何种股票，无论哪种周期，利用分型和笔的过滤功能，都可以将股价走势进行分解，让股价的运行轨迹简单明了，而股价当下所处的状态也会落在一个方向确定的笔当中。

5.5.1 笔模式分类

这个当下状态在笔当中分为两种情况:一是处在构造分型的过程中;二是分型构造完成后,原来的笔是进一步延伸还是已经结束,从而让位于新笔。

任意一只股票,多空双方在当下其实都在做着同样的事。以多头为例,其要时刻防止空头在股价处在上涨态势中时做出顶分型,进而在此基础上让价格发生转折。多头的手段有两种:一是防止空头构造顶分型;二是第一种手段一旦失败,就构造底分型化解空头力量,进而再创出新高,形成笔延伸格局,让空头彻底失败。从空头的角度出发,对战的角度是完全一样的,只要把双方的立场倒过来就可以。

有基础的读者理解起来并不困难,没有基础的读者或许有些困惑。下面我们通过实例,帮助这些读者理解一下这两种情况的发生与转换。

图 5-15 所示是建设银行(601939)2018 年 12 月至 2019 年 3 月的日线图。

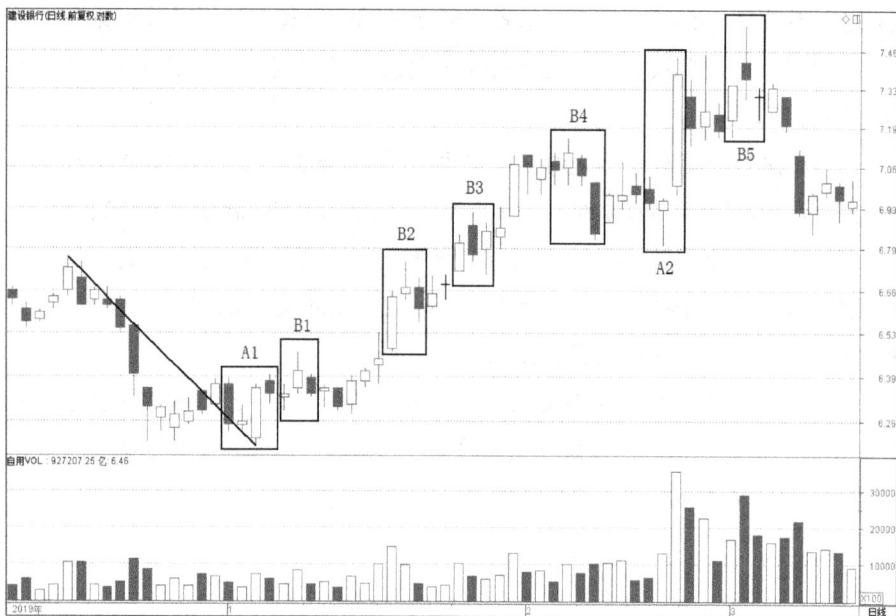

图 5-15　建设银行 2018 年 12 月至 2019 年 3 月日线图

图 5-15 中用线段表示的部分是一段下跌行情,其后续走势只有两种,一是在相对低位成功构造出一个底分型,让线段部分的走势构成完整的一笔,标示这段行情的结束。二是下跌走势并未完结,下降笔还在延续。股价在图中方框 A1 位置成功构造出底分型,这样下降笔成立,线段标示部分就是完整的一笔。

其后的走势也是如此，要么是顶分型成立，构成上升笔，要么是顶分型不成立，下降笔延伸，只有这两种结果。

图中标示出很多方框，我们用字母 A 代表底分型，用字母 B 代表顶分型，并对方框予以标注。A1B1 之间没有连接 K 线，二者不能相连接，也就意味着笔不成立，需要重新寻找顶分型。无论是 B2 或是 B3，顶分型都是成立的，都可以与底分型 A1 相连构成笔。但是，这两处顶分型的后面迟迟没有出现确定的底分型，相反股价却创出新高，因此它们与 A1 之间构成的笔也就只能消亡，这两处分型只能成为笔延续过程中的一个停顿点。顶分型 B4 后股价出现下跌且构造出底分型，于是 A1 与 B4 之间可以连接成上升笔，且由于 A2 底分型的出现，预示着上升笔 A1B4 的结束。股价后续的演变就是产生新笔的过程，这里不再赘述。

将有效的分型连接成笔，股价走势就一目了然了。

图 5-16 是建设银行（601939）连接顶底分型后笔的走势图。

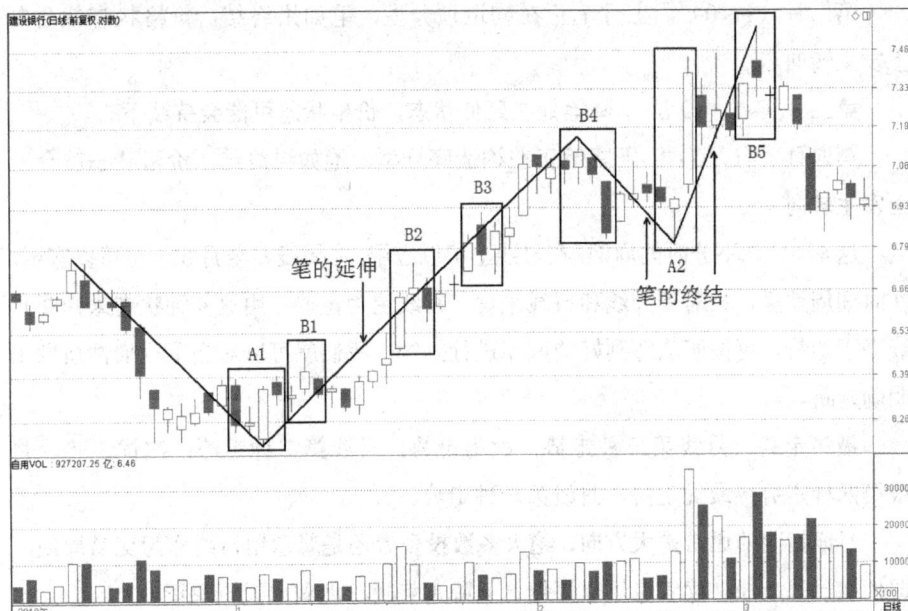

图 5-16　建设银行股价走势图

相对于顶底分型的变化，笔的结构显得更加简单，股价走势也更为清楚。当然，那些在笔形成过程中被过滤掉的分型结构也不是没有作用，在次级别图上，它们也会像在本级别图选定的分型一样，对股价的走势起到引领作用。

5.5.2 笔模式定义

分型的优点在于，其一旦形成，在价格走势中的位置就固定不变。考虑到这一点，缠论作者将数学中标注空间位置的数组概念引入，以此来定义完整笔的走势。

缠论作者在博文中明确说过："当下走势只有4种状态，且这4种走势是不能随便连接的。"这4种走势是什么呢？就是笔的上升与下降，以及笔是否已结束或是还在延伸。

笔只有上升笔和下降笔两种，缠论作者用"1"代替上升笔，用"–1"代替下降笔。笔如果结束，意味着分型构造成功，这里用"0"代替；如果不成功，则笔将延伸，则用"1"代替。数组中笔的方向在前，成功与否的标志在后，如此两两分组，就能够清楚地表达当下走势处在什么样的状态当中。

我们将这4种状态罗列一下，看看是如何分类的。

第一种（1，1），上升笔处在延伸状态，价格状态可能会持续下去。

第二种（1，0），上升笔正在构造顶分型，笔如果终结，价格状态就会向下发生转向。

第三种（–1，1），下降笔处在延伸状态，价格状态可能会持续下去。

第四种（–1，0），下降笔正在构造底分型，笔如果终结，价格状态就会向上发生转向。

这4种状态不分时间周期，在日线上可以应用，在周线乃至月线上也可以应用。在时间周期里，相对于周线和日线来说，月线更为重要，用这4种状态来判断月线当下走势，再按照从坏到好的顺序进行排序，我们就可以对当下行情性质做出明确判断。

最劣走势，月线第三种走势；次劣走势，月线第二种走势；次优走势，月线第四种走势；最优走势，月线第一种走势。

月线指明的通常是大方向，绝大多数投资者还是愿意用日线作为交易周期，即使在日线上面，读者也可以根据这4种走势轻松地做出投资决策。

第一种（1，1）走势，持股不动。

第二种（1，0）走势，逢高离场。

第三种（–1，1）走势，空仓观望。

第四种（–1，0）走势，逢低吸纳。

将4种走势连起来就能看出，这既是一个操作过程，也是一个操作循环，投资者如果能真正掌握其中诀窍，操作就会变得很简单。具体来说，就是利用顶底分型完成笔的划分，再将走势进行归类，最后对照模式定义选择适合的操作策略即可，顺序就是"逢低吸纳→持股不动→逢高离场→空仓观望"，然后又进入下一个循环。

5.5.3 笔模式演变

对于缠论初学者而言，在4种价格走势状态静止时可能还觉得很简单，可一旦变成动态，应用起来就会觉得很困难。其实这4种价格走势状态在转换时是有规律的，彼此之间不可以任意进行连接。例如（1，1）走势，表明上升笔正在延续，其不可能直接演变成（-1，1），或者是（-1，0）走势，而是中间要有构造顶分型的过程，即（1，0）走势的过渡才行。也就是说（1，1）走势后面只有一种连接选择，即（1，0）走势。需要注意的是，价格走势处在（1，0）过程中的时候，读者一定要观察出现的顶分型会不会是一个上升中继形态。如果不是，后面就是（-1，1）走势，意味着原有上升笔走势终结，新笔产生；如果是，则后面还会是（1，1）走势，即原有的上升笔走势还在继续。

反过来推演，我们可知（-1，1）走势也不能直接与（1，1）走势或是（1，0）走势相连，而是只能连接（-1，0）走势，过渡后再向另外两种走势演变。同理，（-1，0）走势也有一个中继形态的问题，后面或是下降笔走势终结，或是下降笔走势延续，读者也要注意区分。

抛开横向震荡整理的走势不谈，单纯以向上或是向下的走势而论，其模式演变过程只有两种，一是一直单纯的反向演变，二是复杂一点的渐进演变，但其终归要走向反向演变。

图5-17所示是向上走势路径演变示意图。

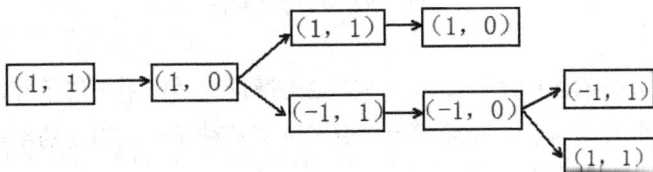

图5-17 向上走势路径演变示意图

由路径（1，1）开始的向上走势有两种可能，一是经过（1，0）走势的过渡又还原为（1，1）走势，毫无疑问，这是在上升过程中产生了上升中继顶分型，其后上升笔还将延续。二是经过（1，0）走势的过渡原有上升笔终结，价格走势向下降笔演变。其后的过程与上升笔相似，也有两种可能，即出现下跌中继底分型，下降笔将延续；或是产生真正底分型，下降笔被终结。

图 5-18 所示是向下走势路径演变示意图。

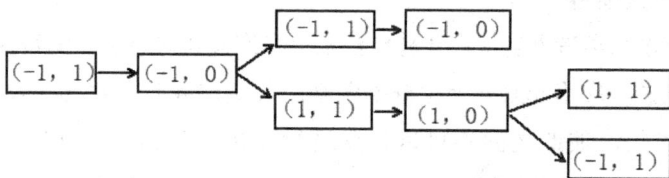

图 5-18　向下走势路径演变示意图

由路径（-1，1）开始的向下走势后续也有两种可能，一是经过（-1，0）走势的过渡又还原为（-1，1）走势，同向上的走势相反，这是产生了下跌中继底分型，下降笔将延续。二是经过（-1，0）走势的过渡原有下降笔终结，价格走势向上升笔演变。其后走势与上升笔相比只是方向相反，读者参看对图 5-17的说明即可。

如果能真正掌握走势模式的路径演变过程，再搭配上不同的交易周期，读者就可以对价格运动进行更为精密的分解。例如某只股票，假设周线图上是（1，1）模式，除非日线图上出现反向的（-1，1）模式，否则剩余两种模式都不需要引起我们的注意，价格大概率会延续周线走势。模式的变化规律除了可以帮助投资者制订交易策略，还可以通过不同交易周期下的模式演变，辅助投资者确认交易位置，为后续学习缠论的买卖原则打下坚实的基础。

5.6　新笔与旧笔

笔是在分型的基础上产生的，尽管也是缠论交易体系中的基础构件，但却属于加工后的高级部件。正是因为摆脱了分型那种单一、固定的结构，且可以清晰描绘价格的运动轨迹，缠论作者才会对笔青睐有加，对其进行了严格的定义。

但市场不是单一的，限于笔苛刻的构成条件，有的时候，特别是当市场出现异常状况的时候，笔也会出现不适应的症状，导致投资者对市场无法进行有效的解读。

异常状况也属于市场变化，是客观存在的，仅因为异常状况不符合常态标准就对其视而不见，显然不符合科学分析的原则，也背离了缠论解读市场的初衷。市场永远是对的，既然我们不能苛求市场，那就只能通过改变自己来适应市场的这种变化。

缠论作者意识到了这一点。在缠论作者看来，分型、笔这类技术工具就是一个过滤器，能对市场上无效的价格运动进行过滤并简化。但过滤器本身并不是市场，它仅是衡量市场的一种工具，既然市场有常态和异态的区别，那么笔也要进行优化。

缠论作者曾写过一篇博文，叫《忽闻台风可休市，聊赋七律说〈风灾〉》。在这篇博文里，作者正式提出了新笔的说法，算是对旧笔进行了某种程度的修正。只是让作者想不到的是，因为其没有明确说明新笔出现后旧笔是否可以废弃，导致其亡故后缠论爱好者展开了一场新旧笔之争的大讨论。双方各执一词，皆有理有据，最后也难分上下。尽管其后有第三方提出"中和论"，但依然难以调和双方之间的矛盾。

旧笔的标准我们前面已经说明，下面看看缠论作者对新笔的定义。

■ 经过包含处理的顶底分型之间不允许有共用 K 线。

■ 在满足前一条件的情况下，顶底分型最高与最低 K 线之间不考虑包含关系，至少要有 3 条或以上的 K 线。

将笔的新旧标准对照一下就会发现，新笔的标准相对于旧笔来说更为宽松。旧笔要求顶底分型之间至少要有一条连接 K 线，而新笔则直接将这一点舍弃，即只要存在独立的顶底分型，即使中间没有连接 K 线，对走势的描述也算作一笔。

在具体的走势中如何应用笔这个技术工具，是坚持用旧笔还是选择用新笔呢？没有人告诉我们答案。笔者的经验是，读者在交易中始终要牢记一点，就是任何理论或是技术工具本质上都是为交易服务的，我们要领悟其精髓而淡忘其外在，只有顺应市场的变化，理论或工具才能有效发挥作用。无论是新笔还是旧笔，其终极目的都是为了描述价格的运动轨迹，市场需要我们用什么，我们就用什么，特别是在市场的关键时刻更应该如此，绝不可拘泥于某种形式。

图 5-19 所示为上证指数（999999）2019 年 2 月至 4 月的日线图。

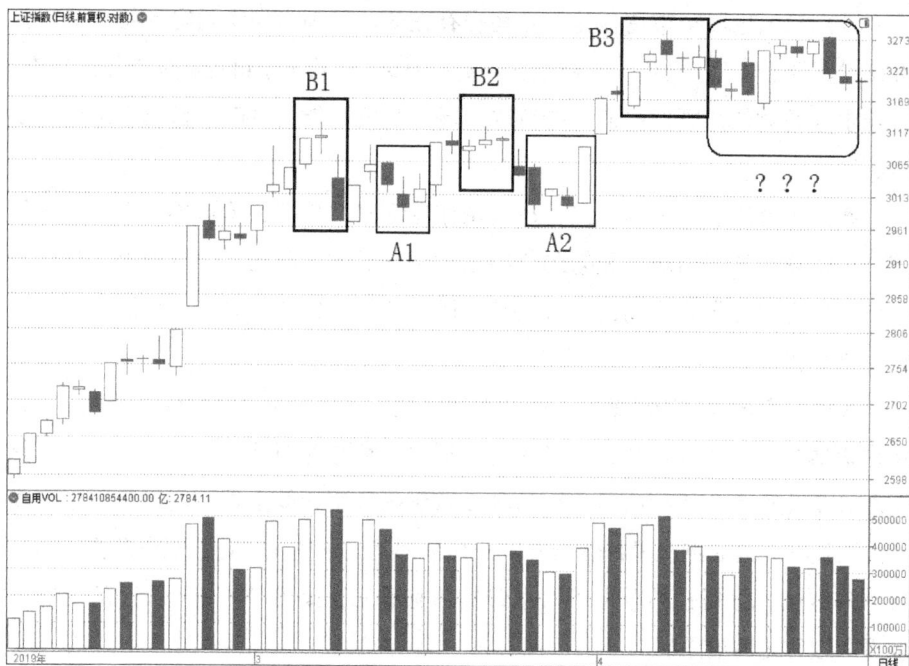

图 5-19　上证指数 2019 年 2 月至 4 月日线图

从图 5-19 中可以看到，指数在低位发动一波攻势，其后在相对高位连续出现顶底分型，其中字母 A 代表底分型，字母 B 代表顶分型，这表明指数进入了一个震荡行情。其后指数选择再次上升，来到圆角矩形框定的区间。这个位置很关键，需要我们对指数的方向进行预判，此时旧笔与新笔又该如何选择呢？为此我们也连用了 3 个问号来表达我们的困惑。

考虑到指数后面出现的连续下跌行情，这里的判断就显得尤为重要。假设投资者参与了这轮行情，若懂得笔的应用，就能够规避这次大跌；若不知变通，前面的盈利或许就被一笔抹杀，所以这个问题一定要讨论清楚。

图 5-20 所示是上证指数（999999）2019 年 2 月至 5 月的日线图（1）。

图 5-20 中左侧顶底分型用上下箭头表示，笔则采用了旧笔标准，连接顶底分型后指数运行轨迹就清晰显露出来，没有任何问题。图中中间位置的方框是一个顶分型，也是指数的最高点。如果还按照旧笔标准，后面的底分型应该标

注在图中箭头指示的那条长阳线处，只是如此一来，最右侧横向箭头提示的指数重要转折处已经不能符合旧笔的标准。当时的市场情形是指数已经呈现出双头的雏形，成交量从前期高点开始大幅萎缩，单条K线也是一条长阴覆盖线，且一举吞没了前面3条K线的实体。无论从哪一个角度看，这个地方都是一个关键的位置，就看交易者如何研判。

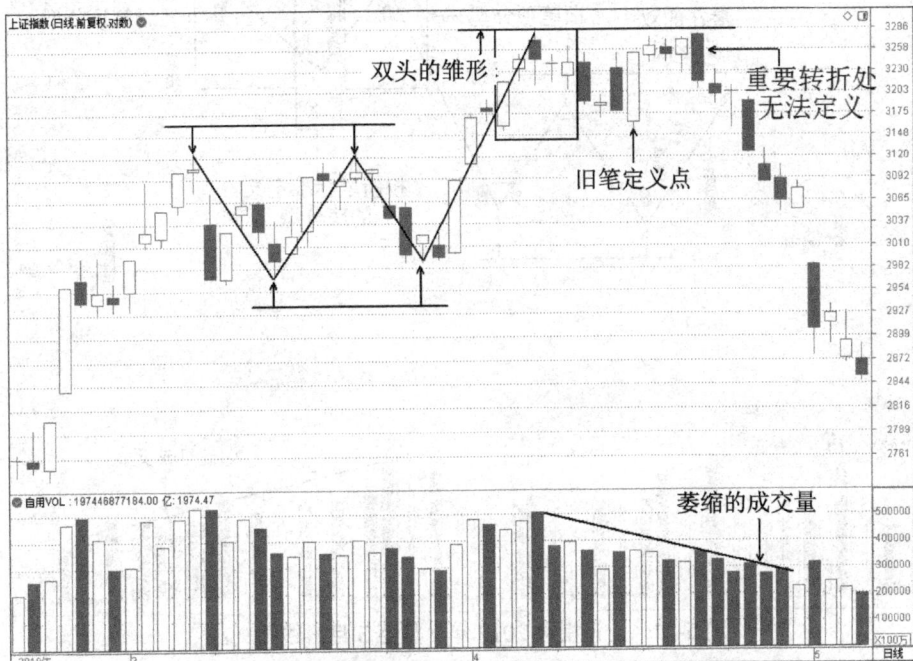

图5-20 上证指数2019年2月至5月日线图（1）

按照旧笔的定义，一个位置如果构不成分型，就表明这里不是价格转折处，笔也不会连到这里。很显然，这与事实严重不符，毕竟这里曾出现那么多不利于后市的技术提示。从事后的结果看，指数大幅下跌已是客观事实，说明旧笔已经不能满足当时市场的需要，如果我们拘泥于某一种单一技术工具，就要承受非常严重的误判后果。正确的应对方式是做适当的变通，至少应该是做两手准备，即新笔和旧笔一起考虑，哪个符合实际情况就用哪个。

图5-21所示还是上证指数（999999）2019年2月至5月的日线图（2），只是我们采用了新笔定义标准。

新笔标准允许顶底分型之间可以没有连接K线，如此一来我们就可以将底分型确定在图5-21中间那个方框处，这样最右侧方框就可以形成另外一个以新笔定义的顶分型。新旧笔共用的结果，就是指数在图中运行出的清晰轨迹。两个顶分型的高点大体相同，潜在双头形态已呼之欲出，加上萎缩的成交量传递给我们上升动力严重不足的信息，因此在这个地方最安全的策略就是减仓甚至清仓，毕竟前面的涨幅实在是太大了。

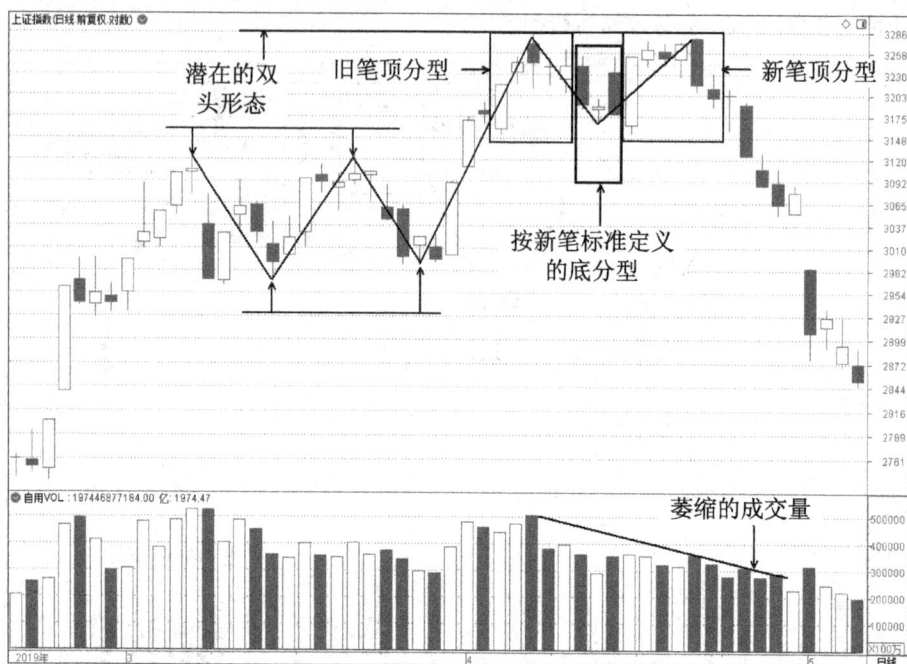

图 5-21　上证指数 2019 年 2 月至 5 月日线图（2）

技术工具没有优劣之分，使用者水平的高低及熟练的程度才是能否致胜的关键。高明的交易者能够审时度势，根据股价结构与盘面变化来选择最恰当的技术工具，而僵化古板的交易者却只能抱残守缺，一再错失良机。

争辩新笔与旧笔到底哪个更好完全没有意义。工具是固定的，而市场是灵活的，灵活的市场绝不会被固定的工具束缚。能理解这一点，读者的交易层次就已经开始提升了。

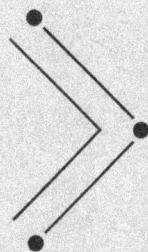

第 6 章

缠论形态篇之线段

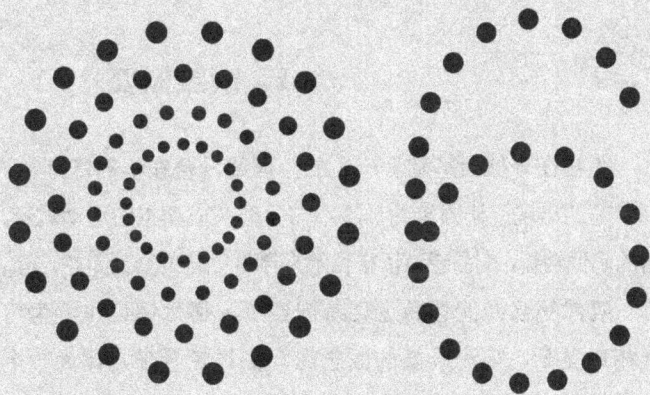

线段是缠论体系中一个很重要的构件，也是一个难点，有许多缠论学习者到这个阶段就会遇到天花板，未能更进一步。因此，突破这个关口，是缠论学习进阶的必由之路。

6.1　线段概要

笔是在分型的基础上产生的，而线段是在笔的基础上产生的。

笔的出现，让固定的、静态的分型变成动态的运动轨迹，从而清晰地描绘出价格的高低转折，交易者可以根据笔来制订完备的交易策略，再依据分型进行自主交易。

既然笔已经能够满足交易需要了，那么缠论作者为何还要再提炼出线段这样相对复杂、晦涩难懂的概念呢？在笔者看来，作为一个理论框架或者说是思想体系，缠论需要覆盖价格所有可能的分类。只有如此，缠论理论框架才能解释一切价格运动，而不会在某一方面产生疏漏。相对于笔来说，线段是更高一级的存在，也是更大级别的存在，它从宏观上揭示了价格的大规模运动。

就像波浪理论有级别一样，缠论也是有级别的。如果将笔比喻成日线级别的波浪，那么线段就是周线乃至月线这样高级别的波浪，它能涵盖低级别所有的价格运动。

线段本身就很重要，同时它又是中枢的基础，因此我们一定要攻克这个难关。缠论作者对线段有如下定义："连续的 3 笔之间若存在重叠部分，起点和终点之间的连线就叫线段。"

线段的定义包含两个条件：一是至少要连续的 3 笔，当然也可以更多；二是连续的 3 笔之间一定要有重叠的部分。

有个细节不能忽略——线段是由奇数笔构成的。最少需要 3 笔才能构成线段，5 笔、7 笔等奇数笔也可以构成线段，只是前 3 笔一定要有重叠的部分。

线段分为向上线段和向下线段这两种类型。如果第一笔开端方向向上，终结笔方向也向上，则这样的线段被称作向上线段；如果第一笔开端方向向下，终结笔方向也向下，则这样的线段被称作向下线段。

我们通过图例来看一下最基本的线段形态。

图 6-1 所示是向上线段形态示意图。

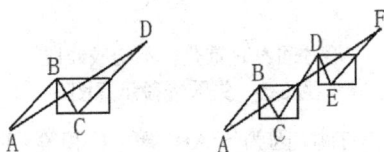

方框代表笔的重叠部分

图 6-1　向上线段形态示意图

图 6-1 的左侧是 3 笔构成的线段，右侧是 5 笔构成的线段，图中方框代表笔之间重叠的部分。这两个形态示意图都由奇数笔构成，最少为 3 笔，且连续 3 笔之间有重叠部分，符合线段标准。由于第一笔开端方向向上且终结笔同样向上，因此示意图中线段属于向上线段。其中左侧示意图由 A 点起步连接到 D 点，命名为线段 AD；右侧示意图由 A 点起步连接到 F 点，命名为线段 AF。

图 6-2 所示是向下线段形态示意图。

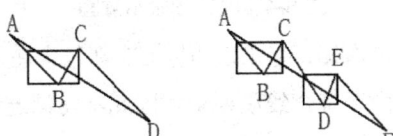

方框代表笔的重叠部分

图 6-2　向下线段形态示意图

与图 6-1 一样，图 6-2 的左侧是 3 笔构成的线段，右侧是 5 笔构成的线段，方框同样代表笔之间重叠的部分，这些都符合线段的标准。由于第一笔开端方向向下且终结笔同样向下，因此该线段属于向下线段。左侧示意图由第一笔顶端 A 点出发，连接到终结笔顶端 D 点，左侧线段就是 AD；右侧示意图由第一笔顶端 A 点出发，连接到终结笔顶端 F 点，右侧线段就是 AF。

线段的基础是笔，因此它的构造与笔相同，顶底分型之间一定是对应关系。如果线段由顶分型开始，则结束的地方一定是底分型；如果线段由底分型开始，则结束的地方一定是顶分型。缠论作者之所以反复强调线段之间一定要有重叠的部分，主要是为了给后面学习中枢打下基础，因为没有重叠就构不成中枢。

图 6-3 所示是失败线段示意图。同样是 3 笔，但因为相互之间没有重叠，所以不构成线段。

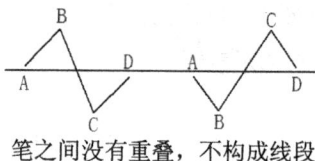

笔之间没有重叠，不构成线段
图 6-3　失败线段示意图

无论是图的左侧还是右侧，因为笔 AB、笔 BC 和笔 CD 之间均没有重叠部分，所以不管它们的方向怎样，都只能各自成笔而不能相互构成线段。

虽然是连续 3 笔才能构成线段，但不是说线段长度就一定要比笔长，有的时候，线段反而会呈现出一种收敛状态，就像具有包含关系的 K 线一样。

图 6-4 所示就是收敛线段示意图。

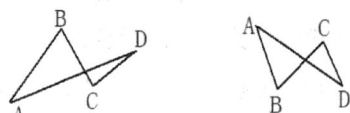

笔呈现包含关系，线段呈现收敛状态
图 6-4　收敛线段示意图

无论是图的左侧还是右侧，笔 BC 和笔 CD 都包含在笔 AB 之内，彼此具备包含关系。尽管如此，由于符合线段要求，因此不妨碍连续 3 笔构成线段 AD，只是这种线段不像前面的线段属于发散创新高态势，而是呈现出一种相对收敛的状态。这也是线段的一种表现形式，表明价格处在逐步收敛的过程中。

与 K 线一样，笔之间也具有包含关系，在构筑线段过程中如果有包含的笔出现，我们就要对笔进行合并处理，然后再连接成线段。

图 6-5 所示是方向向下的具有包含关系的笔的合并处理示意图。

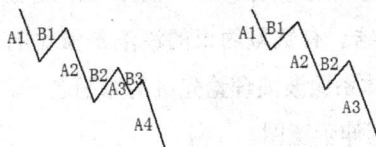

图 6-5 合并处理示意图

我们用字母 A 代表下降笔，字母 B 代表上升笔，对每一段价格运动进行标注。在图 6-5 左侧笔的结构图中，下降笔 A3 既被包含在上升笔 B2 中，又包含着后面的上升笔 B3，其原理与 K 线并无二致。笔来自分型，分型来自合并处理后的 K 线，它们彼此之间是一种同构关系。如果我们将每个元素（笔）都看成是一条 K 线，那么完全可以像处理具有包含关系的 K 线一样对笔进行相应的处理，这在逻辑关系上是完全可行的。也就是说，将 A3 与 B3 这两个方向相反的笔看成具有包含关系的 K 线进行合并处理，完全不影响后续对笔的解读，更不会影响线段的划分。图的右侧就是处理后的笔的结构图，我们看到经过合并处理后，笔的结构更加清晰完整，也更便于画出线段。

至于方向向上的具有包含关系的笔的结构图，其合并处理的方式与上面的实例相同，这里就不作图说明了，读者参照上面的说明自行推演即可。

6.2 线段的延伸与结束

线段是由连续的 3 笔构成的，这就导致在很多地方线段与笔具有同样的特征，这当中最典型的就是线段的延伸与结束。

6.2.1 线段的延伸

与笔一样，只要当前价格运动状态一直保持，线段这种走势类型就可以不断地延伸下去，直到与原有线段方向相反的线段出现，扭转了原有线段的价格方向。

在价格走势中，线段运动轨迹看起来与波浪理论差不多，这让很多人误以为缠论师承了波浪理论。其实二者之间的差别很大，具体表现就在线段的延伸这部分上。

波浪理论中关于波浪极限有着明确论述，即主推动浪是 5 浪结构推动，即使某一浪中出现延长浪情形，里面可细分成 5 个子浪，加在一起也最多不过 9 个波浪。线段则不然，它完全没有数量上的限制，既有可能刚产生就终结，也可能延伸很多次也未终结。有数量约束的波浪是僵化的，没有数量约束的线段是自由的，这也是缠论体系比波浪理论先进的原因之一。

图 6-6 所示是线段延伸示意图。

短线段是初始线段，
长线段是延长线段

图 6-6　线段延伸示意图

无论是向上线段还是向下线段，在初始线段形成后，理论上后续线段都可以无限延伸，只要符合线段的形成条件就可以。如图所示，较短的线段就是初始线段，由中间有重叠部分的连续 3 笔构成。长线段就是线段的延伸，只要没有反向线段产生，它就可以一直延续下去，无须考虑中间会有多少个波段的高低点，更不必像波浪理论那样考虑每一个波段属于第几浪。

图 6-7 所示是万科 A（000002）2018 年 12 月至 2019 年 5 月的日线图。

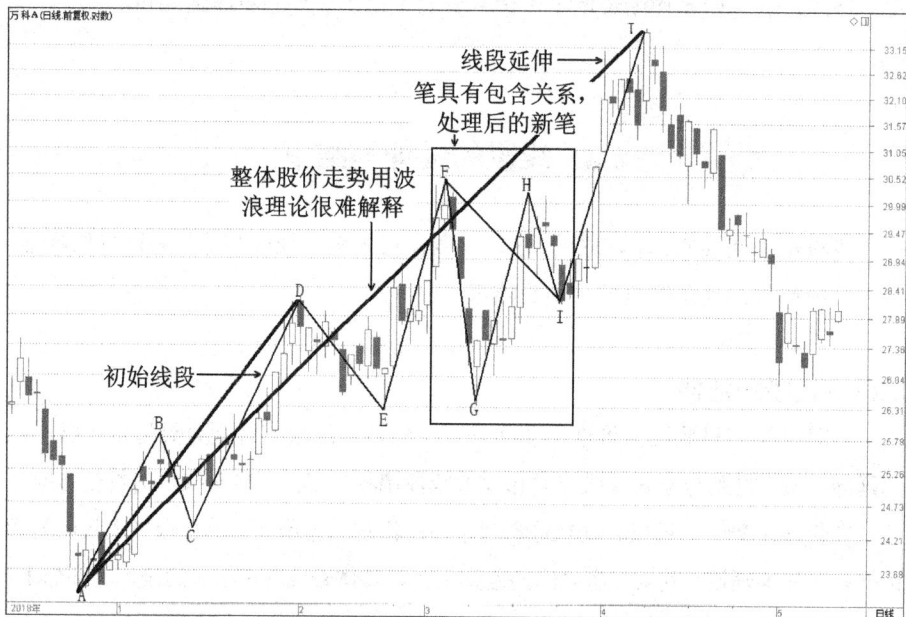

图 6-7　万科 A2018 年 12 月至 2019 年 5 月日线图

图 6-7 中包含很多信息，我们来逐一分析。由低到高计数，该股的这段行情在不同位置共形成 10 个分型结构，其中底分型 5 个，顶分型 5 个，我们用英文字母予以标注。图中较细线段是将顶底分型相连后形成的笔，依次为笔 AB、笔 BC、笔 CD、笔 DE、笔 EF、笔 FG、笔 GH、笔 HI 以及笔 IJ。提醒大家，从笔 FG 到笔 HI 这 3 笔具有包含关系，即笔 GH 被笔 FG 包含，同时笔 GH 又包含笔 HI。K 线与笔和线段之间是一种同构关系，因此 K 线的合并处理原则在笔以及线段上也可以应用。为更好地观察笔的结构，我们对具有包含关系的笔 FG、笔 GH 和笔 HI 进行合并处理，从而得到新笔 FI。笔的结构完成后，我们根据线段的定义在图上画出线段，也就是股价更大规模的走势。

观察笔 AB、笔 BC 和笔 CD 这初始 3 笔，三者之间具有重叠部分，满足线段构成条件，我们能画出初始线段 AD，即图中短粗实线表示的部分。再观察笔 DE、笔 EF、笔 FI 和笔 IJ，这几笔都让行情创出新高，也就意味着初始线段处在延续当中，我们可以将线段一直画到点 J 为止，这样线段 AJ 就是这段行情中的完整线段。

如果用波浪理论来解释这段走势，我们很难得出明确的结论。从点 A 到点 F 还好解释，是一个清晰的 5 浪结构，即 AB 是 1 浪，BC 是 2 浪，CD 是 3 浪，DE 是 4 浪，EF 是最后的 5 浪。从点 F 到点 I，股价是一个平台结构，也就是俗称的调整浪。根据波浪理论的原则，调整浪只会出现在上升趋势中的 2 浪或者 4 浪当中，先假定点 F 到点 I 是 2 浪，那就说明前面的点 A 到点 F 只不过是一个小 5 浪的细分结构，属于延长浪性质，后面依次还会有 3 浪与 5 浪出现。但从实际运行结果看，股价仅上涨一段后就翻转向下，预期的 3 浪与 5 浪并没有如期而至，表明前面的波浪划分其实是错误的。再假定点 F 到点 I 是 4 浪，虽然后面点 I 到点 J 可以解释为 5 浪，但却无法解释前面股价的结构。

既然这段走势用波浪理论很难解释清楚，那就说明该股这段走势根本就不是以波浪结构展开的，那些认为缠论就是波浪理论的一种变形的说法真的是荒唐至极。

这也反过来印证了缠论作者的观点："缠论可以解释波浪，但波浪不能解释缠论。"

6.2.2　线段的结束

用线段做分析时，在通常情况下只把线段看成最基础的缠论构件，里面没有任何内部结构，这能保证线段的纯粹性。如果行情的最高点和最低点不是线段的端点，那么我们可以把线段进行标准化处理，只关心线段的实际区间，设定线段的端点就在最高点和最低点，以此满足需要。经过处理后的线段，如果方向向上则以最低点开始，最高点结束；如果方向向下则以最高点开始，最低点结束。这样的连接方式可以保证线段首尾相连又延续不断，无论多复杂的图形，其折线轨迹都会变得清晰与标准。

趋势一旦形成会自我强化，如果没有外力作用，趋势将永远进行下去，直到这种状况被外力打破为止。线段作为价格运动的一种表现形式，也遵循这个原则，即如果想要线段结束，就要有反方向的线段产生。

图 6-8 所示是向下线段结束示意图。

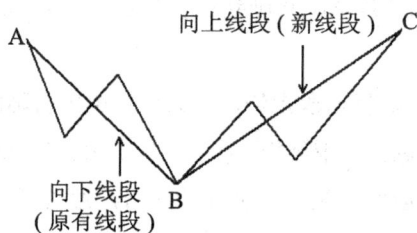

图 6-8　向下线段结束示意图

图 6-8 的左半部分是从端点 A 开始到端点 B 结束的向下线段 AB，右半部分是从端点 B 开始到端点 C 结束的向上线段 BC。相对线段 AB 而言，线段 BC 属于新线段，当它出现后，我们说原有线段 AB 被新线段 BC 终结。

图 6-9 所示是向上线段结束示意图。

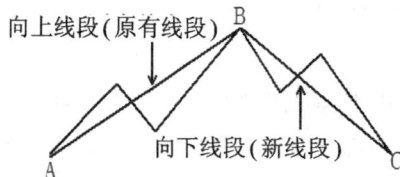

图 6-9　向上线段结束示意图

与图 6-8 类似，图 6-9 的左半部分是从端点 A 开始到端点 B 结束的向上线段 AB，右半部分是从端点 B 开始到端点 C 结束的向下线段 BC。相对线段 AB 而言，线段 BC 属于新线段，当它出现后，我们说原有线段 AB 被新线段 BC 终结。

图 6-10 所示是中国建筑（601668）2018 年 12 月至 2019 年 4 月的日线图。

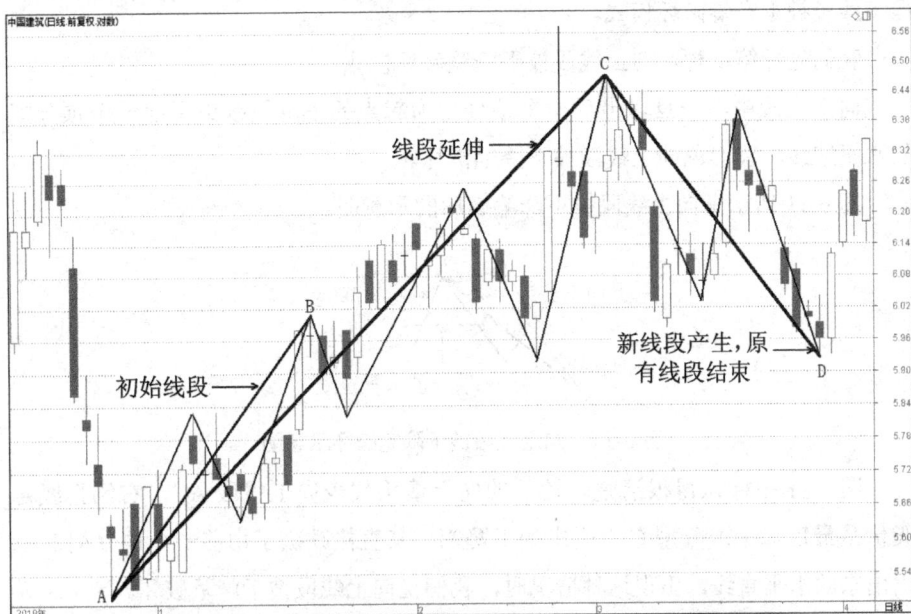

图 6-10 中国建筑 2018 年 12 月至 2019 年 4 月日线图

图 6-10 是一幅经典的向上线段被终结的图。由端点 A 开始的笔一直运行到端点 C，因为端点 A 到 B 的走势符合线段定义，将其连接就构成初始线段 AB。之后股价继续向上拓展空间，直到端点 C，于是这一段走势属于线段的延伸，也最终形成线段 AC。股价在端点 C 处开始向下运行，直到端点 D，也满足线段要求，从而产生新线段 CD。与左侧向上线段 AC 相对而言，右侧向下线段 CD 是新产生的，此时就满足线段终结的条件，我们说线段 AC 被线段 CD 终结。

6.3　线段破坏分类

线段被破坏，其实就意味着线段的结束。线段被破坏分为两种情况，下面我们分别叙述。

6.3.1　线段被笔破坏

前面谈过，线段从方向上看分为两种，即向上线段和向下线段。既然线段分两种，那么线段被笔破坏模式也就分两种，即向上线段被下降笔破坏模式和向下线段被上升笔破坏模式。

我们先看第一种，向上线段被下降笔破坏模式。

向上线段中，一旦以最后一个顶分型为起点的下降笔跌破了前一个顶分型的水平连线，我们说向上线段被下降笔破坏。

图 6-11 所示是向上线段被下降笔破坏的示意图。

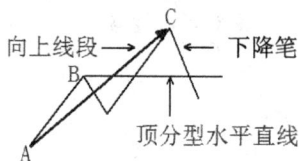

图6-11　向上线段被下降笔破坏示意图

图 6-11 中标识得很清楚，较长的向上箭头代表向上线段 AC，右侧直线是股价从最后一个顶分型 C 点引出的下降笔，其直接跌破了由前一个顶分型 B 点引出来的水平直线。出现这种情况时，我们说向上线段被下降笔破坏。

谙熟形态分析的读者都知道，技术分析中有一个很重要的极限转换原则，即支撑与压力可以相互转换。如果一个高点被成功突破，那么这个高点在价格后续运行过程中就由原来的阻力转变成现在的支撑作用，只有这样，价格的上升趋势才能不断维系。倘若前高点被跌破，则意味着至少在短期内价格的做空动力很强。

笔和线段不是同一级别，我们不能看到向上线段被下降笔破坏的情况刚出现就开始担忧。价格短期内的走势固然有些恶劣，但也不能认为后面一定会一发不可收拾，甚至将原有趋势改变。其实更大的可能是原有趋势不会改变，这关键还在于价格后市到底将如何演变。

没有人愿意看到手中股票的价格持续不断地下跌，因此准确判断下降笔的短期下跌究竟是一种清理浮筹的整固行为，还是会让股价真的见顶，让向上线段代表的上升趋势终结呢？关于这个问题，缠论作者给出了明确的解答："线段必须要被线段破坏才算是真的破坏，单纯的一笔是不能破坏线段的。"

如果是线段破坏，根据线段的定义，股价后续至少还需要连续两笔的演变，且与第一笔之间还需要有重叠的部分。这也就意味着，即使股价真的在这里见顶，后面也会有一个再次冲高的过程，投资者有足够的时间从容离场。

图 6-12 所示是向上线段被下降笔破坏，最终演变成线段结束的示意图。

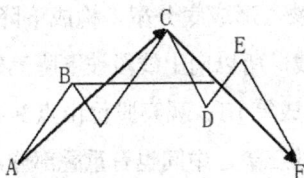

图 6-12　向上线段演变成线段结束的示意图

图 6-12 表达得很清楚，上升线段 AC 形成后，价格在最后一个顶分型 C 点处开始下跌，下降笔 CD 跌穿了前一个顶分型 B 点处引出的水平直线，完成了向上线段被下降笔破坏的基本结构。其后价格再次回升到达 E 点，形成上升笔 DE，最终在 E 点处形成二次下跌。第三笔 EF 的出现，意味着线段 CF 的形成，原有线段 AC 则被彻底破坏。

图 6-13 所示是深圳机场（000089）2017 年 1 月至 5 月的日线图。

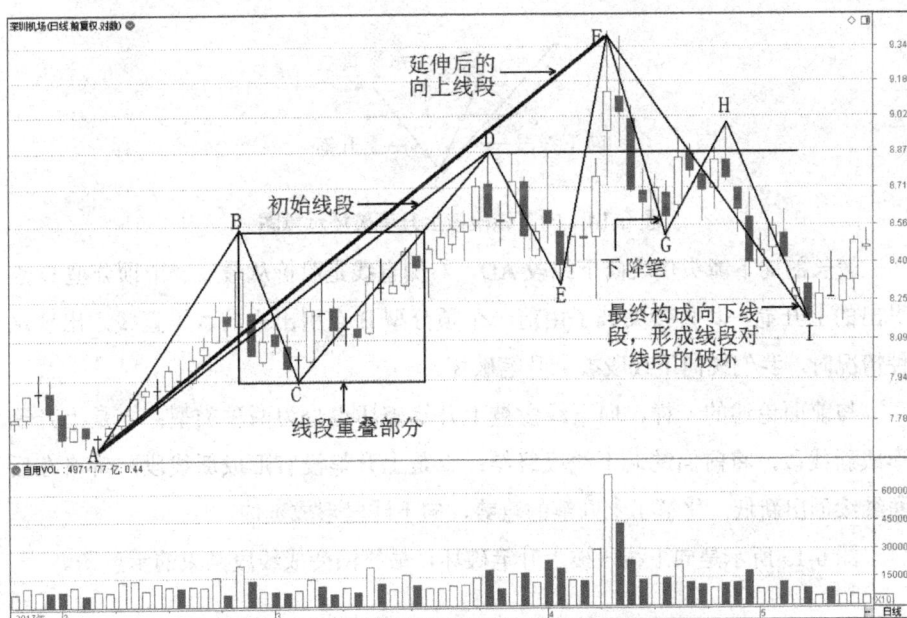

图 6-13　深圳机场 2017 年 1 月至 5 月日线图

图 6-13 是一幅典型的向上线段被下降笔破坏，最终演变成向下线段产生，终结向上线段的示例图。

股价由点 A 起步，运行到点 D 处时已经满足线段产生的条件，构成了初始线段 AD，图中用细线段予以标识。其后股价继续创新高，到达点 F 处，形成向上的延伸线段 AF，图中用粗线段予以表示。股价在点 F 处形成顶分型，开始下跌，在底分型点 G 处止跌，形成底分型，构成下降笔 FG。由于笔 FG 跌穿了由点 D 处引出来的水平直线，所以向上线段被下降笔破坏。随后股价反身向上形成笔 GH，最后再次回落形成笔 HI。观察股价由点 F 到点 I 的变化，很显然，笔 FG、笔 GH、笔 HI 是连续的三笔，中间也有重叠部分，因此也满足形成线段的条件，因此构成线段 FI。该股最后结果就是向上线段 AF 被向下线段 FI 终结。在具体交易中，当笔 GH 完成后，投资者就要留心股价是否会二次下跌。由点 D 引出的水平直线此时是一个重要参照物，如果再次跌破，投资者就可以准备离场了。

第二种，向下线段被上升笔破坏模式。

向下线段中，一旦以最后一个底分型为起点的上升笔突破了前一个底分型的水平连线，我们说向下线段被上升笔破坏。

图 6-14 所示是向下线段被上升笔破坏的示意图。

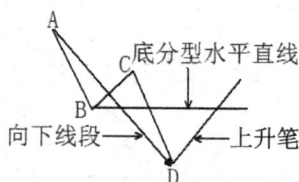

图 6-14　向下线段被上升笔破坏示意图

较长的向下箭头代表向下线段 AD，右侧直线是股价从最后一个顶分型 D 点引出的上升笔，其直接突破了由前一个顶分型 B 点引出来的水平直线。出现这种情况时，我们说向下线段被上升笔破坏。

与前面论述的一样，向下线段被上升笔破坏也分为两种类型：一是上升笔形成新线段，将前面的向下线段终结；二是上升笔没有形成新线段，价格在后面继续创出新低，化解了上升笔的攻势，向下线段形成延伸。

图 6-15 所示是向下线段被上升笔破坏，最终演变成线段结束的示意图。

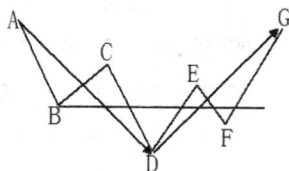

图 6-15　向下线段演变成线段结束的示意图

图 6-15 中表达得很清楚，向下线段 AD 形成后，价格在最后一个底分型 D点处开始反弹，上升笔 DE 突破了前一个底分型由 B 点处引出的水平直线，完

成了向下线段被上升笔破坏的基本结构。其后价格再次回跌到达 F 点，形成下降笔 EF，最终在 F 点处形成二次上涨。第三笔 FG 的出现，意味着线段 DG 的形成，原有线段 AD 则被彻底破坏。

图 6-16 所示是福耀玻璃（600660）2019 年 7 月至 9 月的日线图。

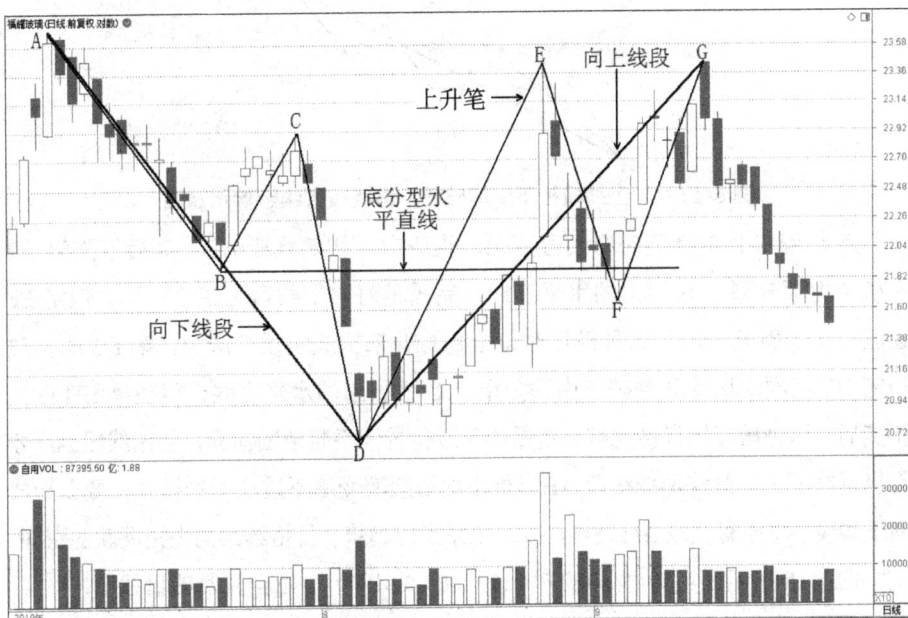

图 6-16　福耀玻璃 2019 年 7 月至 9 月日线图

图 6-16 中左半部分股价由点 A 到点 D 的过程可以构成向下线段 AD。由点 D 底分型开始，股价在图中右半部分展开上升，突破由点 D 前一个底分型点 B 处引出来的水平直线，完成向下线段被上升笔破坏的模式。其后价格经过二次探底和再次上升的过程，点 D 到点 G 的股价变化构成向上线段 DG，使原有的向上线段 AD 终结。

6.3.2　线段未被笔破坏

除了介绍线段被笔破坏的情况，在实际走势中还会出现第二种情况，那就是线段未被笔破坏，此种情况反映了趋势力量的强大。

有好多实例表明，即使线段被反向笔破坏，对原有趋势来说不过是价格的短暂盘整，并不会形成真破坏。价格经过整理后，后面依然会延续其原有趋势，并不断创出新高或者新低。相对于单纯的一笔，线段的力量还是十分强大的。

价格如果创出新高或者新低，反向笔对线段的破坏就会彻底结束，价格会回到原有趋势当中，初始线段将不断延伸。

图 6-17 所示是向上线段被下降笔破坏，但最终创新高，线段继续延伸的示意图。

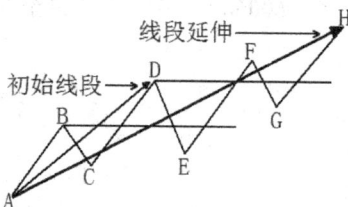

图 6-17　向上线段被下降笔破坏，但线段继续延伸示意图

点 A 到点 D 的 3 笔符合线段要求，构成向上初始线段 AD。其后下降笔 DE 跌破了由顶分型点 B 引出的水平直线，完成了对向上线段 AD 的破坏。但笔 EF 让股价又创新高，表明这种破坏对整个趋势并未构成实质性威胁。笔 FG 的性质与笔 DE 相同，尽管其跌破了由顶分型点 D 处引出的水平直线；但在笔 GH 创出新高后，这种破坏同样被化解。正是由于股价持续不断地创新高，初始线段 AD 才得以延续下去，最终形成线段 AH。价格的后续演变逃不过这两种模式，要么形成向下线段，将原有线段 AH 终结，要么维系当前趋势，价格继续向上拓展新的空间。

图 6-18 所示是半导体 50ETF（512760）2019 年 6 月至 9 月的日线图。

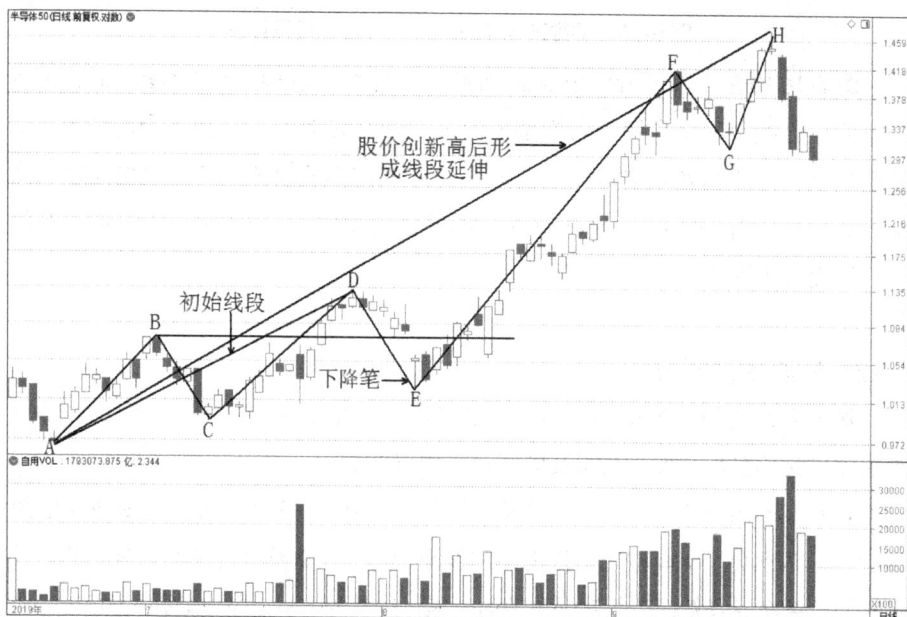

图 6-18　半导体 50ETF2019 年 6 月至 9 月日线图

首先说明一下，ETF 是英文"Exchange Traded Fund"的缩写，中文翻译为"交易型开放式指数基金"。该类基金可以在交易所上市交易，且基金份额随时可变，比较适合稳健且资金量小的投资者。如果有读者对 ETF 感兴趣，请自行查阅相关资料进行学习。

我们看到该基金的价格运行轨迹十分规范，完全符合向上线段被下降笔破坏的技术条件。笔 AB、笔 BC 和笔 CD 构成初始线段 AD，其后下降笔 DE 跌破由点 B 处引出的水平直线，让初始线段 AD 营造出来的上升趋势变得岌岌可危。其后基金价格大幅上升，且不断创出新高，将下降笔破坏向上线段的威胁化解，让初始线段得以延续，并形成新的线段 AH。

图 6-19 所示是向下线段被上升笔破坏，但最终创新低，线段继续延伸的示意图。

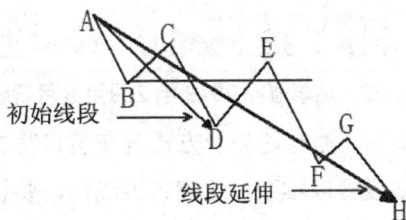

图 6-19 向下线段被上升笔破坏，但线段继续延伸示意图

点 A 到点 D 的 3 笔符合线段要求，构成向下初始线段 AD。其后上升笔 DE 突破了由底分型点 B 处引出的水平直线，完成了对向下线段 AD 的破坏。但笔 EF 让股价又创新低，表明这种破坏对整个趋势并未构成实质性威胁。笔 FG 性质与笔 DE 相同，这里不再赘述。正是由于股价持续不断地创新低，初始线段 AD 才得以延续下去，最终形成线段 AH。价格的后续演变逃不过这两种模式，要么形成向上线段，将原有线段 AH 终结，要么维系当前趋势，价格后续有新低出现。

图 6-20 所示是达华智能（002512）2019 年 2 月至 8 月的日线图。

该股的走势比较经典。由点 A 到点 D 构成初始线段 AD，股价在底分型点 D 处展开反弹，向上突破由底分型点 B 处引出的水平直线，完成向下线段被上升笔破坏的模式。其后股价下跌，在底分型点 F 处展开二次反弹，再次破坏了向下线段，随后股价创新低，在点 H 处才止住跌势。股价每一次创新低，都化解了上升笔给下降趋势带来的威胁，初始线段 AD 也由此不断延伸，直至形成线段 AH。

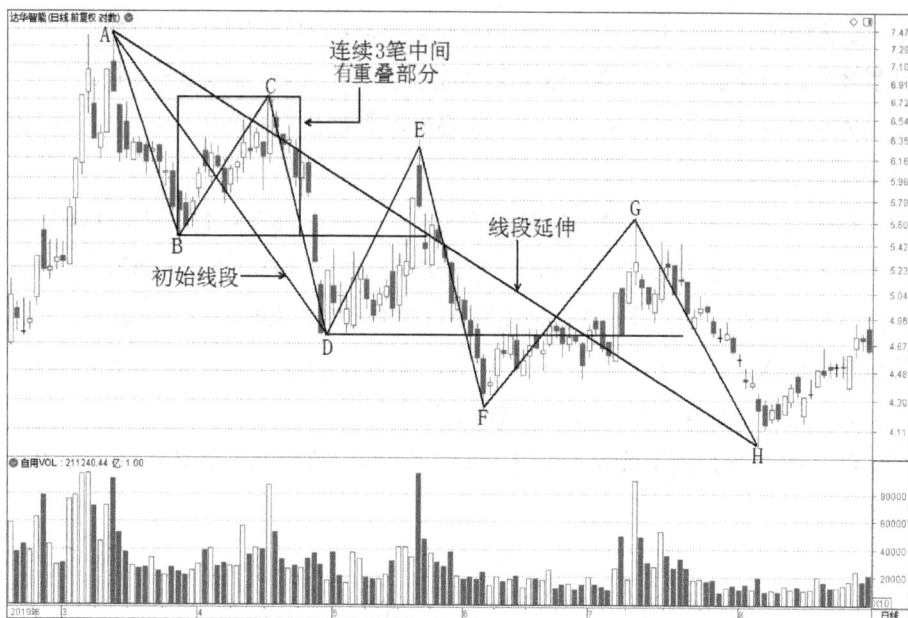

图 6-20 达华智能 2019 年 2 月至 8 月日线图

无论是哪一种笔破坏，原有趋势一方都是在模式发生后即刻发起力度很大的反击，这才让初始线段得以维系。这就告诉我们，要想线段不被笔破坏，时间与力度是其中的关键。

价格不可能在同一个方向无休止地延伸下去，它终将会被破坏，进而终结。笔破坏是线段被破坏的发端，但由笔构成线段需要一个过程。这就引申出一个问题，即线段的端点究竟结束于什么位置，才算是线段的正确划分呢？不搞清楚这个问题，我们对线段的理解就只能停留在表面，面对繁杂多变的价格走势，我们在划分线段时可能还会感到迷茫与困惑。

6.4　数学概念

线段划分是学习缠论路上的拦路虎与绊脚石。如果做不好这一点，辨识价格运动轨迹就显得很困难，操作起来心中自然会忐忑。缠论作者在创立缠论体系时一定想过这个问题，所以他依托自己理工科的背景，引入特征序列和标准特征序列的概念对问题进行了解答。

6.4.1　特征序列与标准特征序列

一听到特征序列和标准特征序列，读者会感觉进入了数学王国。懂数学对理解缠论的确有很大的帮助，但不懂也不妨碍学习。

本书的宗旨就是将缠论简单化，力争让缠论知识点清楚明了，让读者在熟练掌握知识点后整合应用。特征序列和标准特征序列这部分内容同样如此。

如何理解特征序列呢？简单说就是与当前主方向相反的那一笔走势，我们称其为特征序列。在特征序列中，任意一段与主方向相反的那一笔走势叫特征序列元素，两个相邻的特征元素被称为两相邻元素。

什么是标准特征序列？就是先设定某种标准，然后将特征序列以设定的标准进行整合，使其完全符合我们的需要，进而得到我们想要的结果，这就是标准特征序列。

标准是什么？很简单，就是包含。需要注意的是，这里的包含指的是同一性质下的包含，即同一方向上的各元素可以使用，但如果两元素之间方向相反，则不能使用。

上升笔用字母 S 代表，下降笔用字母 X 代表，我们来看一下不同状态下特征序列是如何分布的，其特征序列元素又是如何分布的。

图 6-21 所示是不同方向线段的特征序列示意图。

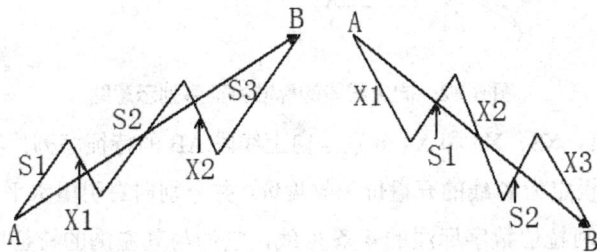

图 6-21　不同方向线段的特征序列示意图

图 6-21 的左侧是向上线段 AB，其中下降笔 X1 和 X2 因为与主方向方向相反，所以它们就是向上线段 AB 的特征序列。假设向上线段 AB 无穷尽，那么下降笔 Xn 就代表无穷尽的特征序列。单一的下降笔 X1、X2 分别为特征序列元素，因为二者相邻，所以是两相邻元素。

图 6-21 的右侧是向下线段 AB，其中上升笔 S1 和 S2 因为与主方向相反，所以它们就是向下线段 AB 的特征序列。假设向下线段 AB 无穷尽，那么上升笔

Sn就代表无穷尽的特征序列。单一的上升笔 S1、S2 分别为特征序列元素，因为二者相邻，所以是两相邻元素。

对下跌的认识与处理是缠论有别于其他理论的地方。别的理论都在研究如何追涨，而缠论探讨的却是如何规避下跌，其很多定义与定理也是在分析"价格为什么下跌"中提炼出来的。缠论作者认为，价格的涨跌是不断循环往复的，将下跌搞清楚，就能够及时发现即将产生的上涨机会。不得不说，缠论的思路还是很独特的。

每一个特征序列元素其实都是一小段行情，逐一辨识无疑劳心费力，为此缠论作者提出一个构思，将包含设定为标准，把线段中每一个特征序列元素都看作一条 K 线，只需像处理具有包含关系的 K 线一样对其进行合并处理，就能得到我们想要的标准特征序列。

图 6-22 所示是向上线段的标准特征序列示意图。

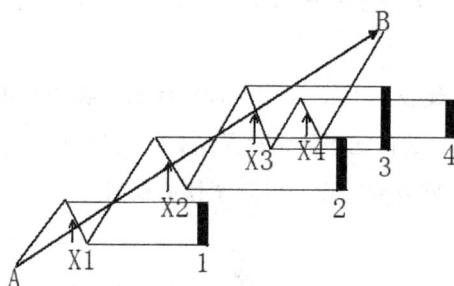

图 6-22　向上线段的标准特征序列示意图

下降笔 X1、X2、X3 和 X4 分别是向上线段 AB 的特征序列。我们将下降笔的起点和终点设定为 K 线的开盘价和收盘价，并分别向右引出水平横线，图 6-22 中可以得到用阿拉伯数字标注的 4 条 K 线，它们与其左侧的特征序列是对应的关系。可以看到，4 条 K 线中 K 线 3 与 K 线 4 具有包含关系，根据 K 线的包含处理原则，可以将其进行合并，形成 1 条单独的 K 线。经过处理后的特征序列就被称为标准特征序列。

理解了向上线段的处理方法，将模式反过来，就可以掌握向下线段的处理方法，同样可以得到向下线段的标准特征序列。

由特征序列到标准特征序列，其实质与合并 K 线、确定分型没什么不同。读者需要注意的是，以后若无特别说明，文中所说的特征序列其实就是指标准特征序列。

6.4.2 特征序列缺口

在线段划分的过程中，特征序列缺口是一个不容忽视的地方，弄清楚这个问题，对读者真正理解线段有很大的帮助。

无论是向上线段还是向下线段，只要其内部两相邻元素间没有重合区间，我们就称这种现象为特征序列缺口。

图 6-23 所示是线段的特征序列缺口示意图。

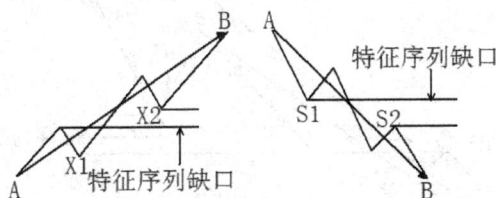

图 6-23 线段的特征序列缺口示意图

图 6-23 左侧向上线段 AB 中，下降笔 X1、X2 是该线段的特征序列元素，也是两相邻元素。观察 X1 和 X2 的高低点可以看到，二者在箭头标注的地方留下了一段空白区间，此处没有重叠迹象，此种现象就是特征序列缺口。

图 6-23 右侧向下线段 AB 中，上升笔 S1、S2 是该线段的特征序列元素，也是两相邻元素。观察 S1 和 S2 的高低点，我们在箭头标注的地方也能看到，二者之间同样留下了一段空白区间，显示二者在此处没有重叠迹象，这也是特征序列缺口。

就向上线段来讲，价格的回调力度决定了该线段的特征序列是否会留下缺口。如果多头向上欲望强烈，大势环境配合，那么其自然不希望价格产生深幅回调，更多的是希望以横盘或者较浅的回调来维系盘面，便于在时机成熟时再次展开上攻。我们也可以这样理解，回调的深浅程度反映了多头的实力，特征序列缺口就是最好的证明。在交易中如果发现价格出现这种现象，不妨对此密切留意与关注。

就向下线段来讲，价格的反弹力度决定了该线段的特征序列是否会留下缺口。如果空头向下决心不改，外加市场环境不好，那么其自然有实力压制多头的进攻，价格反弹自然就很微弱，多数是以横盘来代替反弹。一旦时机成熟，空头再次发力时会让价格继续走低。我们也可以这样理解，反弹的深浅程度反映了空头的实力，特征序列缺口就是最好的证明。在交易中如果发现价格出现这种现象，则该股后市走弱的概率较大。

图 6-24 所示是桐昆股份（601233）2018 年 12 月至 2019 年 5 月的日线图。

图 6-24　桐昆股份 2018 年 12 月至 2019 年 5 月日线图

从图 6-24 中可以看到，该股通过中间有重叠且连续的 3 笔构成了初始线段 AB，其中下降笔 X1 是线段 AB 的特征序列元素。股价在点 B 处展开回调，形成另一特征序列元素 X2，但低点并未触及 X1 的顶点，二者之间留下了一个缺口。股价随后展开上攻，B 点被攻克时形成初始线段 AB 延伸的格局，最终得到线段 AC。股价越过 B 点，回调的 X2 就与最初的 X1 形成相邻元素的关系，留下的缺口自然就是特征序列缺口。这个缺口从侧面反映了多头的实力，最好的证明就是该股后面上攻的凌厉程度。

图 6-25 所示是优博讯（300531）2018 年 4 月至 7 月的日线图。

从图 6-25 中可以看到，上升笔 S1 是初始线段 AB 的特征序列元素。股价在点 B 底分型处展开弱势反弹，连 S1 低点都未触及，二者之间留下了一个缺口。其后股价继续下行，当股价越过 B 点时 S2 就与最初的 S1 形成相邻元素的关系，缺口自然就是特征序列缺口。这样的缺口既说明多头力量薄弱，反过来也证明空头力量很强，足以压制多头的反攻，最终初始线段 AB 得以延伸，得到线段 AC。

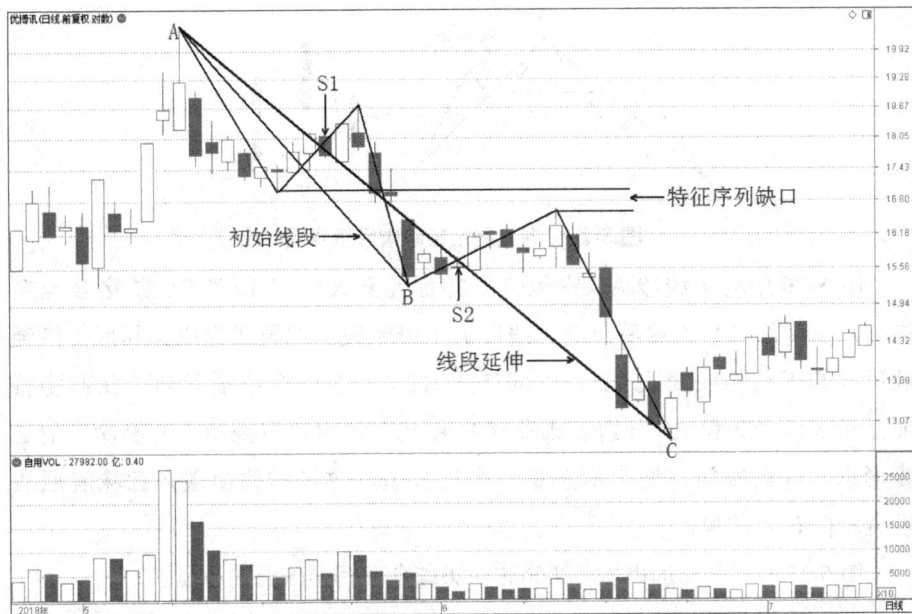

图 6-25 优博讯 2018 年 4 月至 7 月日线图

6.5 线段划分

在前面的内容中，我们将线段被笔破坏的模式进行了分类，其实这就是线段划分的基础。然后，我们引入特征序列和标准特征序列，就可以在结构上对线段进行严格的划分。仿照线段被破坏的分类，可以得到线段划分的两种情况，即线段被笔破坏和线段未被笔破坏，下面我们逐一阐述。

6.5.1 笔破坏情况

向上线段被笔破坏情况。

向上线段中 X 元素标准特征序列是考查的着眼点。线段被笔破坏若出现顶分型，原线段将结束于顶分型顶点，否则原线段继续延伸。结论中有两个要点，分别是特征序列元素 X 和顶分型。其实二者可以归结为一个问题，即将 X 特征序列元素看作单一 K 线，同时 K 线组合构成顶分型。

图 6-26 所示是向上线段被笔破坏的示意图。

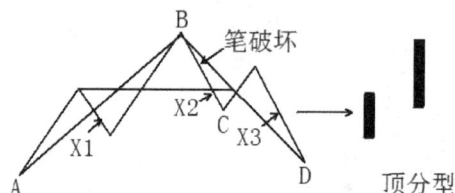

图 6-26　向上线段被笔破坏示意图

图 6-26 中向上线段 AB 中包含了特征元素 X1。下降笔 BC 跌穿 B 点左侧高点引出的水平直线后，向上线段被下降笔破坏的模式完成。其后价格经过反弹和下跌构成线段 BD，中间产生 X2 和 X3 两个特征元素。我们将特征元素 X1、X2 和 X3 分别看成独立的 K 线，就可以得到图中右侧涂黑的 K 线形态。毫无疑问，这个形态是一个顶分型。这种结构出现，意味着原线段 AB 在 B 点结束。

图 6-27 所示是深圳机场（000089）2017 年 1 月至 5 月的日线图。

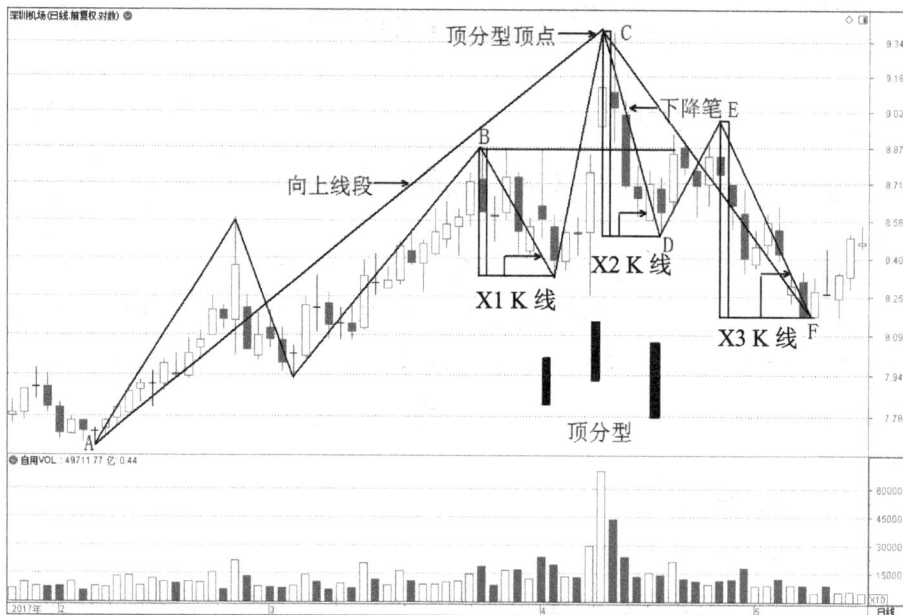

图 6-27　深圳机场 2017 年 1 月至 5 月日线图

图 6-27 中 AC 是经过延伸的向上线段。股价在点 C 处开始调整，跌破了左侧 B 点引出的水平直线，形成向上线段被下降笔破坏的模式。其后股价经过 D 点反弹到 E 点，后下跌到 F 点，中间形成了 X1、X2 和 X3 这 3 个特征元素。将这 3 个特征元素看成简单的 K 线，就是图中标注的 X1 K 线、X2 K 线以及 X3 K 线，3 条 K 线构成图中涂黑的顶分型结构。向下线段 CF 形成同时也终结了原有线段 AC，顶分型的顶点 C 就是结束点。

在交易中，线段被笔破坏的模式出现得十分频繁，但不是每一次出现都意味着原有线段的结束。缠论作者说过："只有线段才能结束线段。"有些时候，尽管原有线段被笔破坏，但只要 X 序列元素本身未构成顶分型，且后面又创出新高，则原有线段顶点就不是结束点，我们说此时原线段仍在延伸中。

图 6-28 所示是向上线段被笔破坏，但未构成顶分型的示意图。

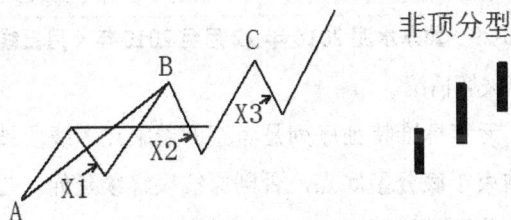

图 6-28 向上线段被笔破坏，未构成顶分型示意图

从 B 点开始的下跌击穿了从 B 点左侧高点引出的水平直线，形成向上线段被下降笔破坏的模式。其后价格反弹，创出新高 C 点，回落后又创新高，其间产生了特征元素 X1、X2 和 X3。我们将这 3 个特征元素分别看成独立的 K 线，就可以得到图 6-28 中右侧涂黑的 K 线形态。毫无疑问，这 3 条 K 线的结构只是一个持续形态而不是顶分型，那么我们说原线段 AB 并未结束，而是处在延伸状态当中。

图 6-29 所示是冀东水泥（000401）2018 年 12 月至 2019 年 4 月的日线图。

从点 A 到点 C 构成向上线段 AC。其后价格回调，跌破了由点 B 处引出的水平直线，形成向上线段被下降笔破坏的模式。之后股价再次展开强劲上扬并接连创出点 D、点 E 和点 F 的新高点，其特征元素分别对应 X1、X2、X3 和 X4。如果将这 4 处特征元素看成单独 K 线，则它们的排列组合就是图中涂黑的 K 线。很显然，这 4 条 K 线并未构成顶分型，而是处在持续状态当中，我们说初始线段 AC 并未被终结，而是在不断延伸并最终形成新线段 AF。

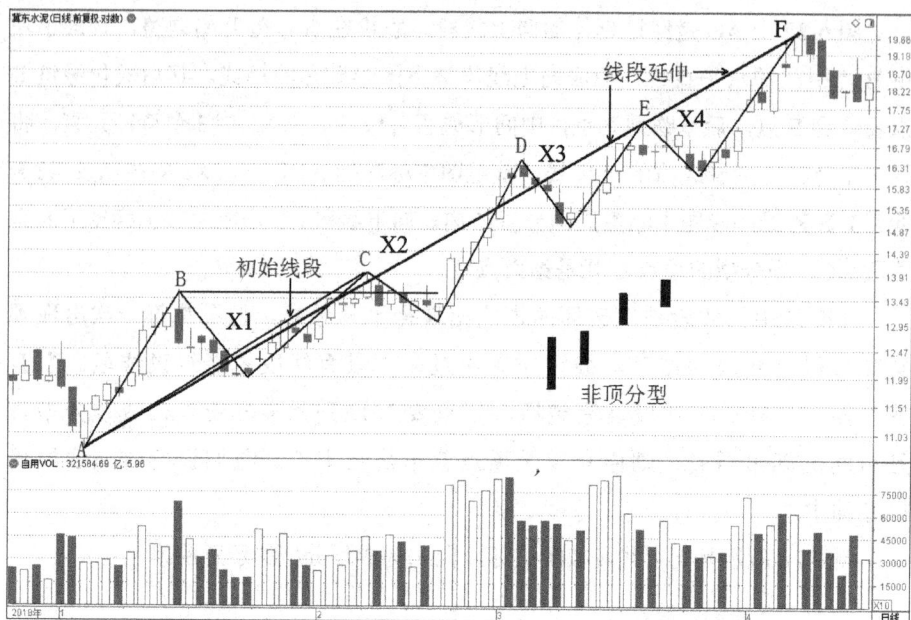

图 6-29　冀东水泥 2018 年 12 月至 2019 年 4 月日线图

向下线段被笔破坏情况。

向下线段中 S 元素标准特征序列是考查的着眼点。线段被笔破坏若出现底分型，原线段将结束于底分型底点，否则原线段继续延伸。与前面相同，结论中也有两个要点，分别是特征序列元素 S 和底分型。将二者合并，就是将 S 特征序列元素看作单一 K 线，同时 K 线组合构成底分型。

图 6-30 所示是向下线段被笔破坏的示意图。

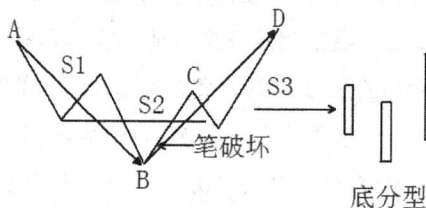

图 6-30　向下线段被笔破坏示意图

图 6-30 中向下线段 AB 中包含了特征元素 S1。其后上升笔 BC 突破了从 B 点左侧低点引出的水平直线，形成了向下线段被上升笔破坏的模式。价格在 C 点回落后再次反弹到 D 点，构成线段 BD，中间又产生两个特征元素 S2 和 S3。我们将 S1、S2 和 S3 这 3 个特征元素分别看成独立的 K 线，就可以得到图中右

侧的 K 线形态。当 K 线形态是底分型时，原线段 AB 在底分型底点 B 处结束。

图 6-31 所示是科大讯飞（002230）2019 年 6 月至 9 月的日线图。

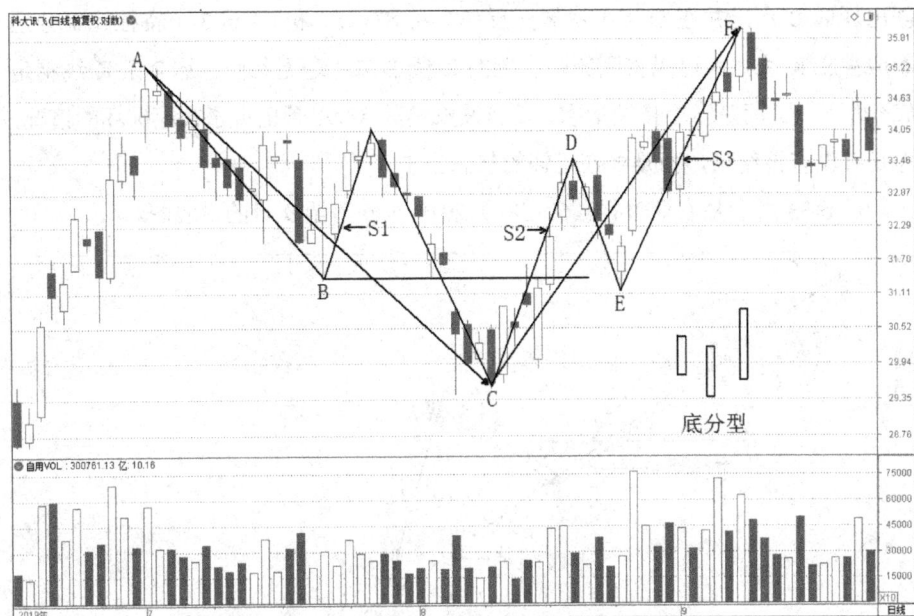

图 6-31　科大讯飞 2019 年 6 月至 9 月日线图

图 6-31 中 AC 是一段向下线段，股价在 C 点展开反弹时，上升笔 CD 突破从左侧 B 点引出的水平直线，形成向下线段被上升笔破坏的模式。其后股价回落到 E 点后又创出 F 点的新高，产生 S2 和 S3 两个特征元素。如果将 S1、S2、S3 这 3 个特征元素看作单独的 K 线，其结构就是图中所示的底分型，新线段 CF 将初始线段 AC 终结，底分型的底点 C 就是结束点。

即使向下线段出现被笔破坏情况，只要 S 序列元素本身未构成底分型且后面又创出新低，我们说原线段底点就不是结束点，线段仍在延伸中。

图 6-32 所示是向下线段被笔破坏，但未构成底分型的示意图。

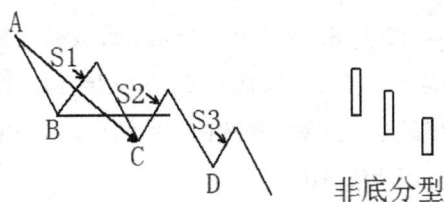

图 6-32　向下线段被笔破坏，未构成底分型示意图

图6-32中AC是一段向下线段，从C点开始的反弹突破了由B点引出的水平直线，形成向下线段被上升笔破坏的模式。其后价格并未继续上涨，而是又创出新低D点，并在D点再次展开反弹。将S1、S2和S3这3个特征元素分别看成独立K线，就可以得到图中右侧的K线形态。毫无疑问，这3条K线不是底分型结构，而是一个持续形态，我们说原线段AC尽管出现了被笔破坏的情况，但是并没有被结束，而是处在延伸的状态当中。

图6-33所示是农业银行（601288）2019年6月至9月的日线图。

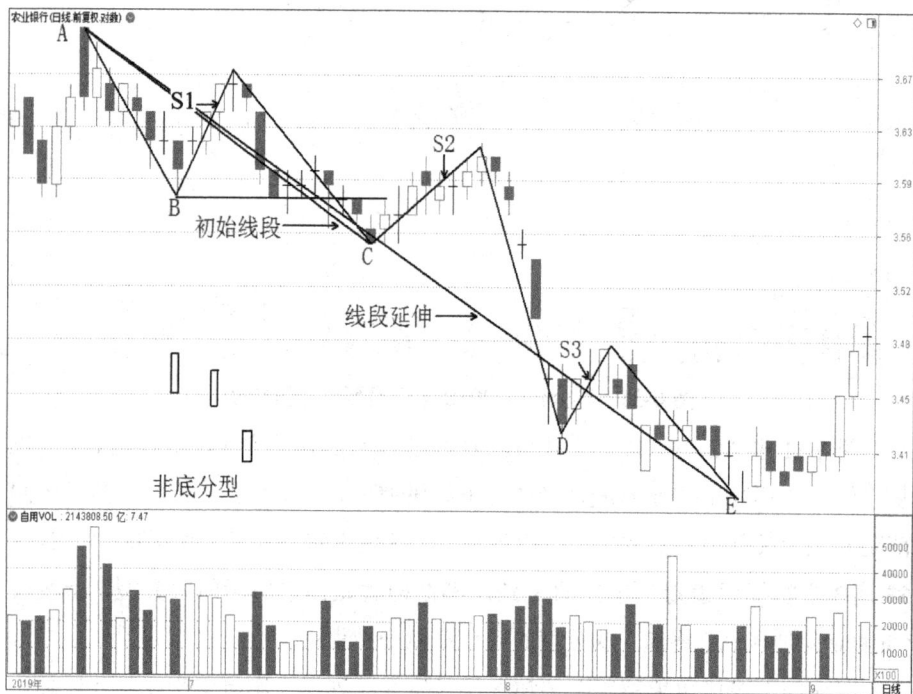

图6-33　农业银行2019年6月至9月日线图

股价在完成初始线段AC后于C点展开反弹，并且突破由B点引出的水平直线，形成向下线段被上升笔破坏的模式。其后股价再次回落，依次创出点D与点E的新低。将S1、S2和S3这3个特征元素看成独立K线，可得到图中的K线形态。3条K线是一个持续形态而不是底分型结构，这表明下跌趋势没有丝毫改变。尽管初始线段AC出现了被笔破坏的情况，但线段AC并没有结束，而是在经过延伸后得到新线段AE。

6.5.2 笔未破坏情况

笔未破坏的情况在交易中很常见，也是线段划分的一个难点，因为这涉及前面谈到的特征序列缺口。

缠论中对向上线段未被笔破坏的情况是这样描述的："向上线段从最高点向下的笔不触及波段的前一个顶，且与前顶之间留有缺口。"

出现上述这种情况时，特征序列顶分型中第一特征元素和第二特征元素之间会有特征序列缺口。从该顶分型的顶点开始，如果 X 特征序列出现底分型，则原有线段结束，顶分型的顶点就是结束点。

一图胜千字，我们来看具体的示例图。

图 6-34 所示是向上线段未被笔破坏的示意图。

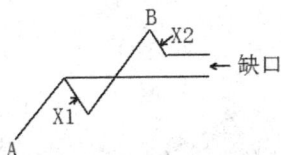

图 6-34 向上线段未被笔破坏示意图

点 A 到点 B 可以构成线段 AB。在 B 点向下回调并产生特征元素 X2 的同时，与前面波段顶留有缺口，特征元素 X1、X2 之间也留有缺口，此种情况就属于向上线段未被笔破坏。

如何定义初始线段 AB 被终结呢？就是看后面的 X 特征序列是否形成底分型。

图 6-35 所示是向上初始线段未被笔破坏，后被终结的示意图。

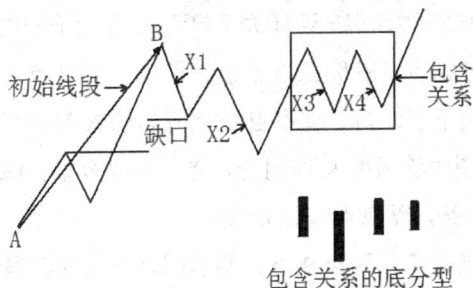

图 6-35 向上线段未被笔破坏，后被终结示意图

初始线段 AB 形成后，价格由高点 B 回调，与前一个波段高点留有缺口，这就符合向上线段未被笔破坏的模式要求。观察由高点 B 开始形成的 X 系列特征元素，并将这些特征元素看作单独 K 线，可以发现 K 线之间具有包含关系，需要进行合并处理。将 X3 与 X4 形成的 K 线进行合并处理后，K 线形态就是一个底分型。底分型的形成意味着初始线段 AB 被终结，B 点就是结束点。这里面有两个重点需要读者理解，一是缺口仅限由 B 点下来的第一笔与其左侧初始线段中的特征元素进行比较，后面的 X 系列特征元素不用考虑；二是如果后面的 X 系列特征元素存在示意图中那样的包含关系，则一定要进行合并处理。

图 6-36 所示是潍柴动力（000338）2019 年 10 月 9 日至 10 月 11 日的日内 5 分钟图。

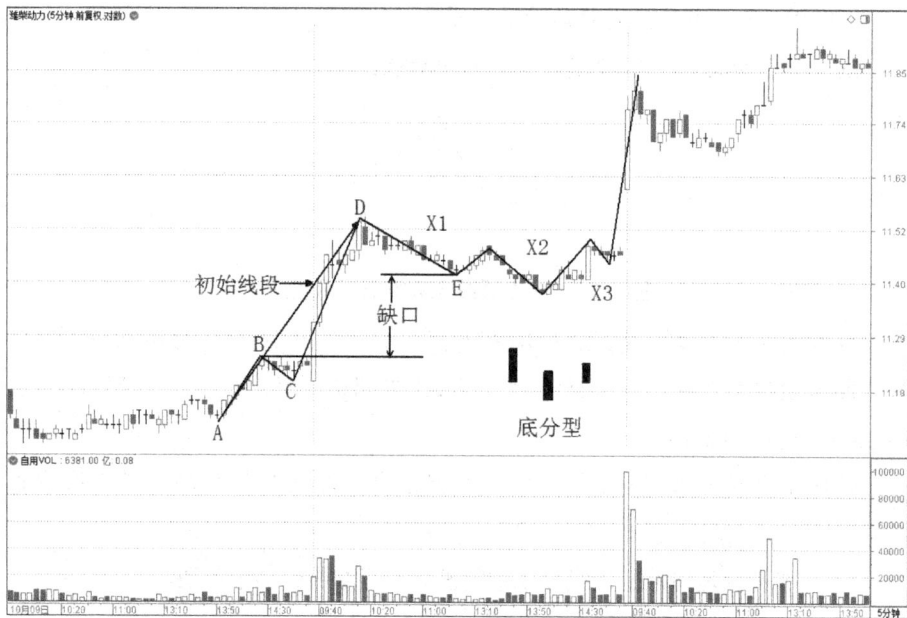

图 6-36　潍柴动力 2019 年 10 月 9 日至 10 月 11 日日内 5 分钟图

初始线段 AD 形成后，股价自 D 点展开回调，到 E 点止跌时与初始线段 B 点引出的水平直线留下了缺口。观察自 D 点开始的 X 特征序列，将它们分别看成独立 K 线，形成图中涂黑的 K 线组合，是一个底分型。底分型完成后，我们说初始线段 AD 被终结，结束点即是 D 点。

向上线段未被笔破坏，尽管 B 点开始的回调与前面波段顶之间留有缺口，但只要从 B 点顶分型的顶点开始的 X 特征序列没有出现底分型，原有线段就没有结束，顶分型的顶点也不是结束点。

图 6-37 所示是向上线段中 X 特征序列没有出现底分型，线段未结束的示意图。

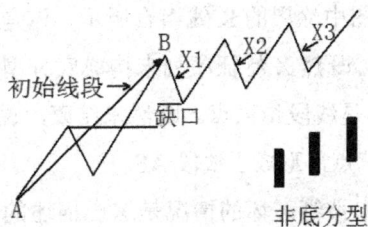

图 6-37 向上线段未被笔破坏，未结束示意图

初始线段 AB 完成后，价格开始回调，与前一个波段高点之间留有缺口，符合向上线段未被笔破坏的模式要求。观察由高点 B 开始形成的 X 系列特征元素，并将这些特征元素看作单独 K 线，K 线组合并未构成底分型，而是一组图中涂黑的不断创新高的持续 K 线。底分型没有出现，初始线段 AB 就未结束，B 点自然也不是线段结束点。

图 6-38 所示是奥马电器（002668）2019 年 10 月 9 日至 10 月 11 日的日内 5 分钟图。

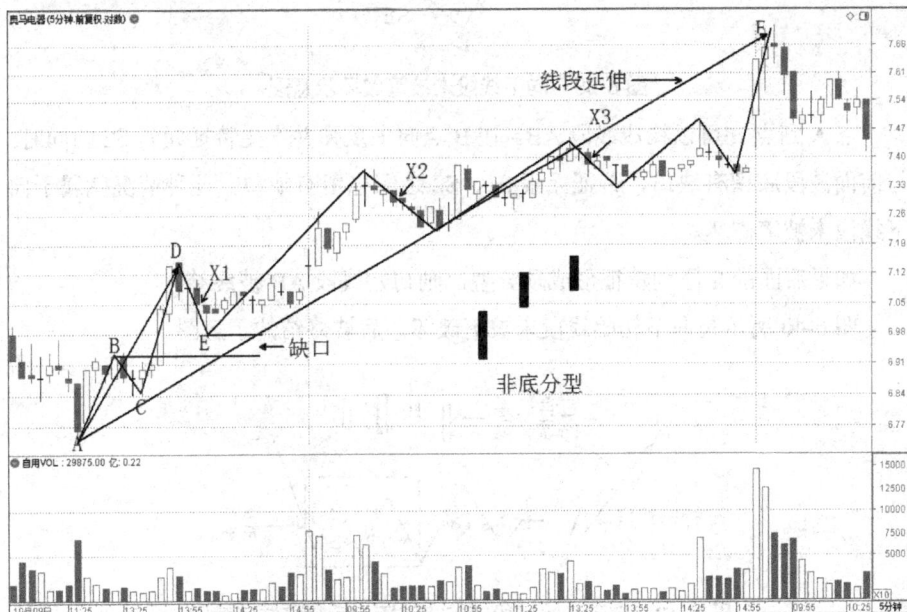

图 6-38 奥马电器 2019 年 10 月 9 日至 10 月 11 日日内 5 分钟图

由 A 到 D 构成初始线段 AD。股价自 D 点展开回调，在 E 点止跌，与前面波段高点 B 点引出的水平直线之间留有缺口，符合向上线段未被笔破坏的模式要求。由 D 点开始，股价形成 X1、X2 和 X3 这 3 个特征元素，将它们看成独立的 K 线，它们的形态如图中涂黑的 K 线组合所示，这是一个不断创新高的持续形态，并未构成底分型。既然 X 特征序列未构成底分型，那么我们说初始线段 AD 尚未结束，D 点也不是线段结束点。既然未结束，说明初始线段 AD 还在延伸当中，其最后延伸到 F 点，形成了线段 AF。

缠论中对向下线段未被笔破坏的情况是这样描述的："向下线段从最低点向上的笔不触及波段的前一个底，且与前底之间留有缺口。"

出现上述这种线段未被笔破坏的情况时，特征序列底分型中第一特征元素和第二特征元素之间会有特征序列缺口。从该底分型的底点开始，如果 S 特征序列出现顶分型，则原有线段结束，底分型的底点就是结束点。

图 6-39 所示是向下线段未被笔破坏的示意图。

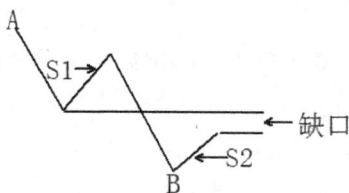

图 6-39　向下线段未被笔破坏示意图

点 A 到点 B 可以构成线段 AB。在 B 点向上反弹并产生特征元素 S2 的同时，与前面波段底留有缺口，特征元素 S1、S2 之间也留有缺口，此种情况就属于向下线段未被笔破坏。

如果后面的 S 序列特征形成顶分型，则初始线段 AB 被终结。

图 6-40 所示是向下初始线段未被笔破坏，后被终结的示意图。

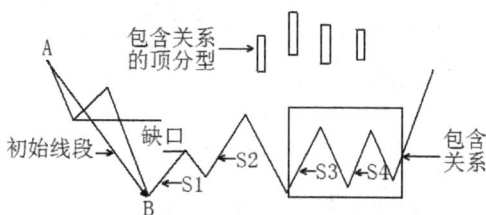

图 6-40　向下初始线段未被笔破坏，后被终结示意图

初始线段 AB 完成后价格由低点 B 开始反弹，因力度不够而与前一个波段低点之间留下缺口，符合向下线段未被笔破坏的模式要求。观察由低点 B 开始形成的 S 系列特征元素，并将这些特征元素看作单独 K 线，可以发现 K

线之间具有包含关系，需要进行合并处理。将 S3 与 S4 形成的 K 线进行合并处理后，K 线形态就是一个顶分型。顶分型的形成意味着初始线段 AB 被终结，B 点就是结束点。

重点同样是两个，一是缺口仅限由 B 点反弹开始的第一笔与其左侧初始线段中的特征元素进行比较，后面的 S 系列特征元素不用考虑；二是如果后面的 S 系列特征元素存在示意图中那样的包含关系，则一定要进行合并处理。

向下线段未被笔破坏，尽管 B 点开始的反弹与前面波段底之间留有缺口，但只要从 B 点底分型底点开始的 S 特征序列没有出现顶分型，原有线段就没有结束，底分型的底点也不是结束点。

图 6-41 所示是向下线段中 S 特征序列没有出现底分型，线段未结束的示意图。

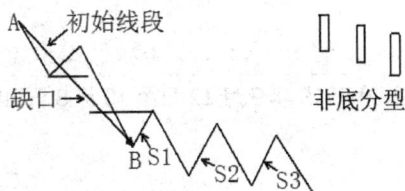

图 6-41　向下线段中 S 特征序列没有出现底分型，线段未结束示意图

初始线段 AB 形成后，价格在 B 点展开反弹，但由于力度不够，与 B 点左侧的低点之间留有缺口，符合向下线段未被笔破坏的模式要求。观察由 B 点开始的 S 系列特征元素，将其看作单独的 K 线，K 线形态如图中右侧所示，并未构成底分型。既然没有底分型出现，那么我们说初始线段 AB 就尚未结束，B 点也不是线段结束点。

图 6-42 所示是天夏智慧（000662）2019 年 9 月 12 日至 10 月 8 日的日内 30 分钟图。

初始线段 AD 完成后，股价在 D 点开始反弹，在图 6-42 中 E 点受阻回落，与初始线段中 B 点引出的水平直线之间留有缺口，符合向下线段未被笔破坏的模式要求。观察由 D 点开始的 S 特征序列，将 S1、S2 和 S3 看成独立 K 线，其排列组合仅是一组低点不断降低的持续 K 线，并未构成底分型。底分型没有形成，说明初始线段 AD 没有结束，依然处在延伸态势当中。从图中看，线段一直延伸到 F 点，最终形成线段 AF。

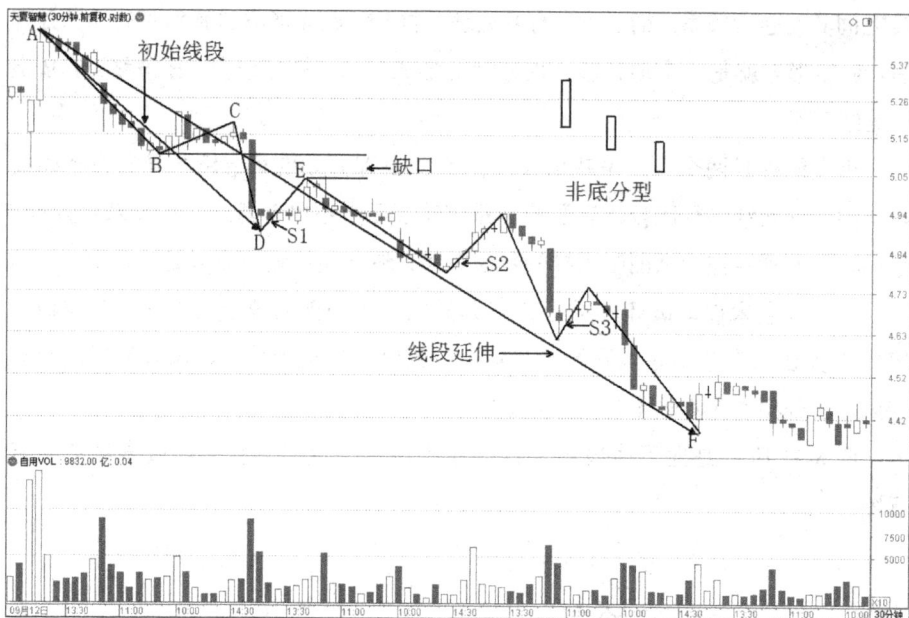

图 6-42　天夏智慧 2019 年 9 月 12 日至 10 月 8 日日内 30 分钟图

6.5.3　线段补充说明

如果读者掌握了前面的内容，那么缠论中关于线段的部分可以说就已经完结了。但缠论作者为了尽善尽美，还是在自己的博文中对线段知识进行了一些补充，目的就是要将所有的走势类型涵盖进去，以达到容纳百川的意图。

常规类型缠论都已兼容，唯有标准序列缺口部分还未完全涉及，因此缠论作者提出线段补充部分主要是为了弥补这部分缺失。

缠论作者在这部分内容中又提出 3 种类型。从某种意义上来讲，这 3 种类型我们完全可以通过其他技术手段来加以判定，它们对操作帮助不大，也不影响对后续行情的解读。不过缠论作者既然提出来了，我们也向读者予以介绍说明。

第一种类型：在初始线段未被笔破坏的情况下，后一特征序列不一定封闭前一特征序列缺口，而且第二个特征序列中的分型不再细分，只要有分型就可以。

文字看起来很复杂，我们用图说明。

图 6-43 所示是线段补充说明中第一种类型的示意图。

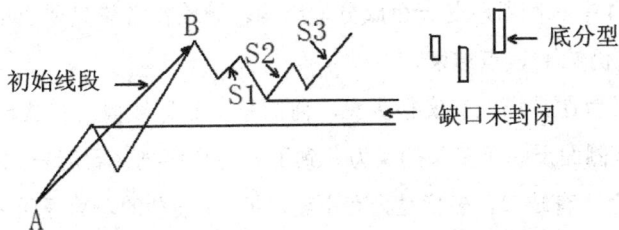

图6-43 线段补充说明中第一种类型示意图

初始线段 AB 形成后价格开始下跌。但即使下跌，S 特征序列的最低点也都没有与 B 点左侧高点引出来的水平直线发生重叠，二者之间始终留有一个缺口未封闭。观察 S 特征序列走势，图 6-43 中右侧所示是一个底分型，缠论作者说只要出现这种情况，初始线段 AB 仍然于 B 点结束。

本章中图 6-36 潍柴动力的走势其实就属于这种情况，读者可以参看一下，这里不再具体举例说明。

至于初始线段方向向下的情况，读者只要将方向向上的线段翻转过来理解，就能明白。

第二种类型：在初始线段未被笔破坏的情况下，后一特征序列没有封闭前一特征序列缺口，并且后一特征序列中又出现未被笔破坏情况；即使这样，只要出现底分型，初始线段仍然要结束。

图 6-44 所示是线段补充说明中第二种类型的示意图。

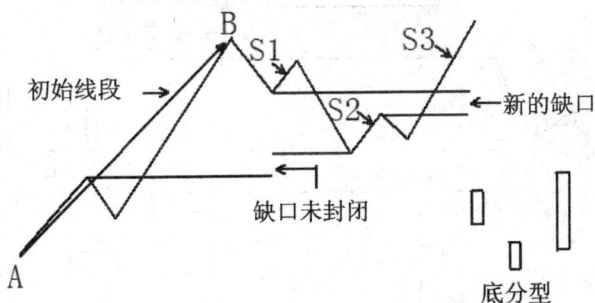

图6-44 线段补充说明中第二种类型示意图

同第一种类型一样，初始线段 AB 形成后价格开始下跌。但即使下跌，S 特征序列的最低点与 B 点左侧高点引出来的水平直线也未发生重叠，二者之间始终留有缺口未封闭。不同的是，观察 S 特征序列走势时我们发现，S2 特征元素与 S1 特征元素之间又出现了一个新的缺口。综合观察 S 特征序列，这 3 段走势还是如图 6-44 中右侧所示是一个底分型结构。缠论作者说只要出现这种情况，初始线段 AB 仍然于 B 点结束。

第二种类型在市场上其实很少见，前面笔未破坏线段的模式已经说明价格回调有限，从侧面反映了多头的实力。到了 S 特征序列，看起来 S2 特征元素与 S1 特征元素之间有缺口，多像是力有不逮，但 S3 强劲的攻势证明多头在前面只是在蓄势，是为了后面强劲地爆发做准备。经过观察，这种走势多发生在市场最热门的强势股身上。

这样的实例很难找到，笔者翻遍 A 股市场近一年来各时期的龙头股走势，也只在山东黄金 (600547) 这只股票的日内 5 分钟图上发现该种模式，下面请读者欣赏一下。

图 6-45 所示是山东黄金（600547）2019 年 8 月 22 日至 8 月 28 日的日内 5 分钟图。

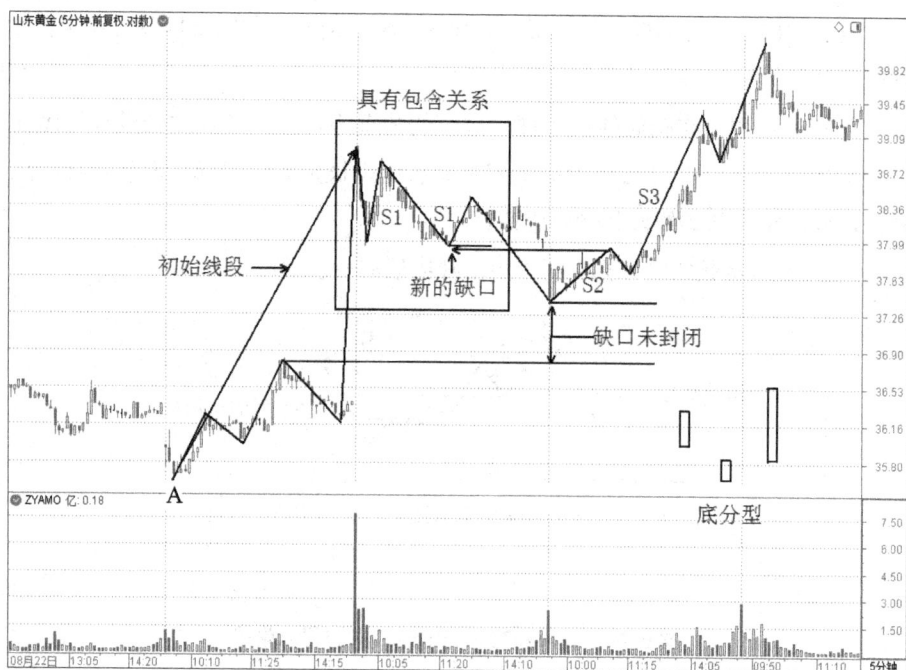

图 6-45　山东黄金 2019 年 8 月 22 日至 8 月 28 日日内 5 分钟图

从图 6-45 中可以看到，左侧初始线段 AB 其实属于线段延伸走势，但这不妨碍模式的使用。在 S 特征序列中，图中用方框框定两段 S1 的走势，是因为这两段走势具有包含关系，需要进行合并处理。通过观察我们发现，S2 特征元素低点与初始线段 B 点左侧高点引出的水平直线留有缺口，且缺口始终没有封闭。当 S2 特征元素完成，股价小幅回落时，我们发现 S2 特征元素与合并处理后的 S1 特征元素之间又产生了一个缺口。尽管缺口很小，但还是留下了一个新的缺口。股价后面的上涨势头十分猛烈，并且行进速度很快，连续创出新高。观察 S 特征序列，将合并处理后的 S1 与 S2、S3 看成单独 K 线，排列组合如图中所示，明显构成一个底分型，且左侧有跳空缺口，右侧出长阳线的具有极强反转意味的底分型结构。缠论作者认为，这种情况出现后，左侧线段 AB 同样会被终结。

第三种类型：正常走势中突发异常情况，价格出现与原方向相反的跳空缺口，缠论作者将其划分为新的一段。

图 6-46 所示是线段补充说明中第三种类型示意图。

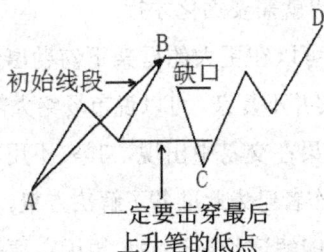

初始线段→　B　缺口
　　　　　　　　　　　　　　D
A　　　　　　C
一定要击穿最后
上升笔的低点

图 6-46　线段补充说明中第三种类型示意图

初始线段 AB 形成后，价格突然发生反向跳空，与初始线段 B 点之间留下缺口且没有回补，并且价格转向后还击穿最后一个上升笔的低点。出现这种情况，可以将由缺口开始到 D 点的一段看作一个新线段，初始线段 AB 被终结。

需要注意的是，如果价格反向后未能击穿最后一个上升笔的低点，则向下的这段就只能看作简单的一笔。

还有一种特殊情况，即这个跳空在向上线段最后向下一笔时又突然发生向上的跳空，缠论作者认为，这也不过是简单的一笔。

图 6-47 所示是线段补充说明中特殊类型的示意图。

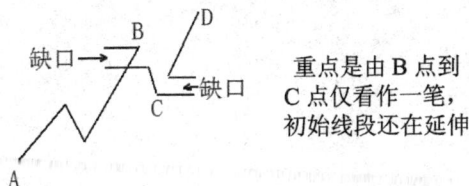

缺口→　B　　D
　　　　　　　←缺口
　　　　C
A

重点是由 B 点到
C 点仅看作一笔，
初始线段还在延伸

图 6-47　线段补充说明中特殊类型示意图

像这种接连出现反向缺口的情况在交易中十分罕见，只有在极特殊的突发状况下才有可能发生。尽管如此，这毕竟也是一种走势类型，缠论作者还是将其提了出来。从图 6-47 中看，B 点到 C 点的缺口属于突发状况引发的缺口，由于此时多头力量还十分强大，不甘心失败，所以在价格短暂下跌后，一旦投资者的情绪得以缓和，多头会立刻还击，于是又产生另一个缺口。如果是这样，那么初始线段趋势未变，因此缠论作者也把这突发的状况仅仅看成是普通的一笔，如此一来，初始线段还在不断延伸当中。

关于线段的内容到这里就告一段落。应该说线段这部分内容在缠论中很重要，但也绝没有重要到非它不可的地步。缠论作者之所以在线段这部分提出如此多的类型，主要是想让缠论体系更加丰满，最大限度地覆盖所有走势类型。只是如此一来，其分类边界就需要细化才行。

相对于笔来说，线段可以在更大的框架下勾勒出价格走势的运行轨迹。但读者一定要明白，线段其实并不复杂，可以说市场绝大部分线段都应该是简单的，极少数极端复杂的线段如果在交易中出现，其实不用刻意去划分，更无须在这个问题上纠结，因为缠论作者已为此准备了解决方案。

缠论交易体系之所以能解读价格运动，原因主要是其本身具有一个完整的理论框架，当读者把这些领悟后再回头看，会发现线段不过是股市分析技术大海中的一朵浪花而已。那么如何解决价格运动产生的复杂走势呢？我们说趋势往往是简单的，复杂的一定是震荡，为此缠论作者提出了一个新名词，即"中枢"。

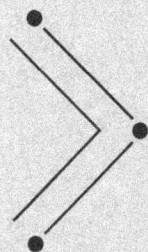

第 7 章

缠论形态篇之中枢

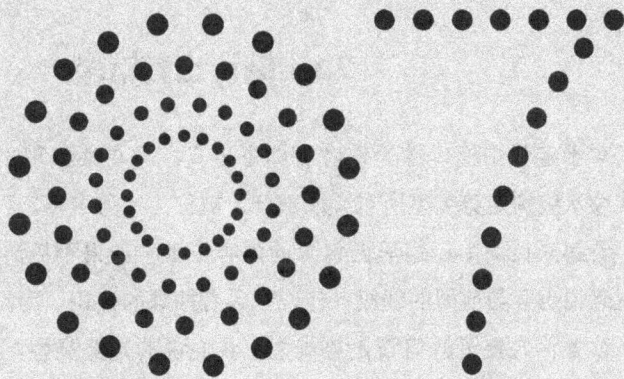

07

中枢是缠论体系中最重要的概念，居于核心地位，缠论中所有的买卖点信号，都与中枢有直接密切的关系。如果能真正理解并掌握中枢，那么可以说投资者就有了明确的交易之道。

7.1　缠论也有错误

对于走势中枢，缠论作者有如下定义："在某级别走势类型中，被至少3个连续次级别走势类型所重叠的部分，被称为走势中枢。"

看起来很简单，但里面包含的内容很多，如果不搞清楚这些内容，我们对中枢恐怕也会与前面的线段一样，只具有抽象的认识，而没有深刻的认知。

读者首先要了解何谓走势类型。我们说的走势类型，其实就是对价格运行轨迹的归纳与总结。任意一只股票，其具体走势不外乎3种，一是上涨，二是下跌，三就是在一个区间内震荡。这3种走势中，上涨和下跌具有明确的方向，震荡则没有，于是缠论作者将上涨和下跌进行合并，就像合并处理具有包含关系的K线一样，将其统一称为趋势。至于震荡，则单独归为一类，就是盘整。这样一来，任何价格走势都是由两大类走势构成，即趋势与盘整。

看起来中枢定义中走势类型这个问题已经得到了解决，但其实还没有，因为我们并不知道什么是趋势，什么是盘整，于是缠论作者又给出趋势与盘整的定义。

"所谓趋势，即在任何级别走势中，完成的走势类型中至少包含两个以上依次同向的走势中枢。向上就是上涨，向下就是下跌。"

"所谓盘整，即在任何级别走势中，完成的走势类型中只包含一个走势中枢。"

定义很清晰，但读者是否感觉到哪里有些不对？其实缠论作者在定义趋势与盘整时犯了一个错误，一个逻辑上的错误，就是"循环定义"。逻辑学关于循环定义有明确的概念，即"定义项依赖于被定义项来解释"。通俗地讲，就是你证明我、我证明你地相互证明。这种循环定义在逻辑学上并不被认可，只是这一错误很隐蔽，缠论初学者很容易忽视。例如缠论作者在《教你炒股票108课》第三十五课的内容里说："前面的课程最基础的只有两方面，一是中枢，二是走势类型及其连接，两方面相互依存。如果没有走势类型，就无法定义中枢；而没有中枢，走势也无法分出类型。"中枢需要走势类型来定义，走势类型需要中枢帮助分类，这就是典型的相互证明。

实际上，作者本人也意识到了这个错误，因此他在后面想到用级别来解决这一循环定义的矛盾。但即使如此，这一矛盾也无法化解，因为级别终归有限，而循环定义是无限循环，当到了一分钟时间周期这一目前所知最小级别的时候，循环定义依然是个死结。

毫无疑问，缠论一整套的理论框架是建立在作者本人多年实践认知的基础上的，作者在构建过程中也是"摸着石头过河"。或许作者也想将缠论构建得很完美，只是博文这种碎片化的载体确实不适合这种鸿篇巨制。例如中枢这个问题，作者就先后提出过3个版本，除了本小节提到的中枢的概念之外，作者还曾经提出过其他2个概念，分别是"至少3个该级别单位K线重叠部分构成最小级别的中枢"，以及"3条连续的线段重叠构成最小级别的中枢"。由此可以看出，作者本人也是一边思考一边总结，逐渐地丰富自己的理论框架。

可以这样讲，缠论体系本身是先进的，但由于作者故去得早，理论中的一些瑕疵没能得到有效解决，与另外3个经典理论相比，缠论在整体上显得相对粗犷而不够细致，好多地方还不够完善，这也为缠论学习者制造了不少障碍。鉴于此，笔者在这里也提出一个观点，即读者在缠论学习过程中的重点是悟，而不是死板地学，如果能从缠论中汲取有用的精华进而丰富自己的操作手段，就已经达到学以致用的目的了。

7.2　中枢定义及划分

缠论体系在不断传播的过程中，很多有识之士其实已经注意到缠论作者在中枢定义上所犯的逻辑错误，也发现了即使应用级别也无法解决循环定义的矛盾。因此，大家开始重新审视缠论作者关于中枢的一系列定义，最终找到了解决的办法。

7.2.1　中枢定义与级别

关于中枢，缠论作者在早期说过："至少3个该级别单位K线重叠部分构成最小级别的中枢。"后来缠论作者陆续提出笔、线段等技术工具，因此这一论点被彻底废弃。后来大家发现了的另一个论点，即"3条连续的线段重叠构成最小级别的中枢"却具有实用效果。线段是一个独立存在的已知概念，用线段描述中枢可以完美地解决前面定义中枢时所犯的错误，让中枢定义符合逻辑。不单如此，以线段构建中枢，让线段本身都有了意义。前面我们谈过，依靠分型和笔其实已经可以独立进行交易，如此一来线段已经陷入可有可无的尴尬境地，有了中枢后，线段配合中枢可以在更广阔的层面、更大的框架下观察价格的运动轨迹，从而让缠论体系变得更加丰富。

经过整合，现在我们可以给出走势中枢的准确定义：某级别走势类型中，被至少3个连续次级别线段所重叠的部分，称为走势中枢。切记，是前3个连续次级别线段中重叠的部分。这个重叠区间，又被称为"中枢区间"。

明确了中枢的定义后，唯一的问题就是如何定义次级别。所谓次级别，其实是相对于当下级别而言的。在第5章我们谈到过，至少需要5条K线才能构成完整的一笔，这说明单一K线只占一笔的1/5，不可能反映笔的全部。当下级别与次级别的关系也可以参照这个比例来进行，好比1周有5个交易日，如果本级别设定为周线，那么日线只是周线的1/5，不可能反映周线的全部，所以只能是周线的次级别。大的时间框架相对稳定，包含的交易周期也比较长，因此很好区分，一般都以年—季—月—周—日的顺序来进行，只有涉及日内级别时才需要考虑数量上的构成。日线周期包含 4 个 60 分钟线，但由于交易数量太少，代表性不强，因此将 30 分钟日内周期设定为日线周期的次级别。至于 30 分钟级别，由于仅包含 2 个 15 分钟线，交易数量更少，所以将 5 分钟日内周期设定为 30 分钟周期的次级别。依此类推，1 分钟日内周期就是 5 分钟日内周期的次级别。中枢划分原则是从小到大，首先在 1 分钟图中找到连续 3 条有重叠的线段，标出它们的共同区间，这个区间就是 5 分钟级别走势中枢，反复推演下去，就可以得到年线这个级别的走势中枢。

线段是中枢的基本构件，不过有的时候，高级别的笔可以替代低级别的线段，例如即使是周线图上的一笔，其稳定性可能都要远远高于 5 分钟周期图上的线段。这种情况不常见，但如果遇上就要学会适当变通，毕竟理论是死的而交易才是活的，只要能取得良好的收益，没有谁可以规定什么手段是不能用的。

缠论作者说过："分型、笔、线段除了作为级别递归的原始构件外，本身也可以独立地成为一套有效的技术操作系统。"作者为此曾写文章专门论述过这套操作系统，指出交易的关键在于分型对笔转折的预警。至于线段，其本身也能构成另一套系统。缠论作者明确指出："在向下线段的两种转折中，有缺口的那种由于需要有反向标准特征序列的顶分型来确认，买点具有模糊性，大可以舍弃掉。对于没有缺口的那种，第一笔就破坏了原线段，接下来的下降笔不创新低就构成这种线段转折的极佳买点。"后面缠论作者又更进一步，提出可以将两种系统结合在一起，系统一除了为系统二的买点提供精确定位外，还可以成为系统二分段操作的依据。有一点要提醒大家，上述技术操作系统要在高级别图上才能使用，至少要日线图。

级别是相对的，中枢是恒久的，掌握了这两点，我们就可以深入研究中枢的问题了。

7.2.2 中枢划分

严格意义上讲，中枢并没有方向上的划分，因为中枢的定义已经明确告诉我们，中枢仅仅是某级别中 3 个连续次级别线段中重叠的那部分。既然是重叠了，说明已经"纠缠"在一起，本不该有向上或是向下的划分。而我们之所以还要划分，主要是为了配合走势类型。

　　缠论作者认为，中枢形成只有两种情况：一是上涨中回调形成中枢，走势是先下后上再下（下上下型）；二是下跌中反弹形成中枢，走势是先上后下再上（上下上型）。

　　图 7-1 所示是中枢形成示意图。

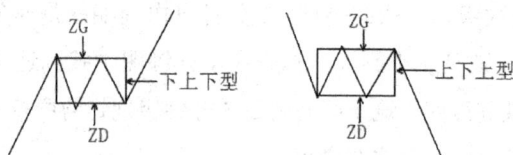

图 7-1　中枢形成示意图

　　图 7-1 左侧是一段上涨走势，其中方框框定部分就是上涨中回调形成的中枢，也就是 3 条线段重叠的部分，图中"ZG"与"ZD"代表中枢的区间。一定要注意，上涨中形成的中枢，计数时需要从向下线段开始。

　　图 7-1 右侧是一段下跌走势，其中方框框定部分就是下跌中反弹形成的中枢，也就是 3 条线段重叠的部分，图中"ZG"与"ZD"同样代表中枢的区间。需要注意的是，下跌中形成的中枢，计数时需要从向上线段开始。

　　通过线段来定义中枢，其概念更加准确，也避免了定义盘整与趋势时陷入循环定义这种逻辑学错误当中。现在，我们可以根据中枢在走势中的类别来准确定义盘整与趋势。

　　正确的盘整定义：在任何级别的任何走势中，其完成的走势类型只包含一个走势中枢，此种现象被称为该级别的盘整。

　　正确的趋势定义：在任何级别的任何走势中，其完成的走势类型中至少包含两个以上依次同向的走势中枢，此种现象被称为该级别的趋势。方向向上就是上涨趋势，方向向下就是下跌趋势。

　　图 7-2 所示是盘整走势示意图。

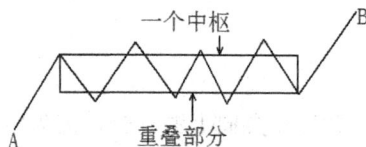

图 7-2　盘整走势示意图

　　如图 7-2 所示，无论价格形成几条线段，只要它们重叠在一起，且一系列线段高低点错落排列，无法形成两个同方向的走势中枢，就是盘整。

图 7-3 所示是趋势走势示意图。

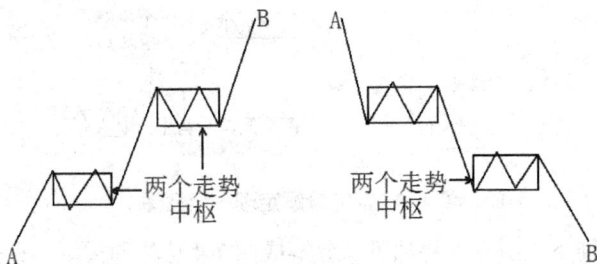

图 7-3　趋势走势示意图

图 7-3 中左侧 AB 段是一段上涨走势，可以看到价格在走势过程中依次形成两个同方向的走势中枢，此种现象我们称为上涨趋势。

图 7-3 中右侧 AB 段是一段下跌走势，可以看到价格在走势过程中依次形成两个同方向的走势中枢，此种现象我们称为下跌趋势。

7.2.3　走势定理

尽管缠论作者在定义中枢以及盘整和趋势的过程中出现了一些错误，但这并不妨碍缠论体系整体上的先进性。作者在提出盘整与趋势的概念后，对不同走势进行了分解，同时提出了不同走势下的定理。

走势分解定理一：任何级别的走势都可以分解成同级别盘整、下跌与上涨 3 种走势类型的连接。

走势分解定理二：任何级别的任何走势类型都至少由 3 段次级别走势类型构成。

理解了中枢定义后，这两个走势分解定理理解起来其实不难，但缠论的优势在于，像这种用纯理论推导方式，将走势的唯一性绝对地予以分解并进而充分证明的，缠论是第一个，也是唯一的一个。

市场之所以看起来复杂，原因在于价格走势呈现出的是一种多义性。这种多义性不是含糊的，相反它是站在一个严格的、精确的理论基础上的。反映在缠论当中，就是用同一理论，但是从不同视角对同一现象所做的分析。不论何种走势，不管何段时间周期，对走势各种合理的分析都符合缠论的内在逻辑，这就是缠论为技术分析领域做出的贡献。可以说，正是有了缠论，价格走势的多义性现在已经不再是投资者的负担，相反它能帮助投资者多角度、更好地分析市场。

图 7-4 所示是走势分解定理一的示意图。

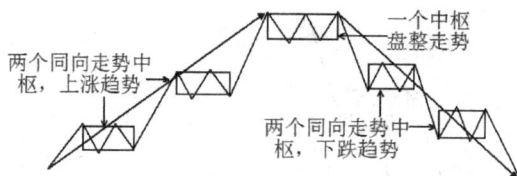

图 7-4　走势分解定理一示意图

在同一级别下，所有走势都可以分解成图 7-4 这样的类型，只是先后顺序不同而已。图 7-4 是先上涨，次盘整，最后下跌。也可以是先下跌，次盘整，最后上涨。不管走势中间出现多少波折，我们只需按照中枢定义来划分市场，一切走势无外乎是示意图的变形而已，逃不过这样一个循环，区别仅在于走势级别的大小。

图 7-5 所示是走势分解定理二的示意图。

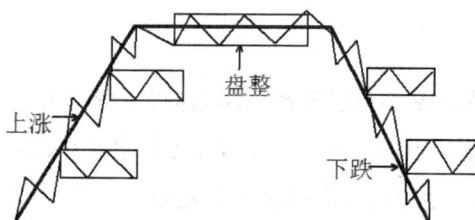

图 7-5　走势分解定理二示意图

通过中枢数量，我们判断图 7-5 中左侧是上涨走势，右侧是下跌走势，中间则是盘整走势。在一个较高的级别中，即图中用较粗线段绘制的部分，我们看到的仅仅是普通的 3 段走势与 2 个同向中枢，它们构成了图中的趋势以及中间的盘整。但按照缠论走势分解定理二的定义，我们会发现每一段高级别走势，其实都是由至少 3 段次级别走势类型构成的，即图中较细线段绘制的部分。切记，高级别走势可以包含次级别走势，但次级别走势不能包含高级别走势。例如投资者常用的日线图，我们可以在 30 分钟日内图或者是 5 分钟日内图上将日线图细分，但 30 分钟或者是 5 分钟日内图绝不可能分解出日线图来。次级别走势是高级别走势的细化，但二者的具体走势类型不一定完全相同，这一点读者要严格加以区分。

两个走势分解定理落实到具体交易中有什么作用呢？我们说如果真正理解这两个走势分解定理，其作用有以下两方面。

1. 可以进行机械化操作。这种模式主要针对资金量较大的投资者。假设一名投资者的资金量已经具备一定规模，他可以将资金分成两份，其中一份投在一个级别中，并在这个级别上按照走势分解定理一的内容进行操作。另一份资金投在另一个次级别中，按照次级别走势将价格运动进行细化分解，只参与次级别走势中与高级别方向一致的价格运动，这样按照一个节奏去操作，可以降低高级别交易的成本。

2. 对于资金量较小的投资者而言，根据走势分解定理一的内容，可以设定符合自己交易习惯的操作级别，单一地进行机械化操作。也就是说，一旦投资者设定的交易级别出现买卖点，就可以据此选择进场或离场，绝不参与本级别以上的任何盘整或下跌。同级别分解的好处在于，操作将变得简单且具有唯一性，不存在任何模糊的地方，在操作中只需按照走势类型或是价格中枢来就好。这样的操作无所谓牛市或熊市，在投资者设定的交易级别中，上涨就是牛市，盘整或下跌就可认定为熊市，至于指数的涨跌，投资者可完全忽略。

对价格走势类型进行同级别分解的唯一缺点就是交易机会相对较少。如果想做到精益求精，投资者需要对中枢进行更多的学习，因为中枢在实际中也会产生很多变化，而这些变化就是交易机会。

7.3 中枢的变化

市场走势复杂多变，但以缠论的眼光观察，市场走势呈现的却是一种完美状态，每一次循环最终都达到了它的目的，其内在结构都纤毫毕现地呈现在投资者面前，只是由于各种原因大家没有意识或感受到而已。为此，缠论作者提出了一个观点："市场走势终将完美。"

7.3.1 走势终完美

"无论何种走势，最终都会全部完成"是缠论作者提出来的一个观点，现在被提炼成"走势终完美"，已经被大众普遍接受。这个观点在缠论中贯穿始终，作者的观点很明确——市场永远是完美的，残缺的仅仅是在市场中交易的人。反映在具体的缠论技术上就是：只要市场不休止，无限制地交易下去，诸如分型、笔、线段、中枢等市场的一切结构，无论在何种级别上产生，最终都会被终结。走势终完美这一观点看似简单，实际上里面包含了作者的两层意思，并且这两层意思还是不可分割的。缠论作者一方面想要表述，无论是趋势还是盘整，任何走势在图形上最终都要完成；另一方面，就是某一种类型走势一旦完成，其他类型的走势也就同时开始演化。

如何理解上述文字？从缠论观点看，就是趋势行情中价格一定会出现至少两个中枢，不管是上涨趋势还是下跌趋势。如果没有出现，则说明当前行情走势还没有最终完成，投资者安心持股或持币等待是最好的选择。至于盘整行情，说明价格运动一定还没有脱离原有价格中枢，投资者安心等待后续方向的选择就可以。市场已经无数次地证明了这个观点，为此，缠论作者还将这个观点作为缠论技术分析的一个基本原理确定了下来。

7.3.2　走势类型的延伸

缠论技术分析基本原理向我们揭示了这样一个结论：走势类型一经产生且符合基本定义，其后续走势可以随时将原有走势类型结束。这是很正常的现象，因为市场本就是少数人盈利的地方，如果大多数人都能看清市场变化，那这个市场也就不能维系了。但市场带给我们的惊喜就是，当绝大多数交易品种遵循这个原理时，还有极少部分交易品种会反其道而行之，将原有走势类型继续保持下去。

对于盘整来说，在连续 3 个次级别走势重叠完成后，盘整已经丧失了存在的意义，可以随时被其他走势类型代替。按照"走势终完美"的解释，这时候的盘整走势在任何时间结束都是完美的。但在具体交易中，我们经常看见价格运动围绕最初形成的中枢上下来回震荡，不断地延伸，但就是不发生改变。有时候，这种延伸的时间可以长达数月之久。

图 7-6 所示是盘整走势延伸示意图。

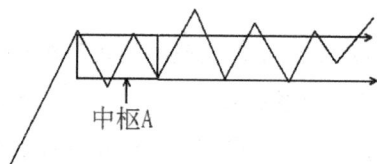

图 7-6　盘整走势延伸示意图

价格由相对低位上来，随后形成了图 7-6 中方框位置的中枢 A。这个时候，中枢 A 代表的这一段走势因为符合盘整定义，所以已经是完美状态，后续不管是上涨还是下跌都很正常。我们从中枢 A 的上下边线引出延长线进行观察，发现价格没有任何改变，还是围绕中枢 A 上下震荡做横向运动，总体还在中枢 A 范围之内，我们说盘整走势此时发生了延伸。对趋势来讲，在两个依次同向走势中枢形成后，趋势已经完美呈现并完成了其存在的意义，可以随时结束。但在具体交易中，我们经常可以看到价格继续保持原有状态，依次形成第三个甚至是第四个走势中枢，从而让趋势得以延伸，很多大牛股都发生过这种情况。

图 7-7 所示是趋势走势延伸示意图。

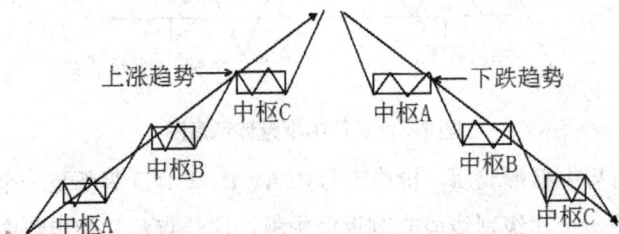

图 7-7　趋势走势延伸示意图

图 7-7 中两段行情不管方向如何，它们都符合趋势的定义。当中枢 A 与中枢 B 依次形成后，趋势已经得到确认，走势已然完美，原有走势可随时结束。但正如图中所示的那样，价格运动在其后依然保持原有状态，又形成了中枢 C，我们说趋势行情此时发生了延伸。

延伸对于不同走势类型来说，中枢数量增加与否是判别的关键。趋势行情需要不断产生同级同向的走势中枢，盘整行情则必须维系一个中枢不变。本该结束的走势为何会发生延伸，为何不在走势类型确定后即刻结束呢？其实这与市场自身不断地变化有关。市场上有句俗语：变才是市场不变的定律。随着投资者日益成熟，市场也在不断进行自我调整，走势类型延伸就是变化的一种。正是由于走势类型可以延伸，有些牛股才可以不停地涨，让那些按照常规逃顶的投资者懊悔不已；有些熊股也可以一跌再跌，让幻想抄底的人很懊恼。至于盘整行情，则是盘了又盘，将投资者"折磨"得毫无脾气，这就是走势类型发生延伸现象的实质。

7.3.3　走势中枢的延伸

需要明确一点，走势中枢与走势类型是完全不同的，读者千万不要混淆。

二者的区分很简单，看定义就可以知道，走势类型中无论是趋势还是盘整，里面都包含中枢；而走势中枢仅反映自身情况，不过是次级别线段重叠部分组成的一个区间而已。

一个走势中枢形成后，若其以一个次级别线段离开中枢，又以另一个次级别线段返回中枢，那么我们说这种现象就是走势中枢的延伸。按照走势类型分类，走势中枢延伸的表现形式就是盘整。

图 7-8 所示是走势中枢延伸示意图。

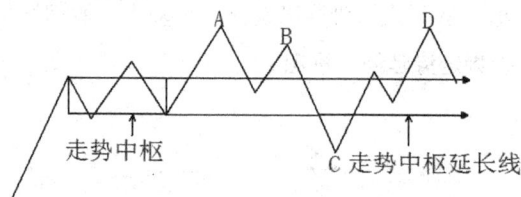

图 7-8　走势中枢延伸示意图

最初的走势中枢形成后，价格走势如 A、B、C、D 等都是一个次级别线段离开中枢，下一个次级别线段立刻返回中枢，这一点从最初走势中枢引出的延长线上就可以看出来，这就是走势中枢的延伸。因为这个过程始终不能产生新的同级别的走势中枢，因此走势中枢延伸实际上等同于走势类型中的盘整。从理论上讲，走势中枢的延伸既能随时结束，也能无休无止。

7.3.4　走势中枢的新生

走势中枢的新生与走势中枢的延伸之间是对应的关系。走势中枢形成后，一个次级别线段离开走势中枢，其后的一个次级别线段不再返回到原有走势中枢内，我们称这样的过程是走势中枢的新生。按照走势类型分类，走势中枢新生的表现形式是趋势。

图 7-9 所示是方向向上的走势中枢新生示意图。

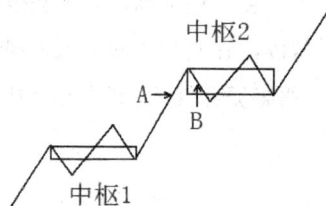

图 7-9　向上的走势中枢新生示意图

中枢 1 形成后，次级别线段 A 离开了中枢 1，其后的次级别线段 B 并没有返回到中枢 1 内，而是停留在了中枢 1 的上面，并且与后面的次级别线段构成了新的中枢 2，这就是走势中枢的新生。因为产生了新的同级别的走势中枢，方向又是向上的，所以这种走势中枢的新生又被称作走势中枢的上移，实际上等同于走势类型中的上涨趋势。

图 7-10 所示是方向向下的走势中枢新生示意图。

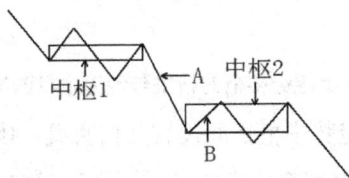

图 7-10 向下的走势中枢新生示意图

中枢 1 形成后，次级别线段 A 离开了中枢 1，其后的次级别线段 B 并没有返回到中枢 1 内，而是停留在了中枢 1 的下面，并且与后面的次级别线段构成了新的中枢 2，这就是走势中枢的新生。因为产生了新的同级别的走势中枢，方向又是向下的，所以这种走势中枢的新生又被称作走势中枢的下移，实际上等同于走势类型中的下跌趋势。

走势中枢的新生是判定趋势形成的依据，我们只能根据新生中枢是上移还是下移来判定趋势是上涨还是下跌。

7.3.5 走势中枢的扩展

只有出现走势中枢的新生，才能出现走势中枢的扩展，二者息息相关。

何谓走势中枢的扩展，简单理解就是走势中枢的范围在扩大，级别在升高，而这一切都是走势中枢的新生造成的。

缠论作者给走势中枢的扩展下的定义是："在走势中枢的新生里，同级别的两个走势中枢的区间不能有任何的重叠，包括围绕走势中枢产生的任何瞬间波动之间的重叠。如果出现这种情况，就不能认定该走势是走势中枢的新生，而只能理解为这是原有走势中枢的扩展，即价格在酝酿一个高级别的走势中枢。"

通俗地讲，辨别是不是走势中枢的扩展，就看围绕两个走势中枢的价格之间是否存在缺口。有缺口，就是走势中枢的新生；没有缺口，就是走势中枢的扩展。

图 7-11 所示是方向向上的走势中枢的新生与走势中枢的扩展对比图。

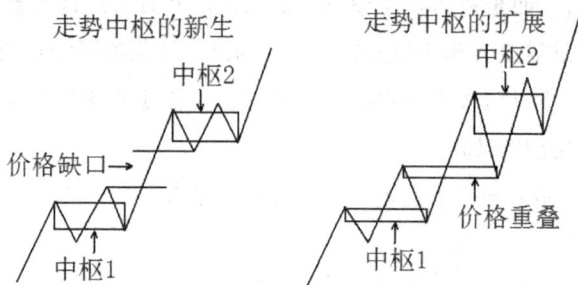

图 7-11　向上走势中枢的新生与走势中枢的扩展对比图

图 7-11 左侧，两个走势中枢之间没有任何重叠，围绕两个走势中枢的价格波动也没有发生重叠，而是留有价格缺口，这就是走势中枢的新生。图 7-11 右侧，两个走势中枢之间没有任何重叠，但围绕两个走势中枢的价格波动发生了重叠，没有价格缺口留下，这就是走势中枢的扩展。

图 7-12 所示是方向向下的走势中枢的新生与走势中枢的扩展对比图。

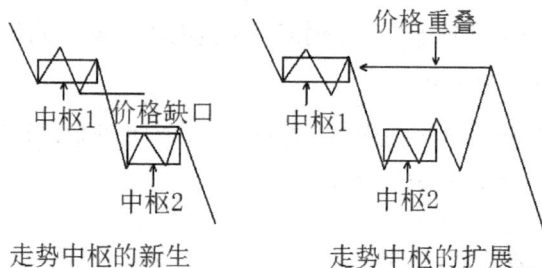

图 7-12　向下走势中枢的新生与走势中枢的扩展对比图

图 7-12 左侧，两个走势中枢之间没有任何重叠，围绕两个走势中枢的价格波动也没有重叠，而是留有价格缺口，这就是走势中枢的新生。图 7-12 右侧，两个走势中枢之间没有任何重叠，但围绕其中一个走势中枢的价格波动与另一个走势中枢之间发生了重叠，这就是走势中枢的扩展。

走势中枢的扩展仅是原有走势中枢级别的升高和区间的扩大，但其依然属于盘整范畴，而不构成趋势，这一点读者要注意。

如果投资者能有效辨识当前价格运动是盘整还是趋势，就可以据此制订相应的操作策略，这就是我们要对走势中枢进行不同类型划分的原因，从中也能体现出走势中枢在交易中起到的巨大作用。

7.4 中枢操作策略

中枢操作策略与走势中枢类型是一一对应的关系，有什么样的走势中枢，就有什么样的操作策略。

7.4.1 中枢延伸操作策略

中枢延伸的表现形式是盘整，也就是俗称的震荡。学过形态学的读者都知道，震荡类似于一种箱体运动，即价格好像在一个箱体内跳动，到了箱顶会落下来，到了箱底会弹上去。中枢延伸其实等同于箱体震荡，而中枢就是箱体的中心，具体表现是价格围绕中枢不停地折返：向上离开中枢会向下折返，向上离开中枢的高点就是卖点；向下离开中枢会向上折返，向下离开中枢的低点就是买点。找到了理论依据，对交易而言仅具有指导作用，在具体操作中，我们还是要以技术分析为依据。缠论体系中，能起到这样拐点作用的技术就是分型。

分型可以帮助我们确认相对低点或相对高点，就如缠论作者的观点："连分型都没有构成的行情，根本就没有顶底。"因此在实践中，分型的确立是判断中枢延伸模式中价格开始折返的前提。

图 7-13 所示是将分型技术与中枢延伸现象结合起来的操作策略图。

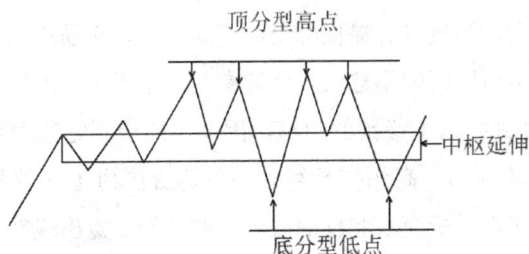

图 7-13 分型技术与中枢延伸现象结合起来的操作策略图

中枢延伸的操作很简单，因为中枢延伸后会产生很多的低点与高点，投资者在交易时只需找准分型结构就可以了。但还是要提示一点，如果 K 线具有包含关系，则首先要对 K 线进行合并处理。

图 7-14 所示是闻泰科技（600745）2019 年 10 月 31 日至 11 月 22 日的日内 30 分钟图。

图7-14　闻泰科技2019年10月31日至11月22日日内30分钟图

该股这段日内走势就是一段清晰的中枢延伸结构。我们看到价格在最初3条线段形成走势中枢后，其后的变化始终围绕这个中枢进行，并在方框框定位置产生了2个底分型和1个顶分型，其中2个底分型都是由4条K线组成，顶分型则是由5条K线组成。

中枢延伸的操作有两点要注意，一是中枢区间的大小，二是中枢级别的大小。中枢区间越大，为投资者提供的交易空间越大，交易就有利可图。反之，差价过于微小的中枢区间就不建议投资者参与。至于中枢的级别，不建议投资者交易日内30分钟线以下级别的中枢，因为小的级别意味着价格变化的频率会更快。无数经验证明，高频交易暂时还不适合国内T+1这样的交易制度，即使能找到好的买点，受交易制度的限制，在好的卖点出现时也不见得能顺利卖出。

震荡行情往往是一种短线行情，除了利用分型技术掌握好买卖点之外，在交易时还要防止中枢延伸走势向中枢新生和中枢扩展发生转变。如果有迹象证明这种转变正在发生，那么高点卖出后要注意回补，低点买入后要注意清仓。

7.4.2　中枢新生操作策略

中枢新生的表现形式是趋势，也就意味着价格沿原有的路径行进而没有终止，最初是上涨的，后面还会上涨；最初是下跌的，后面依然下跌。既然这样，中枢新生的操作策略就变得十分简单，即跟随原有的价格行进轨迹就可以了。原有趋势是上涨，投资者需要做的就是继续持股；原有趋势是下跌，投资者需要做的就是持币观望。

图 7-15 所示是立讯精密（002475）2019 年 5 月至 11 月的日线图。

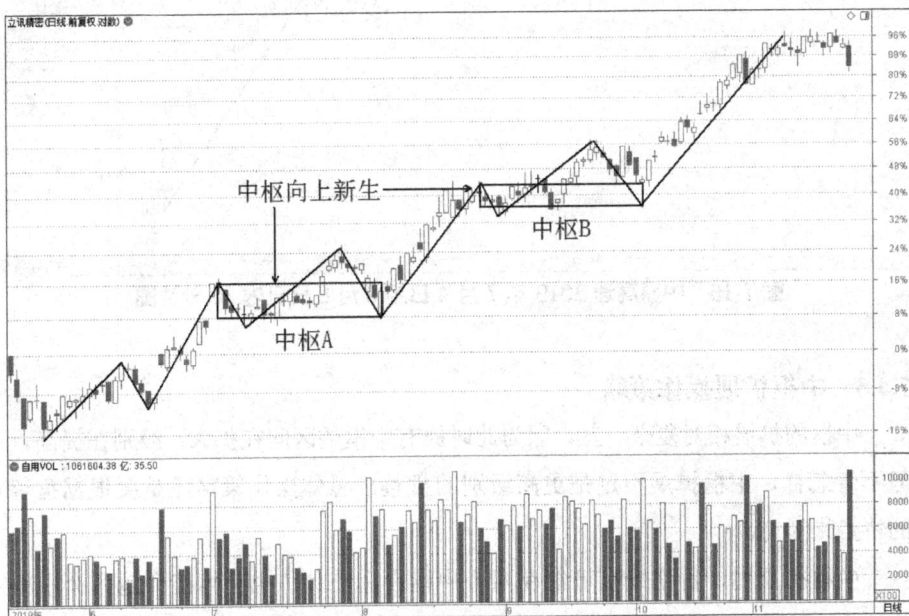

图 7-15　立讯精密 2019 年 5 月至 11 月日线图

像这种中枢向上新生的牛股真的不需要什么交易技巧，投资者只需牢牢守住自己的筹码即可。在过程中任何想要做短差的操作都有可能让投资者再没机会进场，只能眼睁睁地看着牛股与自己擦肩而过。

图 7-16 所示是中原高速（600020）2019 年 7 月 4 日至 8 月 8 日的日内 30 分钟线图。

对于这种中枢向下新生的股票，投资者最好的策略就是持币观望，任何想要进场获取短差的操作都有可能让你不盈反亏，最终深陷其中无力自拔。有的时候，等待和忍耐其实也是一种勇气。

中枢新生状态下，最好的策略就是坚守原有的策略。

图 7-16　中原高速 2019 年 7 月 4 日至 8 月 8 日日内 30 分钟图

7.4.3　中枢扩展操作策略

中枢的扩展相对复杂一些，因为此时原有中枢的区间在扩大，级别在提高。但不管怎样，中枢扩展不过是更高级别的盘整，总体操作策略还是要根据盘整的特点来对待。

中枢扩展时，价格既有可能在两个中枢之间震荡，也有可能穿越两个中枢到达它们的外侧。由于价格区间变得很大，投资者有充足的利润空间可以操作，甚至也可以进行日内交易。当然，这里的日内交易仅限于日线级别的次级别，即 30 分钟图或者是 60 分钟图，具体因人而异。至于利用 5 分钟图或者是 1 分钟图做日内交易也可以，只是这两种周期变化时间较快，在国内现有的 T+1 交易制度下不能够保证本次交易可以成功等到第二个交易日。本书大部分读者由于交易水平还处在缠论入门级别，所以不建议采用这种比较激进的投资策略。

中枢扩展后，原有两个中枢的所有价格区间都是新中枢的范围。具体画法是，取上面中枢的上边界作为新中枢的上边界，取下面中枢的下边界作为新中枢的下边界，然后画出新的中枢。

图 7-17 是科大讯飞（002230）2019 年 9 月 5 日至 10 月 10 日的日内 30 分钟图。

图 7-17 科大讯飞 2019 年 9 月 5 日至 10 月 10 日日内 30 分钟图

　　该股下跌过程中依次形成两个同向的走势中枢，且彼此之间没有重叠，即图 7-17 中小方框标注的位置。但是形成中枢 B 的最后一条线段力度太大，与中枢 A 的第二条线段之间发生价格重叠，根据中枢扩展的定义，此时中枢已经扩展。中枢扩展后级别提高，空间相应增大。我们按照扩展中枢画法，取上中枢的上边界为新中枢上边界，取下中枢的下边界为新中枢下边界，然后画出扩展后的中枢，即图中大方框所标注的区域。

　　扩展中枢一旦形成，一方面能提供很好的交易机会，另一方面其大概率会成为行情日后的重要支撑位或阻力位，因此投资者一定要予以重视。

7.5　走势类型连接方式

　　价格走势不是单一的，它是由不同走势相互串联而成的，如此才构成市场的起伏涨跌。相似走势的重复出现，则是市场自身循环作用的结果，如果能辨识不同走势类型，掌握不同类型的操作技巧，将它们综合起来，足以应对市场的不同变化。

7.5.1 走势类型种类

缠论作者说过，市场上所有的走势都可以分解成不同的走势类型，把这些类型进行有效的连接，如此一环套一环，市场走势将十分清晰。

最基本的走势类型分为 3 种，即上涨、下跌与盘整。将这 3 种走势进行组合，可以形成以下 6 种连接方式。

- 上涨 + 下跌。
- 上涨 + 盘整。
- 盘整 + 上涨。
- 盘整 + 下跌。
- 下跌 + 上涨。
- 下跌 + 盘整。

缠论作者明确指出，走势类型连接方式不允许有"上涨 + 上涨"和"下跌 + 下跌"的情况出现。前者就是上涨走势不断延伸的过程，本质上还是上涨；后者就是下跌走势不断延伸的过程，本质上还是下跌。至于"盘整 + 盘整"，作者反而承认其存在，并认为其结果就是中枢的扩展，进而导致更高级别的盘整。

根据中枢定义，上述 6 种走势连接方式其实很好掌握。

图 7-18 所示是"上涨 + 下跌"走势连接示意图。

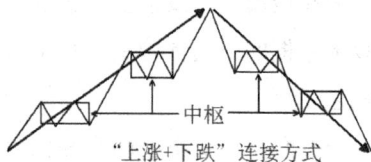

图 7-18   "上涨 + 下跌"走势连接示意图

图 7-18 中左侧是上涨趋势，右侧是下跌趋势，将两个走势类型连接起来，就是"上涨 + 下跌"连接方式。

图 7-19 所示是"上涨 + 盘整"走势连接示意图。

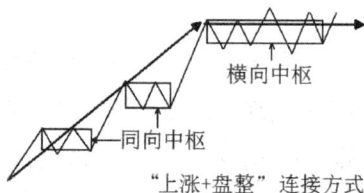

图 7-19   "上涨 + 盘整"走势连接示意图

图 7-19 中左侧是上涨趋势，右侧是盘整走势，将两个走势类型连接起来，就是"上涨＋盘整"连接方式。

图 7-20 所示是"盘整＋上涨"走势连接示意图。

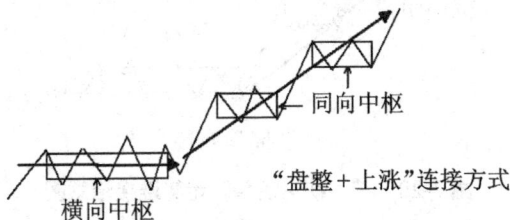

图 7-20　"盘整＋上涨"走势连接示意图

图 7-20 中左侧是盘整走势，右侧是上涨趋势，将两个走势类型连接起来，就是"盘整＋上涨"连接方式。

图 7-21 所示是"盘整＋下跌"走势连接示意图。

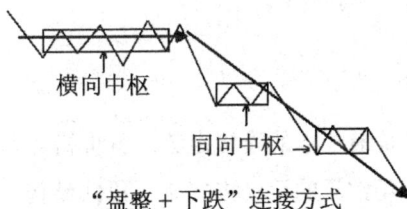

图 7-21　"盘整＋下跌"走势连接示意图

图 7-21 中左侧是盘整走势，右侧是下跌趋势，将两个走势类型连接起来，就是"盘整＋下跌"连接方式。

图 7-22 所示是"下跌＋上涨"走势连接示意图。

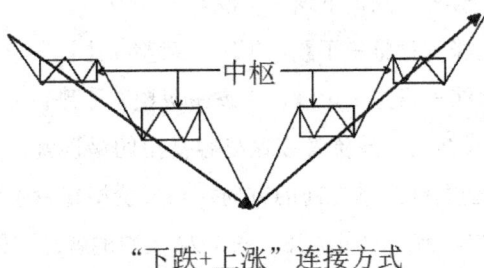

图 7-22　"下跌＋上涨"走势连接示意图

图 7-22 中左侧是下跌趋势，右侧是上涨趋势，将两个走势类型连接起来，就是"下跌＋上涨"连接方式。

图 7-23 所示是"下跌 + 盘整"走势连接示意图。

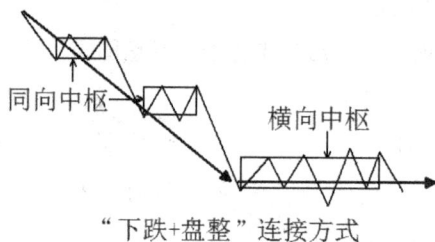

图 7-23　"下跌 + 盘整"走势连接示意图

图 7-23 中左侧是下跌趋势,右侧是盘整走势,将两个走势类型连接起来,就是"下跌 + 盘整"连接方式。

前面内容谈过,趋势行情最好少操作,上涨就持股待涨,下跌就持币等待,盘整行情则依据分型进行高抛低吸的操作。将这两种操作结合起来,上述 6 种连接方式的操作策略就一目了然了。

7.5.2　常见连接方式

前面 6 种连接方式是最基本的连接走势。就价格运动而言,两段式结构相对简单也比较少见,市场常见的运动方式是三段式结构。只是如此一来,市场的变化就复杂一点。

缠论作者将这些变化进行归类,罗列出三大类常见的走势类型连接方式,它们分别是陷阱式、反转式和中继式,每一类连接方式又有细致的划分。

- 陷阱式:上涨 + 下跌,下跌 + 上涨。
- 反转式:上涨 + 盘整 + 下跌,下跌 + 盘整 + 上涨。
- 中继式:上涨 + 盘整 + 上涨,下跌 + 盘整 + 下跌。

陷阱式是两段式结构。投资者在这里容易犯的错误就是误判市场,认为当前市场价格运动还会继续维系之前的方向,结果价格却发生转向,导致投资者掉入市场的陷阱当中。前面的图 7-18、图 7-22 反映的就是这种结构。

我们着重探讨反转式和中继式连接方式,看看它们的变化过程。

我们先来看反转式连接方式。

图 7-24 所示是"上涨 + 盘整 + 下跌"走势连接示意图。

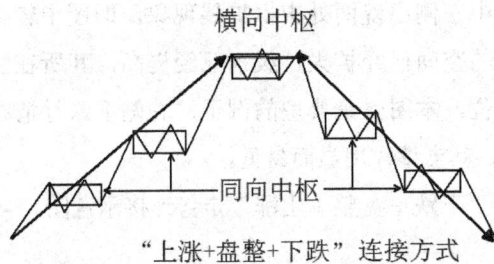

图 7-24　"上涨 + 盘整 + 下跌"走势连接示意图

图 7-24 中左侧是上涨趋势，中间是盘整走势，右侧是下跌趋势。将这 3 个走势类型连接起来，就是"上涨 + 盘整 + 下跌"连接方式。

图 7-25 所示是上证指数（999999）2019 年 8 月 5 日至 10 月 9 日的日内 30 分钟收盘价图。

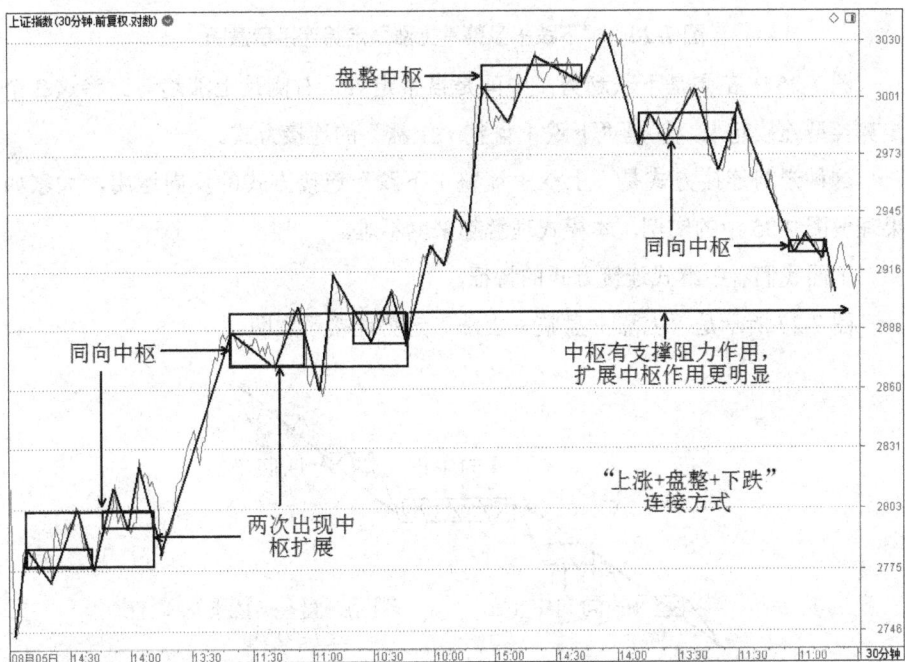

图 7-25　上证指数 2019 年 8 月 5 日至 10 月 9 日日内 30 分钟收盘价图

由于时间周期较短，K 线数量太多，一张图容纳不下，所以我们采用收盘价图，但这不妨碍我们说明问题。图 7-25 中左侧是上涨趋势，中间是盘整走势，右侧是下跌趋势。这 3 个走势类型连接起来，就是"上涨 + 盘整 + 下跌"的一个循环，这个循环清楚表现了行情经过前期上涨，中间盘头，最后反转向下的过程。

需要注意的是，图中左侧出现两处中枢扩展现象，即图中较大方框处。前面曾经提到，扩展中枢的空间已经扩大，级别已经提高，其所在区域也都是日后行情的支撑位或阻力位。本图就是典型的例子，右侧下跌行情在左侧第二个扩展中枢区域成功止跌，其支撑作用显而易见。

图 7-26 所示是"下跌＋盘整＋上涨"走势连接示意图。

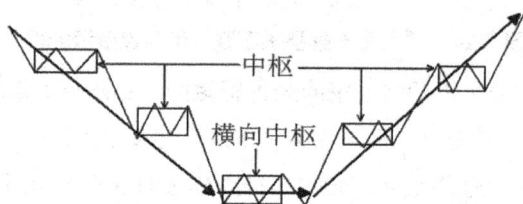

"下跌+盘整+上涨"连接方式

图 7-26　"下跌＋盘整＋上涨"走势连接示意图

图 7-26 中左侧是下跌趋势，中间是盘整走势，右侧是上涨趋势。将这 3 个走势类型连接起来，就是"下跌＋盘整＋上涨"的连接方式。

这种走势连接方式是"上涨＋盘整＋下跌"连接方式的反向运用，大家如果理解图 7-25 中的实例，本模式理解起来就不难。

下面我们看中继式连接方式的特征。

图 7-27 所示是"上涨＋盘整＋上涨"走势连接示意图。

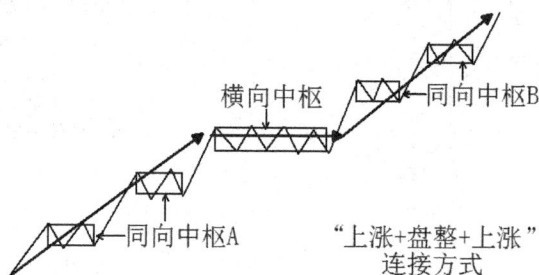

图 7-27　"上涨＋盘整＋上涨"走势连接示意图

价格先是形成两个同向的中枢，确立了上涨趋势，随后形成横向整理的单一中枢，构成盘整行情，最后再次形成两个同向的中枢，又一次确立了上涨趋势，这就是"上涨＋盘整＋上涨"连接方式。

图 7-28 所示是领益智造（002600）2018 年 12 月至 2019 年 11 月的日线图。

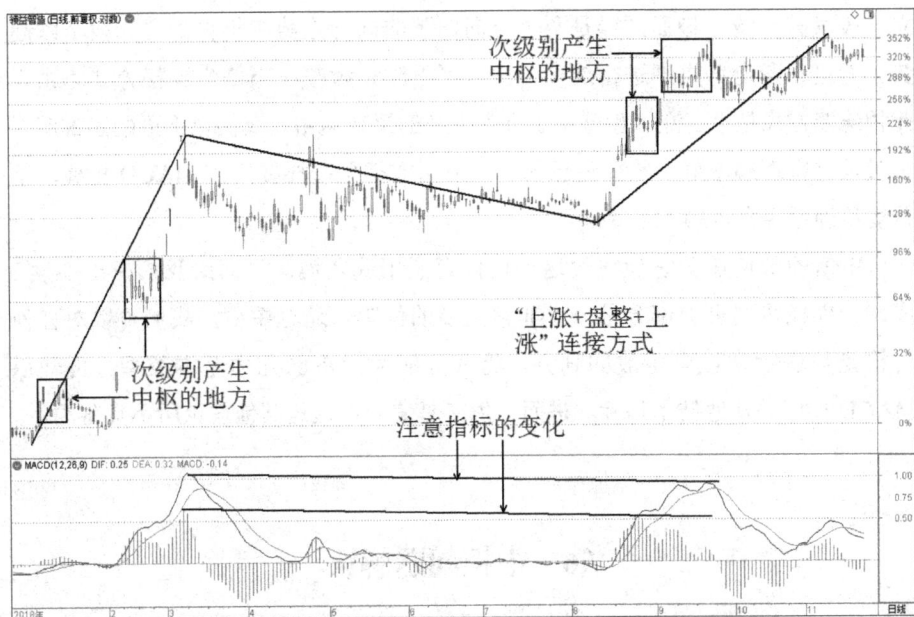

图 7-28　领益智造 2018 年 12 月至 2019 年 11 月日线图

该股是标准的"上涨＋盘整＋上涨"连接方式，其中用方框框定的位置就是次级别走势产生价格中枢的地方。这种模式很常见，中间的盘整更像是对第一波上涨进行消化与整固，也是为第二波上涨打基础。需要注意的是，本图搭配了市场上常见的 MACD 指标，请读者留意价格两波上涨后指标发生的变化，因为在缠论体系中，MACD 指标可以反映价格上涨或下跌的动力变化。本图中 MACD 指标第二个峰值无论是指标线还是柱状体都低于前一个峰值，这就给我们带来了警示，说明该股的上涨动力不足。

图 7-29 所示是"下跌＋盘整＋下跌"走势连接示意图。

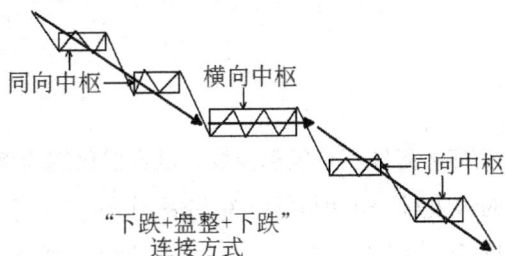

图 7-29　"下跌＋盘整＋下跌"走势连接示意图

由两个方向向下的同向走势中枢确立一段下跌趋势，再由一个走势中枢确立一段盘整行情，最后同样是两个方向向下的同向走势中枢再确立一段下跌趋势。将这3段走势类型进行连接，就是"下跌＋盘整＋下跌"连接方式。由于此种连接方式是"上涨＋盘整＋上涨"类型的反转运用，我们也不再配图说明，读者反过来理解就好。需要注意的是，应用本类型同样要用到MACD指标，这是缠论确定买卖点的一个基础。

中枢的价值在于它让线段这一构件有了用武之地，进而给我们指出连续3段次级别线段的重叠部分是一个非常重要的位置。通过中枢，我们可以对任何价格走势进行抽丝剥茧般的划分，将其分解为简单的几大基本类型，再辅以MACD指标等其他技术指标，进而产生交易信号，这是其他理论所不具备的。

7.6 中枢问题解读

中枢在缠论体系中处在核心地位，是最核心的构件，也是作者理论思想的具体体现。拿到一张图，究竟该从何处入手进行分析，进而制订自己的交易策略呢？这些看似重大的问题，其实中枢都能够解决。可以这样讲，无论市场如何变化，只要找到最近的一个中枢，走势的结构都可以得到分解，这就是缠论的作用。

走势类型的划分需要依靠中枢来完成，可以说学会应用中枢，缠论学习就成功了一大半，剩下的只是"术"的部分而非"道"了。正因如此，初学者面对中枢时会有许多困惑，一些概念性的东西还需要进一步明确，这是学习路上的好事，因为把这些问题搞懂，就可以更好地认识中枢，进而提升我们的交易水平。

7.6.1 级别问题

缠论初学者最头疼的问题就是级别问题。以日线级别为例，想要找到该级别中枢，需要到它的次级别，也就是日内30分钟图上去找。现在网络上流传的，缠论作者对市场解读的一些图例都是上证指数一分钟走势图，这让大家很困惑，到底怎么去划分中枢呢？按定义到次级别去找中枢，可到了一分钟图时又该如何做？最重要的是，对普通投资者而言，几无可能拥有交易一分钟图的能力与水平，既然如此，缠论的学习还有用吗？

从提高交易水平的角度而言，想看懂任意一张技术图都需要长时间的磨炼，这里绝无捷径而言。天才不是没有，但相信大部分人都不认为自己会是那个天才，从这点来说，千万次的磨炼反而是最好的方法。市场具有自同性结构，这种结构的好处在于，它从理论上证明，任意级别的图其本身的走势发展都是独立的，且与其他级别的图不会发生冲突，起到的作用反而是一个立体作用，消除了单一级别图的有限性。级别的存在让交易者分析问题更加系统，对走势进行判断时可以综合考虑更加多样的因素。如果可行，对于技术较高的投资者而言，还是要坚持通过不同级别走势来立体地看图，否则这种自同性结构带给我们的好处就白白浪费掉了。

对于缠论初学者而言，如果确实不能够多级别地看问题也不要紧，可以根据自己的资金状况、交易风格等实际情况，确定一个最适合自己的级别进行交易。必须明确的是，当级别确立以后，所有价格走势类型都要建立在这个级别的图上面，这是我们对市场进行判断的基础。

我们要到次级别图上面才能找到中枢。从逻辑角度来讲，缠论作者在这里好像又犯了一个错误，一分钟图已经是最小级别的图，我们又该到哪里去找一分钟的中枢呢？其实这不是缠论作者犯错误了，而是我们自身忽略了一个前提，是我们先入为主，认为一分钟图是最低级别的图，实际上这只是因为证券软件时间周期设置的限定，导致我们看不见一分钟图以下的市场结构而已。举个例子，目前绝大部分普通投资者每天看盘只能看到五档成交的盘口，实际上一些付费用户已经可以看到十档成交盘。现在的分时收盘价只采用每分钟最后一秒成交的价格，实际上付费开通逐笔成交业务后，可以细致地观察到每一秒内单独成交的单子和笔数。我们因为看不到，所以只能把一分钟图看作最低级别，利用一分钟图上的线段找到中枢，进而对走势进行分类，但不等于一分钟图没有次级别，读者一定要理解这个问题。

看不到固然有遗憾，但看不到也有一个好处，就是可以不受其影响。既然一分钟图的次级别可以不看，那么借鉴这个思路，我们可以假设自己设定的级别已经是最小级别，其次级别也可以不看，只需在本级别图上面寻找中枢即可。

以日线级别为例，如果投资者擅长做波段交易，在图上面找不到连续 3 条线段重叠构成的中枢怎么办？我们说既然级别已经固定，那可以在缠论构件上面下功夫，即降低构件的级别，采用分型与笔的技术构件而舍弃线段。理论是死的，在交易中只需把握理论的原则就好，其他的皆可变通。

图 7-30 所示是深圳机场（000089）2019 年 5 月至 11 月的日线图。

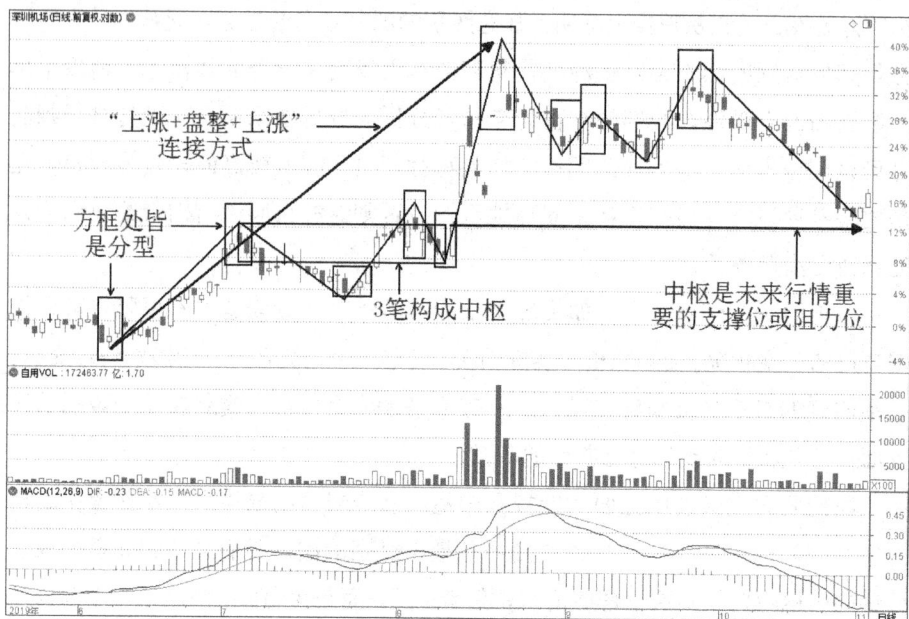

图 7-30 深圳机场 2019 年 5 月至 11 月日线图

这是降低缠论技术构件但不影响利用缠论体系进行交易的实例。在确定日线是本级别后，如果在图上面找不到线段构成的中枢，就可以使用笔构件来完成这一任务。图 7-30 中方框框定的地方都是价格运行中形成的分型，连接这些分型就构成了笔。我们可以看到图中间有连续 3 笔，彼此有重叠部分。按照中枢定义标准，假设日线以下次级别图我们看不到，变通后就可以用笔构成中枢，这样图左侧的价格运动就是一幅完美的"上涨＋盘整＋上涨"连接方式图。我们反复讲过，中枢的位置很重要，它是日后价格运动的重要的支撑位或阻力位。回到图中，我们看到图中右侧价格开始下跌，止跌企稳的位置刚好是左侧的走势中枢。

缠论思想不仅体现在交易上，它最主要的是为投资者提供了一个思路，一个如何分析问题的思路。

图 7-31 所示是宝钢股份（600019）2019 年 4 月至 11 月的日线图。

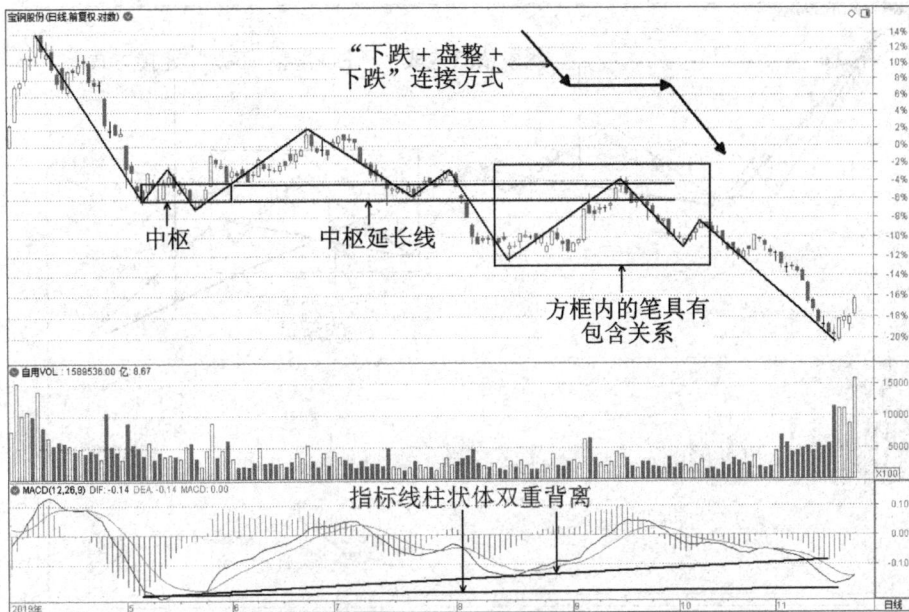

图 7-31　宝钢股份 2019 年 4 月至 11 月日线图

看到这样一张图，如何对其进行分析呢？缠论给出了明确解答，就是先找到中枢。我们从笔入手，连接分型构成笔，可以看出有连续 3 笔重叠的地方，它们可以构成中枢。将中枢向右延伸，就是图 7-31 中标注中枢延长线的地方，可以看到后面的价格始终围绕中枢波动，形成中枢延伸类型。在方框框定位置，有连续 3 笔彼此具有包含关系，可以对其进行合并处理，这样这段走势最终的结构就是图中最上方标注的"下跌＋盘整＋下跌"连接方式。观察图中下方的MACD 指标，无论是指标线还是指标柱状体，两个底都已经呈现背驰状态，据此可以断定该股大概率会发生反弹行情。

图 7-32 所示还是宝钢股份（600019）2019 年 4 月至 11 月的日线图。我们换一种分析方式，改用线段分析，看看结果如何。

连续 3 笔可以构成线段，我们将笔转换成线段，即图 7-32 中用较粗箭头标注的部分。需要注意的是，在图中方框处，依然需要对具有包含关系的笔进行合并处理，如此一来就形成图中标注的新笔。很明显，画出线段后，该股走势更加简单和清晰，但"下跌＋盘整＋下跌"的连接方式并没有发生改变。该实例表明，在缠论理论框架下，即使采用不同的技术构件和分析工具，结果都是一样的。

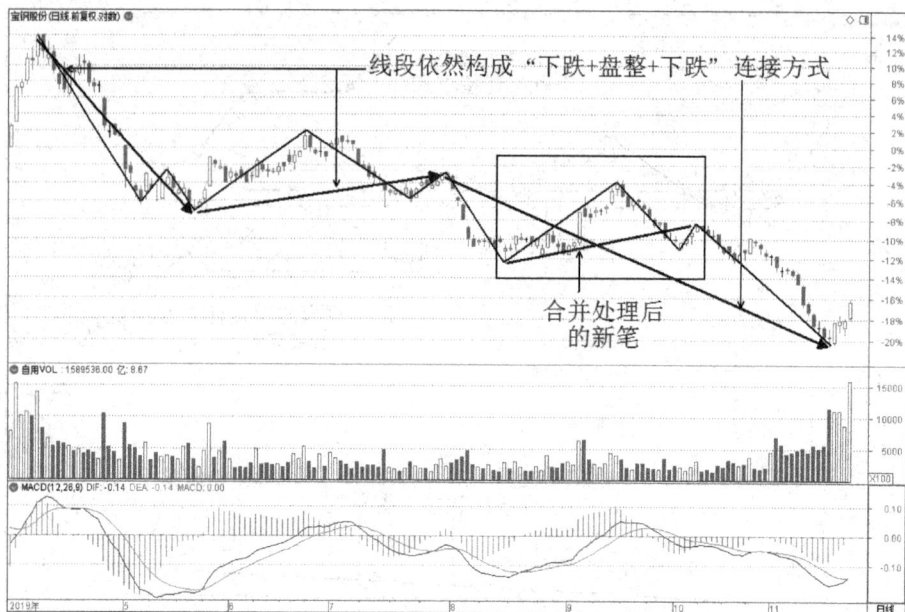

图 7-32　宝钢股份 2019 年 4 月至 11 月日线图

现在我们可以回答大家的疑问，如果您认为自己不具备多级别立体分析能力，那么可以使用单一级别图，只要符合缠论体系，分析结果就不会对交易产生任何影响。

7.6.2　中枢扩展

毋庸置疑，中枢在缠论中占核心主导地位，无论是走势类型还是连接方式，包括后面将要介绍的具体交易信号，都是依据中枢进行判断的。但中枢扩展无疑是个新问题，它让原本清晰可辨的走势变得扑朔迷离，导致缠论初学者分不清楚中枢扩展后的走势划分。其实很简单，忽略中枢的时空概念，牢记只要价格有重叠部分，整体上依然是一个盘整走势即可。

盘整才是市场中的常态。据统计，市场 70% 的时间都处在盘整状态中，只有 30% 的时间才是趋势行情占主导，这固然说明趋势行情需要等待，但反过来也提供了一个思路——操作好中枢扩展，能给投资者带来更多的交易机会。

中枢扩展后，原来的中枢就退居次要地位，读者可以依据扩展中枢指导操作，在没有产生趋势行情之前，一切行情都按照中枢延伸操作策略进行即可。

图 7-33 所示是闻泰科技（600745）2019 年 10 月 23 日至 11 月 29 日的日内 30 分钟图。

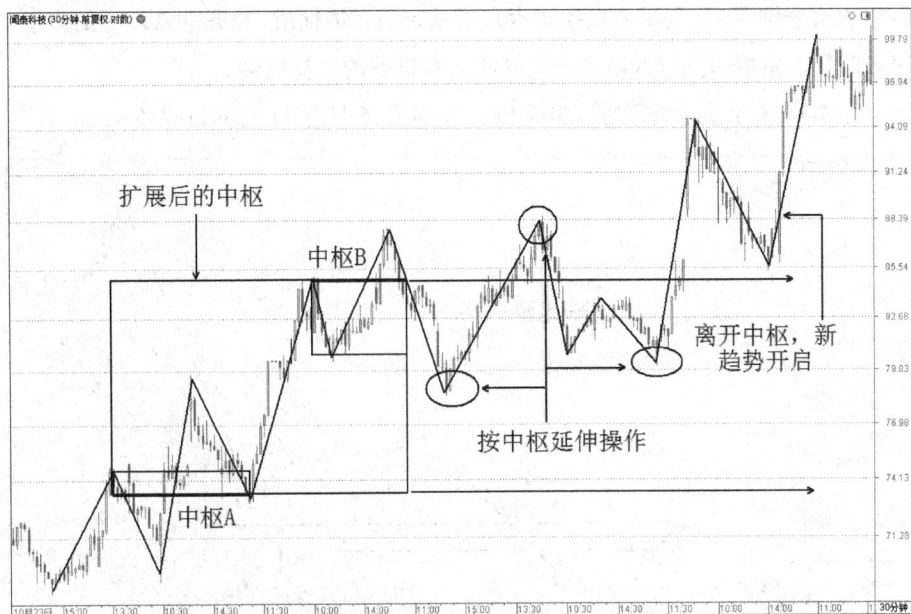

图 7-33 闻泰科技 2019 年 10 月 23 日至 11 月 29 日日内 30 分钟图

该股走势值得研究。可以看到，该股在图 7-33 左侧价格行进过程中形成了两个走势中枢，分别是中枢 A 与中枢 B。两个中枢之间没有任何重叠，看起来像是中枢的新生，但构成中枢 A 线段的高点与构成中枢 B 线段的低点之间却发生了重叠，按照中枢扩展的定义，这种走势不能被认定为趋势，只能被认为是中枢发生了扩展。

如何画出中枢扩展？就是将原有两个中枢的所有重叠部分作为新中枢的区间，即图 7-33 中大方框所框区域。在没有趋势行情之前，一切价格运动都被看作扩展后中枢的延伸，在图中圆圈处的位置，就是利用中枢扩展后巨大的操作空间进行短线操作的地方。

需要注意的是，一旦价格离开扩展中枢，并且回拉后在扩展中枢上方企稳，不再回到扩展中枢之内，就表明走势已经脱离扩展中枢，预示新趋势已经开启，就像图 7-33 最右侧的那段行情。

中枢，或是扩展后的中枢之所以有支撑或是阻力作用，根源在于线段重叠的地方有大量的筹码堆积，这些筹码相互作用，在中枢形成的地方构成成本区间，以至于价格在后面来到这些地方后会做出停顿，要对这部分筹码予以消化，于是表现的支撑或阻力的外在形式。在交易中很多投资者都忽略了中枢或是扩展中枢的这个作用，只利用中枢找买卖点或是判断行情性质，这是非常遗憾的事情。很多时候，中枢的支撑或阻力作用其实就是很好的交易机会。

图 7-34 所示是乐普医疗（300003）2019 年 6 月至 11 月的日线图。

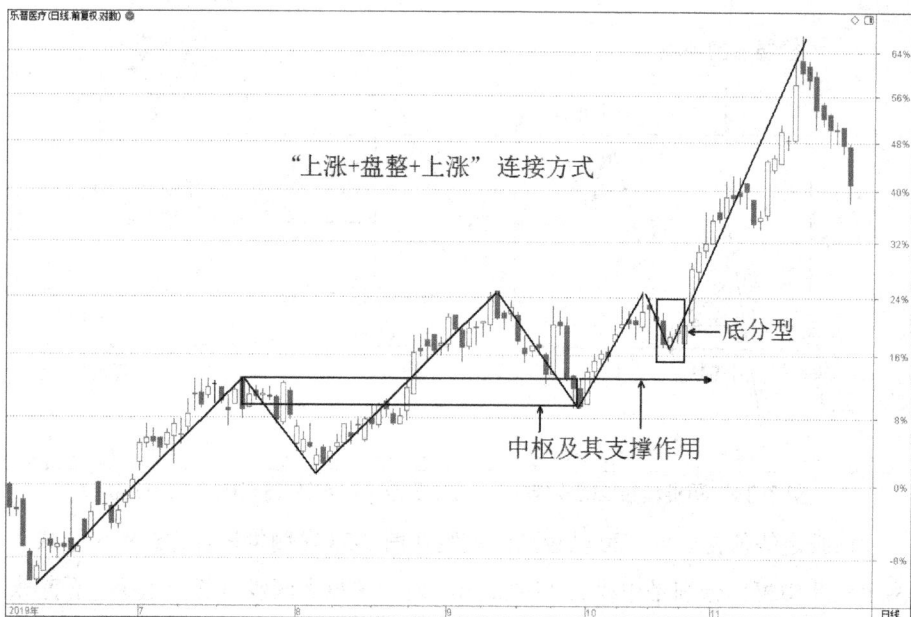

图 7-34 乐普医疗 2019 年 6 月至 11 月日线图

类似于该股这样的走势在市场上随处可见，其走势类型清晰明了，就是利用中枢的支撑或阻力作用，进而产生准确的交易信号。中枢的支撑或阻力作用在中枢完成时就存在，初学者可以用中枢上下边线画出延长线，熟练者目测就能做到。图 7-34 中股价在小幅离开中枢后并未再回到中枢内，而是在中枢上边沿得到支撑，进而给出一个底分型交易信号，中枢上边沿的支撑作用与底分型相叠加，共同推动股价展开一段上涨行情，此时获利是十分轻松的事。

对一切走势，缠论都能够予以分解，中枢是分解过程中一个很重要的构件，读者学习缠论时千万不要忘记这一点。

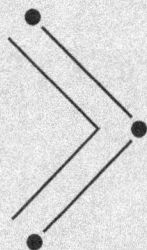

第 8 章

缠论动力篇之背驰

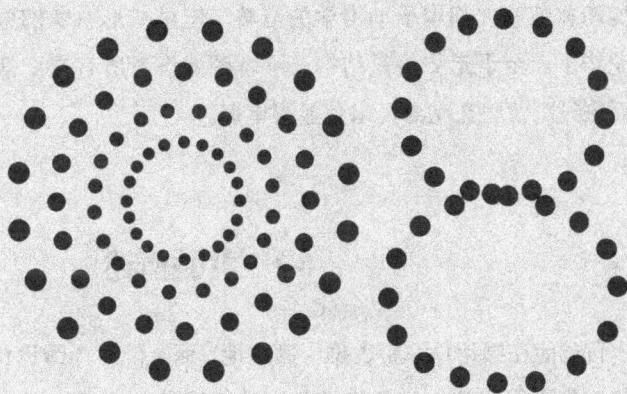

缠论体系最令人遗憾之处，就是作者没能通过著书立说将理论完整予以阐述，而是散落在《教你炒股票108课》系列博文中。博客这种载体文字比较随意，这就注定作者的思想体系在论述过程中难免有疏漏和前后矛盾的地方，逻辑关系和各种语句的错误也在所难免。按照作者最初的说法，走势中枢、走势能量结构和背驰其实都属于动力学的范畴，但早在形态学部分走势中枢就已经被论述完毕了。至于走势能量结构，笔者翻遍作者所有文章却无一处提及，动力学到后来只剩背驰在支撑，未免显得单调。

8.1　背驰概述

背驰能在缠论体系中占据一席之地，而且能成为缠论体系的重要组成部分，看起来很不可思议，但其实这与它的特性有关。好的理论一定是实用的，反映在交易上就是可以为投资者提供清晰的买卖信号。缠论作者说过："缠论中所有的买卖点，最终都可以归结到某级别的第一类买卖点，而背驰又与该类买卖点密切相关。可以这样说，任何级别的逆转都是从背驰开始的，无论是买点还是卖点，都对应着某级别的背驰。"无背驰没买卖，这就是背驰可以单独存在的基础，背驰是缠论确定买卖点的最重要的技术依据。要想成功进行交易，首先要准确地判断背驰，它是将缠论成功用于交易的关键一环。

"无趋势，不背驰"是缠论作者的原话。其意思很明确，即标准的背驰一定发生在趋势行情中。至于盘整中的背驰，理论上说是不存在的，但交易过程中我们可以利用这种力度分析的方法对价格走势进行强弱判断，这还是可取的。

背驰不是万能的。当背驰发生后，无论是趋势背驰还是盘整背驰，缠论只能保证价格走势会被拉回到背驰发生前的第一个中枢，而回拉之后的演变就不在缠论范畴之内了。正确的思维应该是把回拉后的走势先予以分类，再根据走势决定自己的下一步策略。

背驰是有级别的，级别大小决定了背驰发生后价格走势被拉回的力度大小。例如一个一分钟级别的趋势背驰，其回拉力度注定有限，绝不可能使周线级别出现顶部。但有一点可以确定，即使是最低级别，如果发生背驰，价格也会逆转，只是时间长短而已，这一点毋庸置疑。有的读者可能会有疑问，在交易中背驰发生后如何判断其结束的时间呢？很简单，既然所有的买卖点都可以归结为某级别的背驰，那只需等到同级别发生反向背驰就可以了。

缠论作者对背驰给出如下定义。

背驰：标准背驰一定是趋势背驰，在趋势行情中，趋势力度比上一次趋势力度弱化的表现就构成了背驰；换言之，背驰就是趋势力度开始衰竭。

盘整背驰：盘整中，当下笔或线段比前一笔或线段力度开始出现弱化，就构成了盘整背驰。

在此基础上，缠论作者又提出背驰段概念，并总结出背驰买卖点定理。

背驰段：在某级别、某类型走势构成背驰或盘整背驰的走势类型被称为某级别的背驰段。

背驰买卖点定理：任一背驰都必然产生某级别的买卖点，任意级别的买卖点都必然源自某级别走势的背驰。

图 8-1 所示是背驰基本图。

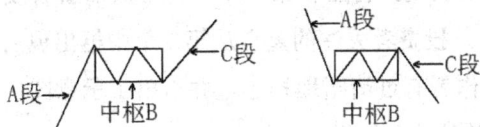

图 8-1　背驰基本图

图 8-1 左侧以中枢 B 为中间点，将上涨走势中的 A 段与 C 段做对比，可以发现无论是幅度还是角度，C 段都远远不及 A 段，这是内在力度弱化的表现，我们说出现这种情况时，C 段与 A 段相比出现了背驰。图 8-1 右侧和左侧一样，只是方向相反，大家可以参照上面的论述自行理解。

背驰不过是表象，背后的实质是价格结构、形态、力度，包括技术指标和成交量等各种因素综合对比的结果。缠论的买卖点就是建立在走势即将发生转折的关键节点上，并以此为基础展开操作。

图 8-2 所示是盘整背驰基本图。

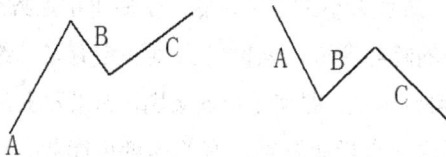

图 8-2　盘整背驰基本图

图 8-2 左侧上涨走势和右侧下跌走势都是连续 3 笔且中间有重叠区间，我们据此可以画出一个中枢。但观察这个中枢的构筑过程我们可以发现，无论是行进角度还是上涨幅度，线段 A 都远超线段 C，尽管整体处在盘整状态，但我们可以说与线段 A 相比，线段 C 处在一个盘整背驰的阶段。

8.2　趋势背驰

趋势背驰也叫标准背驰，指的是趋势发生时前后价格段的比较过程。需要注意的是，背驰只能发生在第二个中枢形成之后，而不能发生在第一个中枢后面，毕竟一个中枢只能算盘整，不能被称为趋势。至于那种中枢不断形成、无限延伸的趋势，则不是我们讨论的重点。

特别在日线以上级别，背驰在第二个中枢形成后就会发生，这种情况占比达 90% 以上。因此，投资者关注的重点从第二个中枢出现后就已经开始了。关于趋势背驰，缠论作者有过清晰地描述，并给出了示意图。下面，我们从纯粹中枢的角度来看看趋势背驰的释义。

图 8-3 所示是向上的标准趋势背驰图。至于向下的标准趋势背驰图，读者反

过来理解就可以了。

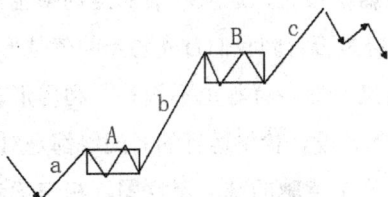

图 8-3　向上的标准趋势背驰图

对于图 8-3 中"a+A+b+B+c"这个趋势来说，中枢 B 之前有一个同级别中枢 A，这符合趋势的定义。趋势背驰说的是当中枢 B 形成后，c 段的力度相比 b 段的力度减弱了。单纯从中枢 B 的角度出发看问题，可以假设"b+B+c"是一个向上的过程，如此一来，b 就是向下离开中枢 B，而 c 就是向上离开中枢 B。我们在第 7 章谈过，中枢其实就是大量筹码堆积在某个位置，造成市场成本的沉淀，而成本也就使中枢对价格具有吸引力，无论价格是向上离开还是向下离开都是如此。趋势具有方向性，导致趋势背驰也具有方向性。回头再看"b+B+c"这个过程，c 段比 b 段的力度要弱，既然向下的 b 段都能被拉回到中枢 B，可想而知向上的 c 段也一定会被拉回到中枢 B。对于"b+B+c"这样的走势来说，这就构成了上涨趋势的顶背驰。反过来理解，对于方向向下的走势，则一定会形成底背驰。为了突出背驰的转折作用，缠论着重说明上涨趋势中最后的 c 段一定要创出新高，下跌趋势中最后的 c 段一定要创出新低。

缠论初学者首先要理解趋势背驰的原理，其次要学会在交易中对趋势背驰进行有效确认，知行合一永远是最好的学习方式。

8.3　趋势背驰种类

趋势背驰是缠论交易体系中十分重要的内容，因为缠论体系给出的所有买卖信号都来自趋势行情。按照缠论作者所说，即使在当下级别交易中没有发现背驰，那么在次级别图上面也会有背驰出现。由此可见，背驰是缠论交易信号的基础，掌握并判断好背驰，缠论休系至少明白大半。如何做到这一点？缠论作者给大家指出了 3 个方向。

8.3.1 形态背驰

形态在缠论中占的篇幅很大，这从本书的结构中也能看出来。形态在图中居于主体地位，判断趋势是否背驰我们首先想到的就是形态。

背驰就是对比的结果，形态背驰也不例外。利用形态判断是否背驰，价格运动的幅度，价格行进的角度，价格运行的时间等都是对比的条件。

前面我们已经给出形态背驰的基本示意图，相信读者已经有所了解。下面我们看几个实例，看看形态背驰在实际交易中的应用。

图 8-4 所示是兴业银行（601166）2019 年 8 月至 12 月的日线图。

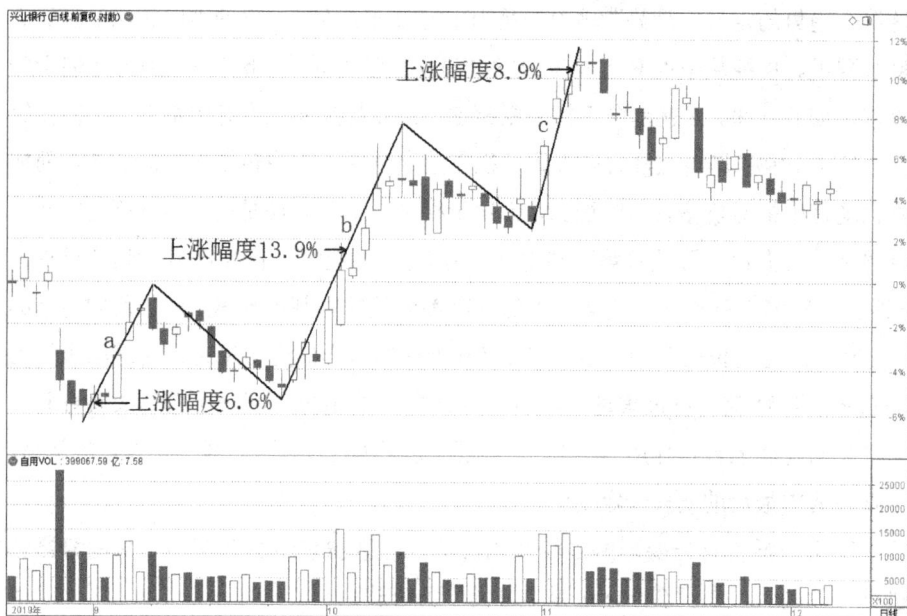

图 8-4　兴业银行 2019 年 8 月至 12 月日线图

将该股 3 段上涨幅度进行对比可以看到，b 段大于 a 段，一定不是背驰；但 c 段开始小于 b 段，且创出新高，背驰产生。其后股价逆转下跌，就是受背驰的影响，被 b 段与 c 段之间的中枢拉回。

图 8-5 所示是万科 A（000002）2019 年 5 月至 8 月的日线图。

我们以价格水平横轴为底边，以价格行进轨迹为另一边，这样可以绘制出价格行进的角度。观察 a、b、c 3 段价格的夹角，可以看到 a、b 大体相当，与 a 段相对来说，b 段并没有发生背驰。但 c 段形成后我们发现，其行进角度要小于 b 段，表明背驰开始发生。其后价格发生逆转，直接跌回了 a 段的起点。

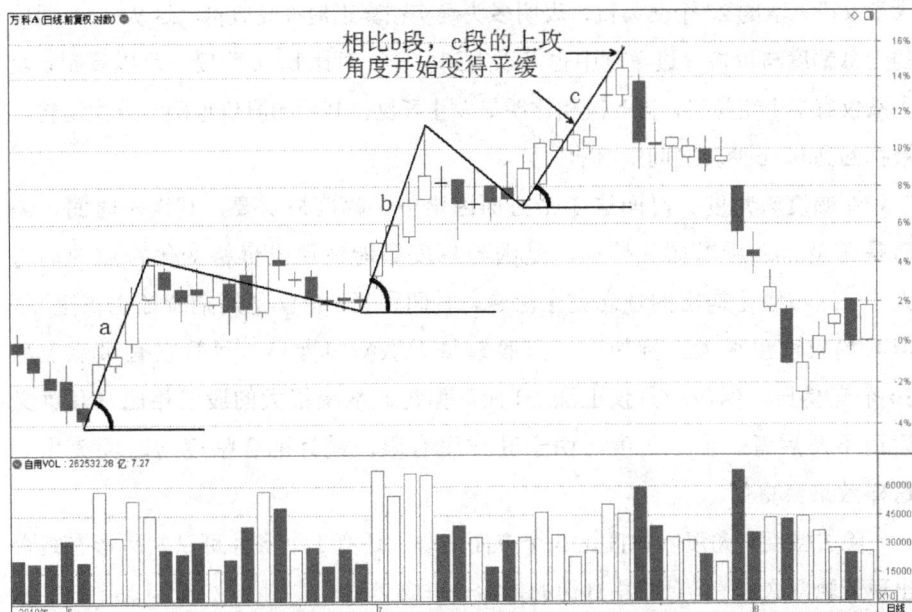

图 8-5　万科 A2019 年 5 月至 8 月日线图

图 8-6 所示是紫光国微（002049）2018 年 12 月至 2019 年 5 月的日线图。

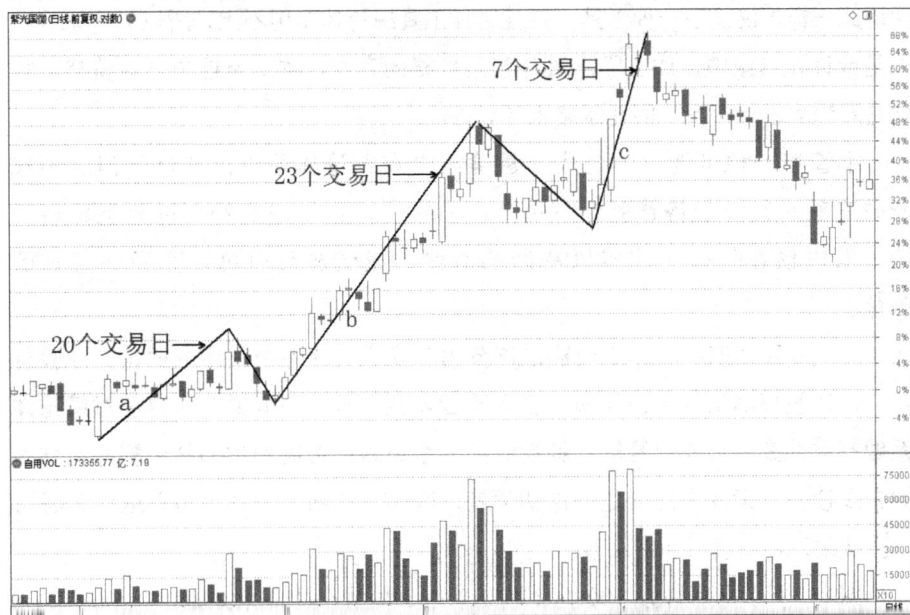

图 8-6　紫光国微 2018 年 12 月至 2019 年 5 月日线图

将该股 3 段上涨的时间进行对比可以看到，b 段的上涨用了 23 个交易日，大于 a 段上涨的 20 个交易日，表明多头确实在真正地推高股价，这从 a、b 两段的上涨幅度与价格行进角度中也可以得到验证。对比 b、c 两段，可以看到 c 段上涨仅有 7 个交易日，同 b 段相比明显发生背驰，其后的股价也确实发生逆转，被拉回到 b、c 两段之间中枢的位置。

在幅度、角度、时间这 3 个方面因素中，幅度最重要，其次是时间，最后是角度。之所以如此排列，是因为幅度最能体现出价格变化背后的动力大小，这与缠论提出的理念完全融合。时间因素，也就是周期特征也很重要，但其局限性也很大。例如，一只股票每天涨幅很微小，尽管它有可能上涨 20 个交易日，但与一只仅上涨 10 天，但每天涨幅很大的股票相比，其意义远远不及后者。至于角度，由于其作用有限，最好配合幅度与时间使用，这样效果会更好。

除去幅度、角度、时间这 3 个方面之外，还有 1 个条件可以判断形态是否出现背驰，这就是验证价格真伪的指标——成交额。

翻遍缠论作者已经公开发布的所有文字记录，几乎没有关于成交额的论述，只有只言片语提到了成交量。这有两种可能，一是缠论作者觉得成交额同指标和均线一样，仅仅是一种工具，并且这种工具缠论体系用不上，所以只字未谈；二是或许在其眼中，成交额不过是依附价格的存在，本身不能独立对价格，特别是对趋势进行研判，因此忽略不计。

不管哪一种可能，总之成交额确实没在缠论体系中出现过，但这不代表成交额对判断趋势背驰没有用处。事实上，由于成交额可以验证价格真伪，有时候在价格对比难以决断的时候，成交额反而可以充当裁判官的角色。

这里郑重声明，关于成交额这部分内容完全是笔者个人研究缠论的经验总结，已经脱离缠论的主流思想。鉴于笔者才疏学浅，不敢说该内容能对缠论体系做有益补充，只能说是笔者解盘时的一个思路。考虑到本书是讲解缠论体系的普及读物，读者大部分是缠论初学者，因此对这部分内容不感兴趣的读者可以直接跳过，阅读后面的章节。

图 8-7 所示是万科 A（000002）2019 年 5 月至 8 月的日线图。

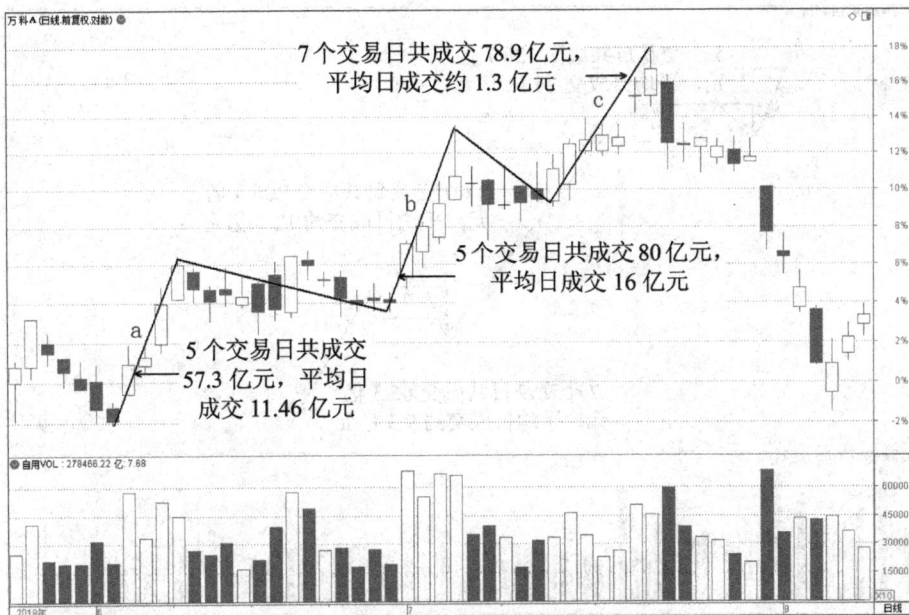

图 8-7 万科 A 2019 年 5 月至 8 月日线图

　　我们还以万科 A 这只股票为例，看看成交额是如何体现背驰的。这段行情中该股共发生 3 段上涨，我们用 a、b、c 予以标注。从图 8-7 中可以看到，a、b 两段都运行了 5 个交易日，但 b 段日平均成交额达到 16 亿元，远超 a 段 11.46 亿元的日平均成交额。通过日平均成交额的比较可以看出，多头在这个局部上攻段确实投入了真金白银，股价的上涨是实打实地用资金推上去的，没有背驰发生。再看 c 段日平均成交额，别说与 b 段对比大幅萎缩，就是与 a 段对比也略有不足，说明股价上涨动力开始发生改变，多头开始边打边退，背驰十分明显，这也能解释该股其后的走势为何雪崩式下跌，因为资金已经撤出。

　　图 8-8 所示是山东黄金（600547）2019 年 8 月至 12 月的日线图。

　　看山东黄金的走势，是典型的"a+A+b+B+c"下跌趋势行情。统计 a、b、c 这 3 个下跌段的日平均成交额，可以看到 a 段最重，属于典型的放量下跌，其后的 b 段日平均成交额相比 a 段萎缩到一半，构建起第二个中枢，等到 c 段出现时，日平均成交额与 b 段相比又有 25% 的萎缩，表明下跌动力在逐渐减弱，出现了明显的背驰。正是有了背驰，该股其后的反弹才显得顺其自然。

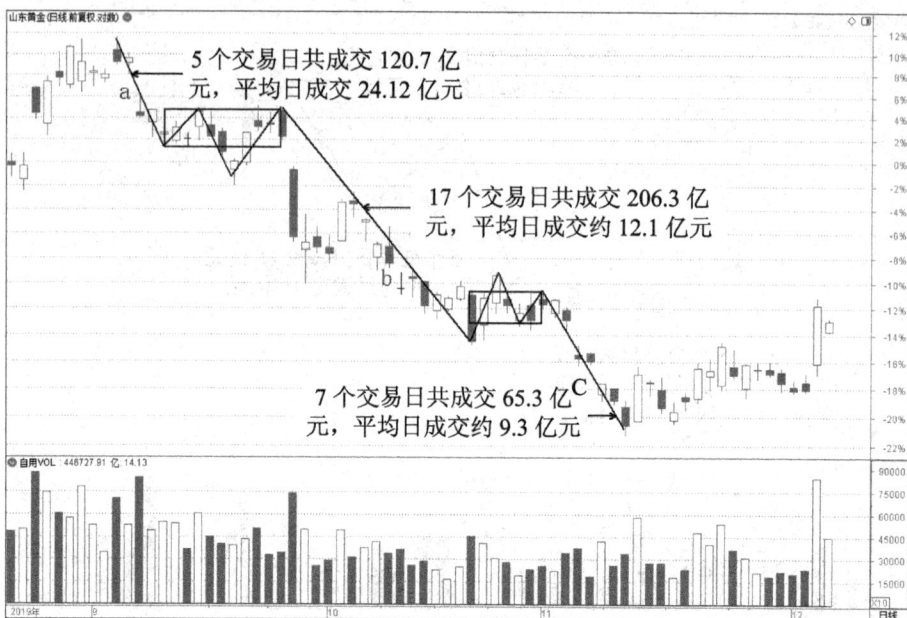

图 8-8　山东黄金 2019 年 8 月至 12 月日线图

需要说明的是，这种用成交额判断背驰是否发生的方法同样具有局限性，成交额只是间接验证价格，投资者要学会逆向思考，这样才能拨开迷雾看清真相。

图 8-9 所示是易见股份（600093）2018 年 10 月至 2019 年 6 月的日线图。

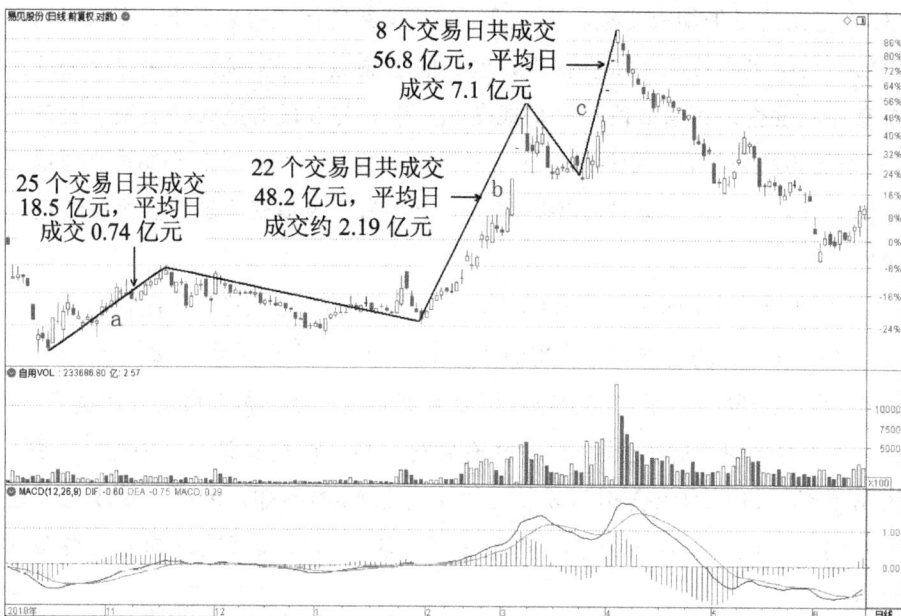

图 8-9　易见股份 2018 年 10 月至 2019 年 6 月日线图

该股的表现就非常不好判断，从指标上看该股没有发生任何背驰，日平均成交金额也呈现一浪高过一浪的态势。但如果将 b 段与 c 段相对比就可以发现，c 段交易时间仅有 b 段的近 1/3，但其日平均成交额却比 b 段放大了 3 倍还多，这种短时间内密集交易的情况说明有人在集中离场。但是，究竟是谁离场又是谁进入，我们不得而知。该股其后的快速下跌也印证了笔者的判断。

市场交易是双向的，有买就有卖，因此用成交额判断趋势的背驰不是只有萎缩这一种途径，有时候成交额过于放大也是一种背驰，这一点读者千万要注意。至于为什么用成交额而不是用成交量，主要是为了计算上的方便。另外一点，就是成交量可以通过换手率指标人为地制造出来，而成交额却需要真实成交才能被交易所确认，相比之下，成交额更真实有效。

用形态背驰识别趋势背驰看起来很简单，但无数事实证明，越是简单的，有时候越是有效的，特别是在波谲云诡的投资市场，那些流传下来的理论或是工具细究起来其实都是简单的，道氏理论、波浪理论、均线指标等都是如此。相反，那些盛极一时、复杂难懂的理念与工具，在大浪淘沙后不是销声匿迹，就是无人问津。因此，读者千万不要因为形态背驰简单就看轻它。

使用形态背驰要注意一点，就是对比部分必须是在已经完成的情况下才可以进行，否则就失去了对比的意义与作用。怎样确定第二段对比部分已经完成呢？分型的完成是个很好的参照点。有的读者愿意对行情进行提前预测，总想找到一个好的方法，能够提前准确预判当下上涨段或是下跌段是否已经结束，这也不难，本章第 6 节提到的区间套就可以解决这个问题。

8.3.2　指标背驰

技术指标对趋势背驰也可以起到判断作用，只不过这个作用是辅助的，居于次要的地位。之所以这样讲，主要是因为技术指标本身的设计就是由价格推导出来的，现在舍弃本源而用外在，其结果一定不太精确。但技术指标也有好处，就是看起来直观，用起来方便。最主要的一点是，国内绝大部分投资者都有使用技术指标的习惯。

市场上的技术指标很多，缠论作者只选择了 MACD 指标，并在具体应用中对 MACD 指标给出了几个确认条件。

■ 观察 MACD 指标中指标线是否回抽零轴。

■ MACD 指标线回抽零轴后观察黄线、白线 (实际走势图中显示为黄色、白色) 的位置是否有差距。

■ MACD 指标中的黄白线位置有差距时进入背驰段，此时打开次级别图，观察背驰段中的背驰是否成立。

■ 背驰段中的背驰可以参考 MACD 指标中红绿柱 (实际走势图中显示为红、绿色) 面积的绝对值。

以上 4 个条件都满足，则本级别背驰确立。

图 8-10 所示是银泰黄金（000975）2018 年 10 月至 2019 年 3 月的日线图。

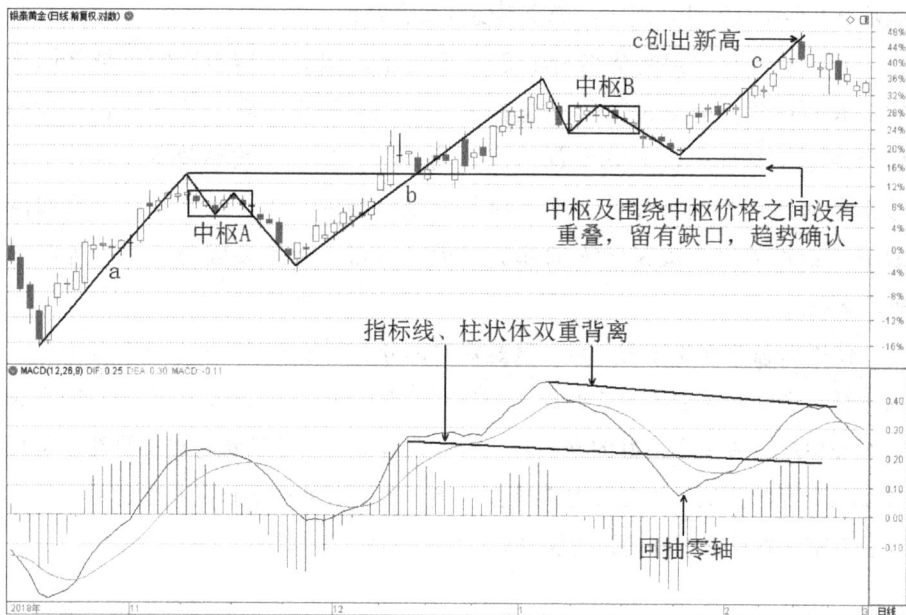

图 8-10　银泰黄金 2018 年 10 月至 2019 年 3 月日线图

图 8-10 是经典的 "a+A+b+B+c" 上升趋势背驰图。图中形成两个中枢，且中枢及围绕中枢波动的价格之间留有缺口，没有任何重叠，符合趋势定义。对照前面 4 个确认条件，可以看到中枢 B 把 MACD 指标线拉回到了零轴附近。当价格再次上升创出新高时，指标线已经不创新高，并且 c 段对应的柱状体面积也比 b 段小了不少，这就完成了上升趋势背驰。像这种本级别都能清晰辨认的，已经不需要到次级别图中再次进行确认背驰了。

图 8-11 所示是新澳股份（603889）2016 年 8 月至 2019 年 12 月的周线图。

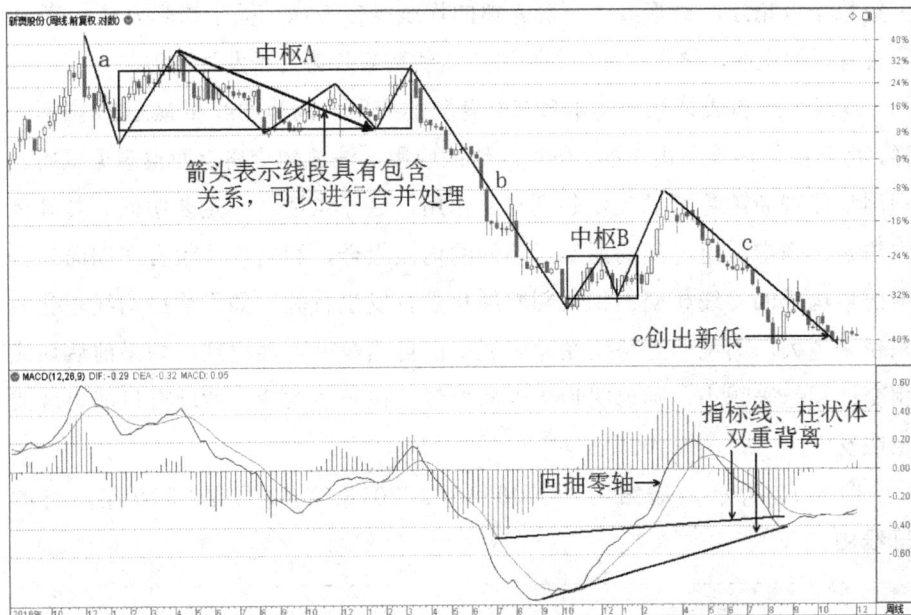

图 8-11　新澳股份 2016 年 8 月至 2019 年 12 月周线图

本例有个特别的地方，就是中枢 A 之中的线段具有包含关系，确定中枢时需要进行合并处理，处理后的结果如图 8-11 中箭头所示。本例是下降趋势，但结构仍然是"a+A+b+B+c"的关系。对照前面 4 个确认条件，中枢 B 把 MACD指标线回拉到零轴以上，当价格再次下跌创出新低时，指标线已经不创新低， c段对应的柱状体面积也比 b 段小了许多，这就是下降趋势背驰。

一般而言，判断 MACD 指标是否出现背驰时，指标线和柱状体只要有一个符合即可确认，并不强求两个条件都符合。但如果指标线和柱状体同时发生背驰，而且图级别又很高的话，如同本例这样，那这样的背驰就非常具有可信度。

关于 MACD 指标的具体应用，我们会在第 11 章中专门论述，这里只是简单地介绍。需要说明的是，用 MACD 指标判断趋势背驰虽然简单实用，但是这种对比一定要尽可能提前进行判断，毕竟与价格变化相比，所有技术指标都是滞后的。

8.3.3　均线背驰

均线简单好用，是投资者常用的一种分析工具，以至于缠论作者用了很大篇幅予以论述，并形成了一套完整的均线操作方法。关于这套方法，第 10 章会有详细说明，这里只介绍如何利用均线判断趋势是否发生背驰。

均线系统自成体系，其本身就有背驰的应用，因为均线和 MACD 指标一样，都是由价格推导出来的，所以均线的应用方法放到价格上面也毫无阻碍。利用均线判断趋势背驰仅仅起到辅助作用，这一点读者一定要明确。其具体方法是，确定一组时间周期长短不同的均线组合，利用均线组合在同向趋势中前后构成的均线相交面积来判断趋势是否发生背驰。如果前后均线相交面积越来越大，则说明趋势还在发展之中，自然没有背驰出现；如果前后均线相交面积越来越小，则说明趋势内部力量正在发生改变，背驰有可能出现或正在发生。

图 8-12 所示是顺络电子（002138）2018 年 12 月至 2019 年 7 月的日线图。

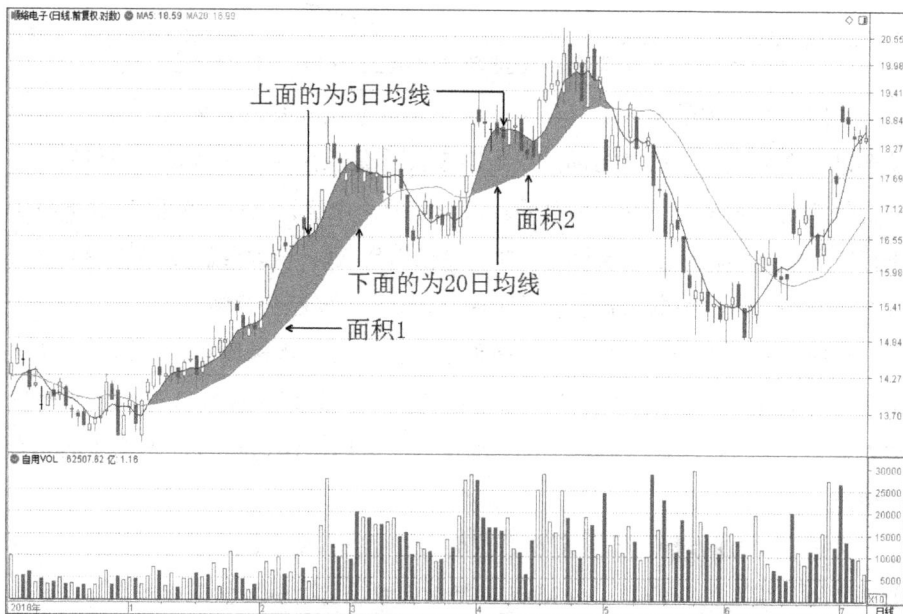

图 8-12　顺络电子 2018 年 12 月至 2019 年 7 月日线图

本例选用的均线参数是 5 日与 20 日均线组合。该股在上涨过程中出现两处均线相交构成的面积图，分别是面积 1 和面积 2。比较两处均线相交面积的大小，很明显面积 2 小于面积 1，这就表明均线的上涨力度在减弱，均线之间的距离已经不能有效拉开。均线是由价格推导出来的，均线减弱也就意味着价格上涨动力不足，因此可以断定背驰正在发生，其后的价格下跌就是背驰的反向作用。

图 8-13 所示是完美世界（002624）2019 年 2 月至 9 月的日线图。

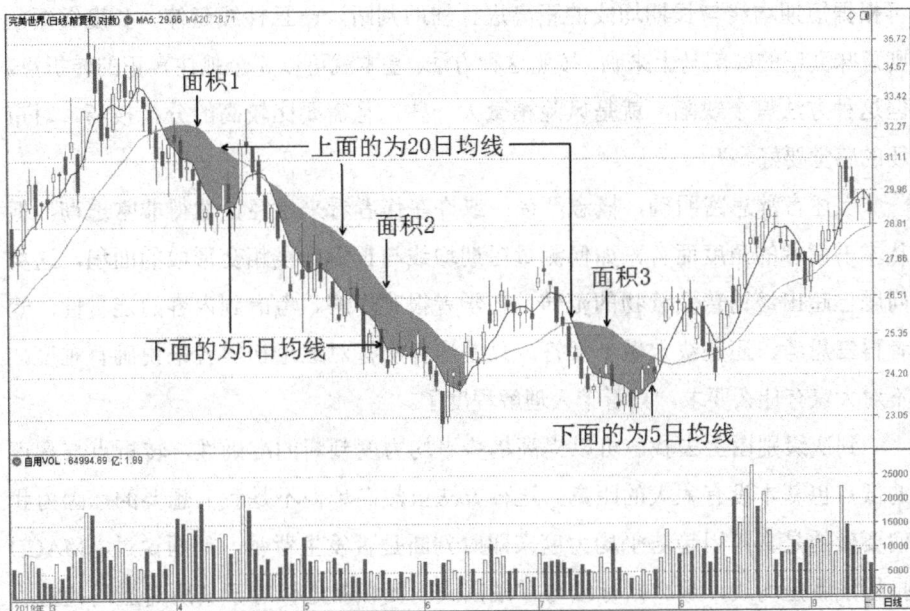

图 8-13 完美世界 2019 年 2 月至 9 月日线图

本例选用的均线参数是 5 日与 20 日均线组合。该股在下跌趋势中一共形成了 3 处均线相交面积，分别是面积 1、面积 2 和面积 3。很明显，面积 2 要远远大于面积 1，说明趋势正在持续当中，我们看尽管价格后面有反弹，但又被打回原形。但到了面积 3 的时候情况发生改变，面积 3 小于面积 2，说明下跌力度在衰竭，背驰正在发生，其后股价的上涨也验证了这一点。

与形态背驰和指标背驰相比，以均线相交面积判断背驰显得过于笼统与模糊，精准度自然也比前两类背驰判断方法差上许多。投资者在实际交易中，最好将均线背驰与形态和指标这两种背驰方法结合在一起运用，效果会好上许多。

缠论作者也知道这种方法的缺陷，因此针对这个问题提出了具体的改进方法，这就是趋势平均力度。

在《教你炒股票108课》系列文章中的第十五课，缠论作者用很大的篇幅介绍了这种方法，笔者在这里将部分原文附上。"所谓趋势平均力度，指的是均线当下与均线前一次相交后短期均线与长期均线形成的面积除以时间。这种方法是即时的，马上就可以判断当下趋势平均力度与前一次趋势平均力度的强弱对比，一旦这次趋势平均力度比上一次弱，就可以判断背驰即将形成。然后再根据短期均线与长期均线的距离进行辅助判断，一旦柱线延伸、长度缩短，则意味真正的底部马上来临。按照这种方法，基本就可以完全抓住真正的转折点。但这种方法有个缺陷，就是风险稍微大一些，且需要比较高的分析技巧，对市场的感觉要好。"

上述言辞思路明确，概念严谨，或许在作者看来已经论述得非常透彻，但从本书读者的角度而言，如何测量短期均线与长期均线相交形成的面积，这类问题已超出缠论普及读物的范畴，初学者很难理解。考虑到内容的连贯性，笔者再三思考，还是决定做个解答。只是这种解答对缠论初学者来说确有难度，不对大家有什么要求，只看个人理解程度了。

到次级别图上去找，可以提高趋势平均力度判断的准确性，转折点与真正的低点也基本没有太大的距离。这种方法虽然简单但不是我们想要的，因为我们要做的是真正用趋势平均力度来即时判断是否发生背驰。前面说过，MACD指标线就是均线，那么指标线与零轴围成的面积就近似等于其所对应的趋势力度。我们只需要在指标上比较两段相邻的同向趋势的面积，就相当于比较这两段的趋势力度了。需要说明的是，MACD指标有两条线，其中DIF线最重要，这里的指标线指的就是DIF线。

问题在于，DIF线在与零轴交汇之前，其行进线路不是简单地运行，一般都很复杂。通常情况下，DIF线会先走一段，然后走平或反向走一段，最后回到原方向再运行一段。DIF线的走势是即时的，如果单凭部分走势来判断，正确率不会很高，要想解决这个问题，还是要回到MACD指标上来。在MACD指标中，柱状体是指标线差值的反映，算是DIF线的衍生物，如果可以将DIF线的运行轨迹看作一段趋势，我们可以用柱状体来代替DIF线，那么柱状体与零轴围成的面积就是缠论作者说的趋势平均力度。

图8-14所示是顺络电子（002138）2018年12月至2019年7月的日线图。

图8-14对MACD指标做了技术上的处理，去掉了DEA线，只保留了DIF

线，另外通过线段将柱状体形状勾勒出来，便于观察。在该股第一段上涨过程中，我们看到 DIF 线形成三段式结构，图中用 A1、A2 和 A3 表示；而柱状体由于价格在中间有个下探，故而形成了 4 堆。纵观指标线和柱状体，二者都没有发生背驰，表明这段行情上涨的内在动力并没有消失。DIF 线 A3 段在行情中创出新高，未来它与零轴围成的面积注定较大。其后我们看到尽管趋势尚未结束，但价格却开始回落，主要是因为 DI 下线已经走出 3 段，A3 段偏离零轴太远，指标本身需要修复。我们看到股价小幅回落后在图中方框框定位置构筑中枢平台，对应的是柱状体持续缩短，DIF 线向零轴回归，这都是为下一次拉升做准备。等到指标线拐头走好，柱状体翻红时，股价就开始第二波上涨。

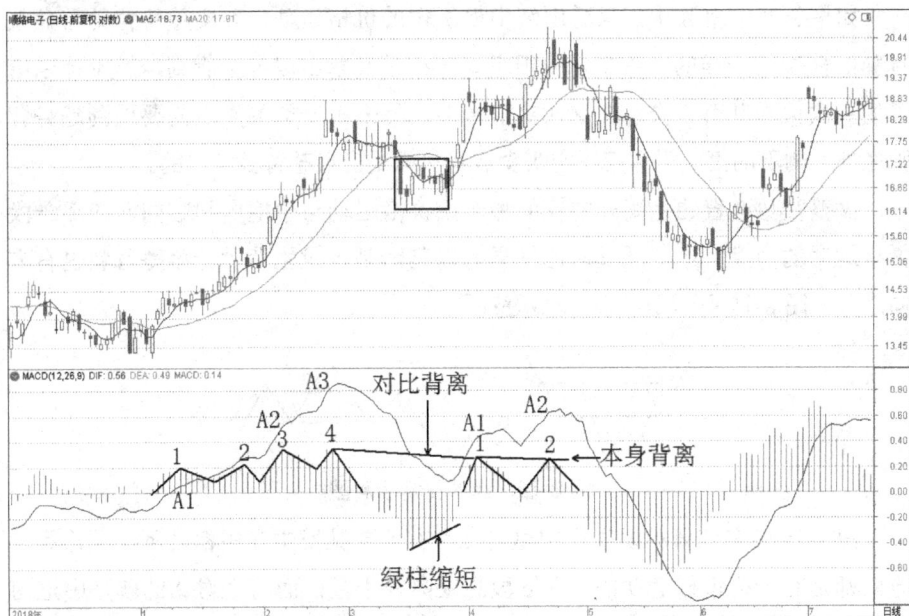

图 8-14　顺络电子 2018 年 12 月至 2019 年 7 月日线图

这一轮上涨 DIF 线走出两段，柱状体与之对应，这在图 8-14 中都有标注。但与 DIF 线相反的是，柱状体自身开始出现背驰，后顶高度低于前顶高度。若将两段指标做对比，则无论是指标线还是柱状体，背驰都相当明显，这就预示着 DIF 线上涨第二波与零轴围成的面积一定会小于第一波的面积。毫无疑问，股价整体结构已经发生背驰，价格逆转一触即发。

这种即时对比要求投资者具有良好的盘感和扎实的技术分析功底，对缠论初学者来说要求可能高了一些。但正因为有目标，我们的学习才有动力，希望读者能够不懈地努力。

8.4　盘整背驰

背驰有绝对和相对之说。绝对背驰指的是发生在趋势行情中的趋势背驰，至于相对背驰，主要是借助背驰的观念，考察脱离中枢后价格运动背后的力度大小。从这种角度出发，只要有中枢就会有背驰。在缠论体系中，围绕第一个中枢进行的所有价格运动都属于盘整，因此这样的背驰也就是盘整背驰。

如果忽略中枢数量，只看围绕中枢所做的价格运动，其实趋势背驰与盘整背驰的性质是一样的。盘整背驰很重要，在第 9 章中读者会看到，缠论体系给出的买卖信号共有 3 类，在这 3 类信号中，除去第一类买卖点需要用到趋势背驰之外，剩下的第二类和第三类买卖点其实都是由盘整背驰发出的。

盘整背驰考查的是离开中枢的那一段价格运动与中枢内和它同向的那一段价格运动的力度大小，通过对比结果可以判断是否发生背驰。盘整背驰也有方向之分。图 8-15 所示是盘整背驰示意图。

图 8-15　盘整背驰示意图

图 8-15 中左侧背驰发生在中枢之上，右侧背驰发生在中枢之下，无论哪个方向都是有一段价格运动的，即 b 段想要离开中枢，而与之对比的就是中枢内与之同向的 a 段。可以看出 b 段的幅度要小于 a 段，表明其离开的动力不足，与 a 段相比，如果发生背驰，后面有很大概率要被重新拉回到中枢之内。像这种发生在盘整中枢内的背驰，就是盘整背驰。

图 8-16 所示是拓邦股份（002139）2018 年 9 月至 2019 年 3 月的日线图。

该股在中枢形成后，b 段走势看起来似乎要摆脱中枢向下寻底，但对比箭头标注的 a、b 两段走势，可以明显看出二者发生了背驰。因为只有一个中枢，所以这是一个盘整背驰，于是价格后面逆转，又返回到中枢之内。读者在今后的交易中要多多留意类似走势。

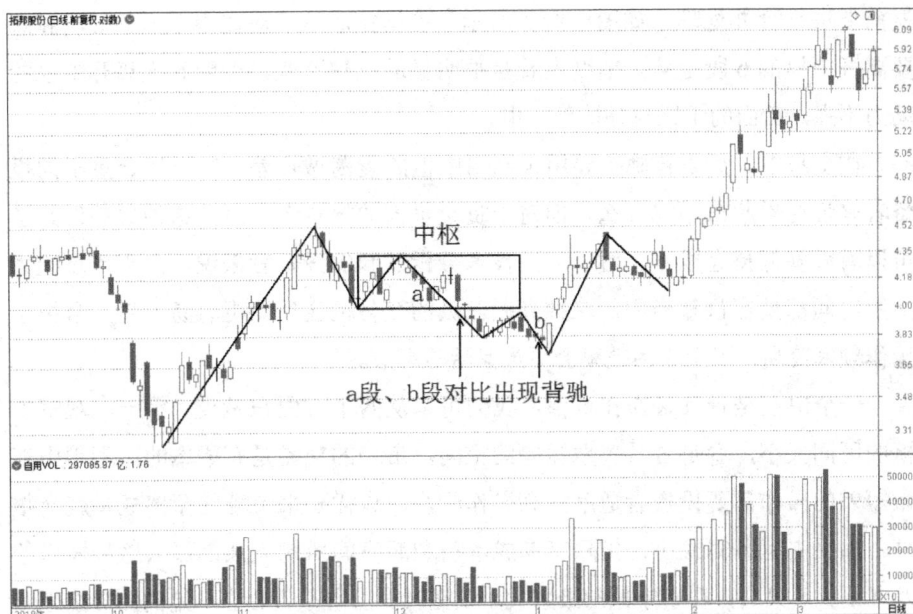

图 8-16 拓邦股份 2018 年 9 月与 2019 年 3 月日线图

图 8-17 所示是通润装备（002150）2019 年 3 月至 9 月的日线图。

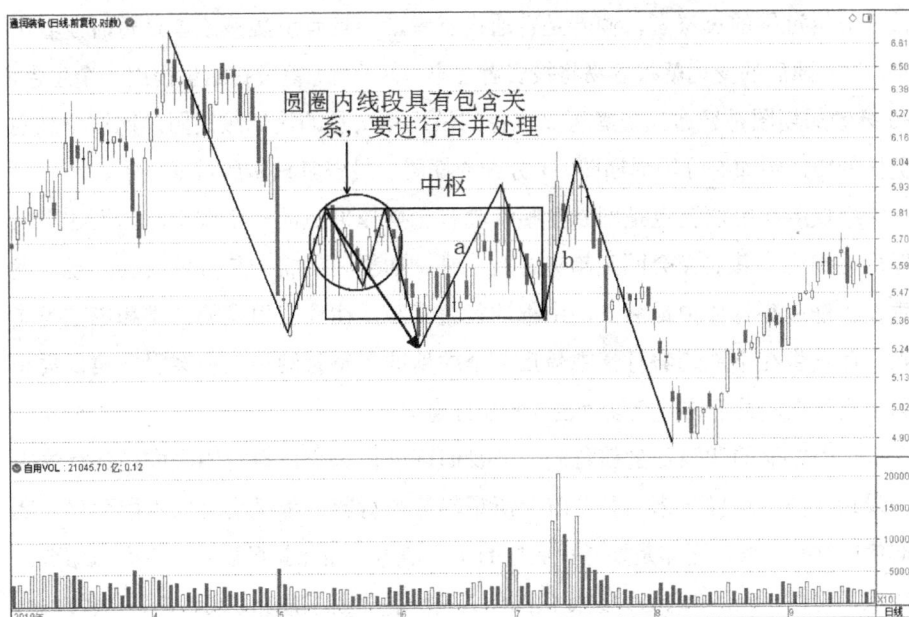

图 8-17 通润装备 2019 年 3 月至 9 月日线图

图 8-17 中有个小地方大家要注意，就是圆圈内的线段具有包含关系，画中

枢前要进行合并处理，如图中箭头所示。中枢完成后，对比中枢内的 a 段和想要离开中枢的 b 段走势，幅度上看是很明显的盘整背驰，表明 b 段离开中枢的动力不强，后面的下跌也是情理之中。

在交易中，盘整背驰主要用来利用中枢的震荡做短差，对于资金量小的投资者来说这看起来不算什么，但对于资金量大的投资者而言，这种短差做好了可以有效降低持仓成本。对于一些技术分析过硬的投资者来说，由于市场绝大多数时间都处在盘整当中，这种高抛低吸的交易机会反而更容易上手，且由于操作频率较高，资金使用效率会更加灵活与高效。

一个中枢是否具备操作价值，我们可以从两个方面来考查。第一，观察中枢的区间大小，看是否具备做短差的空间。市场的交易是有成本的，利用中枢做短差的操作需要投资者适度提高操作频次，这样一来市场的摩擦成本就会很高。如果中枢区间太小，扣除交易成本后利润空间所剩无几，那么这种操作的意义不大。第二，观察中枢的级别大小，在时间上看是否存在一定的回旋余地。据统计，一个 30 分钟周期图上的背驰，盘面持续时间大概在 4~5 小时，以国内当前 T+1 交易规则衡量，刚刚满足投资者从进场到出场的全部流程。这还是指技术分析过硬的投资者，倘若是普通投资者，一旦有所犹豫或者是暂时没看出来，价格随后的变化就很容易将投资者套牢。鉴于此，笔者在这里提出一个忠告，30 分钟周期图是普通投资者可以选择的做短差交易的最低级别图，比这个级别更低的图，例如 5 分钟周期图、1 分钟周期图，投资者只做欣赏就好了。

中枢所在的位置也是判断盘整背驰有无操作价值的一个因素。如果这个问题严格细究，其实又会回到趋势背驰上来。如果我们将走势分解就会发现，发生在上涨趋势行情中最后一个中枢的盘整背驰，往往会引发第二类和第三类卖点，而发生在下跌趋势行情中最后一个中枢的盘整背驰，往往会引发第二类和第三类买点，关于这一点读者也要特别注意。

一个中枢的背驰是盘整背驰，但我们可以将这个盘整背驰看成趋势行情中的最后一段，这样一来，背驰就无所谓趋势与盘整，都是交易的手段而已。我们使用这些手段，无非是要寻找更好的买卖信号，如此就可以将二者有机结合。还是那句话，缠论体系给大家提供的仅仅是一种交易的思路，或者说是一种理念，如果亦步亦趋地跟随，则只能算已经"登堂"但尚未"入室"，唯有独立思考、顿悟总结，方能冲破桎梏，终得大成。

8.5 背驰力度

背驰意味着转折，只是方向不同。不过这种转折不一定是同级别的，有时候，看似小级别的背驰反而可以引发大级别的转折，就像"蝴蝶效应"一样。当然，这种现象发生时中间一定存在必然条件，那就是该级别走势的最后一个次级别中枢要出现第三类买卖点。

买卖点的问题在第 9 章中会提到，这里只讨论小背驰引发大转折的形成过程。例如，在一个 30 分钟级别图上出现顶背驰，一定是该图的最后一个次级别，也就是 1 分钟图上最后一个中枢首先出现顶背驰，进而产生第三类卖点，这样才有可能引发 30 分钟图的向下转折。

需要提醒读者的是，这里提及的小级别引发大级别发生转折的条件只是必要条件，而不是充分条件。也就是说，该种现象有可能会引发大级别图发生转折，但也有可能不会引发，只有一点可以确认——引发转折的一定符合条件，不符合条件的绝对不会引发。

那么背驰后究竟会发生什么，价格运动在某个级别背驰后究竟会选择怎样的运动路径呢？缠论作者认为，一个背驰发生后，后面有可能发生以下 3 种情况，至于具体是哪一种，需要看价格运动的力度能达到什么程度。

3 种具体情况是：该趋势最后一个中枢级别扩展；出现比该级别更大级别的盘整；出现该级别以上级别的反趋势。

3 种情况中第一种力度最弱，第二种居中，第三种最强，我们通过示意图为大家说明。

图 8-18 所示是第一种情况示意图。

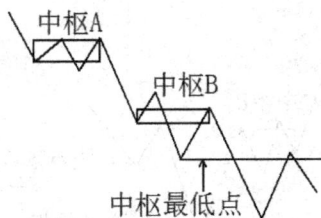

图 8-18 第一种情况示意图

背驰后的反弹仅触及最后一个中枢的价格最低点，这是背驰后力度最弱的情况，仅仅导致该趋势最后一个中枢级别扩展。

图 8-19 所示是东方财富（300059）2019 年 10 月 25 日至 12 月 3 日的日内 30 分钟图。

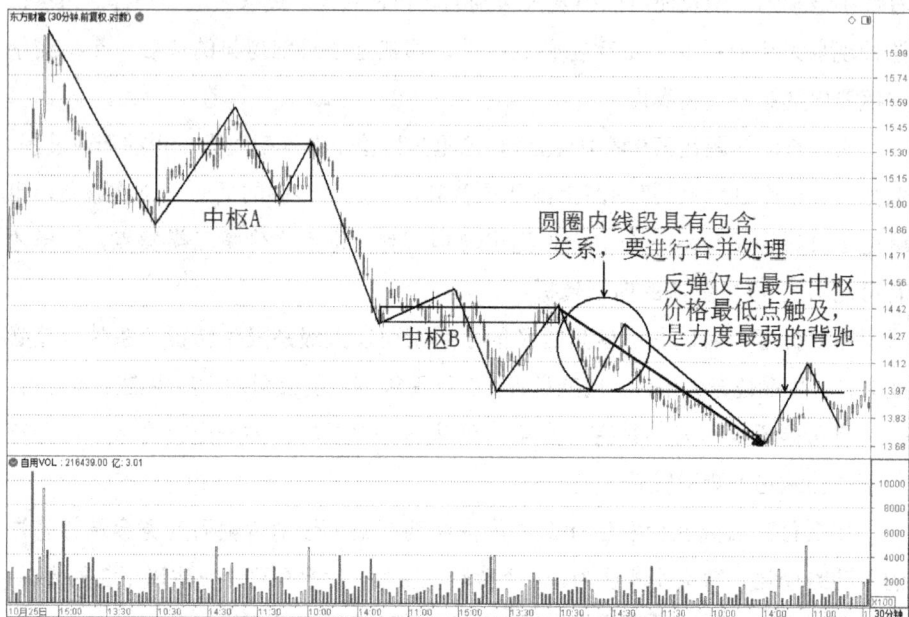

图 8-19　东方财富 2019 年 10 月 25 日至 12 月 3 日日内 30 分钟图

该股在下跌趋势中发生背驰，其中第二个中枢内出现具有包含关系的线段，如图中圆圈标准部分所示，对此要进行合并处理，最后的粗箭头为合并后的结果。背驰发生后该股展开反弹，但反弹高点仅与最后一个中枢的最低点接触，属于力度最弱的趋势背驰，结果仅仅是最后一个中枢出现扩展，后面的反弹力度也会受到制约。

图 8-20 所示是第二种情况示意图。

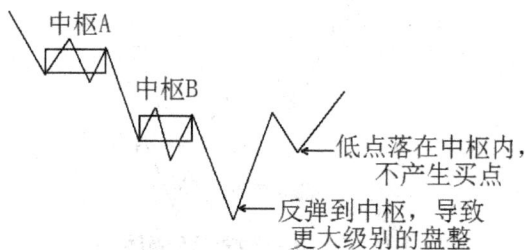

图 8-20　第二种情况示意图

这是力度次之的结构。背驰后的反弹被拉回到最后一个中枢区间，低点落在中枢之内，按照缠论的标准，此时并不产生合适的买点。由于反弹到中枢，会导致原有中枢价格区间扩大，因此产生更大级别的盘整。

图8-21所示是京东方A（000725）2019年9月10日至10月30日的日内30分钟图。

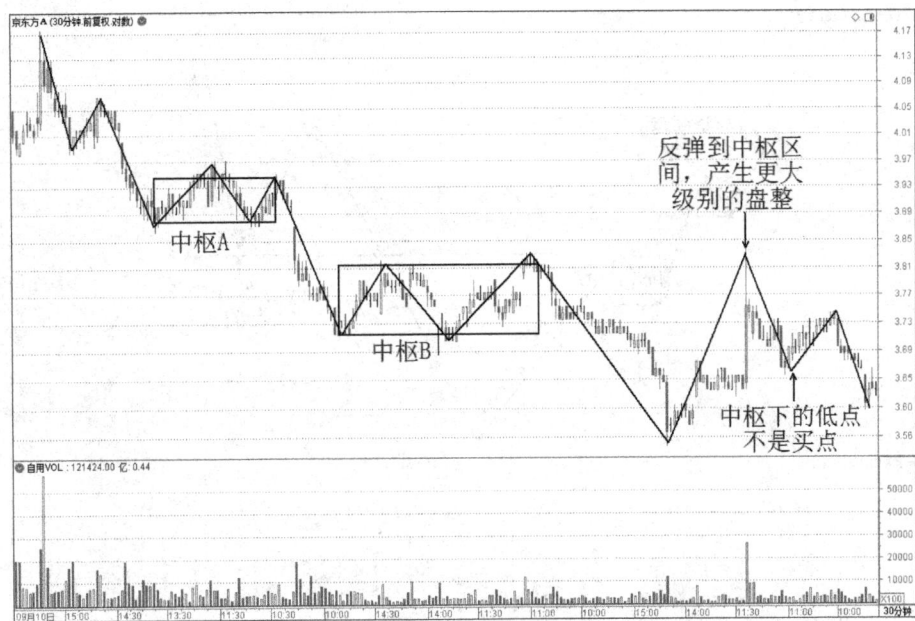

图8-21 京东方A2019年9月10日至10月30日日内30分钟图

在下跌趋势形成且发生背驰后，价格开始反弹并直接来到最后一个中枢区间，这样大级别的盘整就产生了。反弹后的低点落在了中枢之下，这里力度很弱，不是买点，后面的再次下跌也证实了这一点。

图8-22所示是第三种情况示意图。

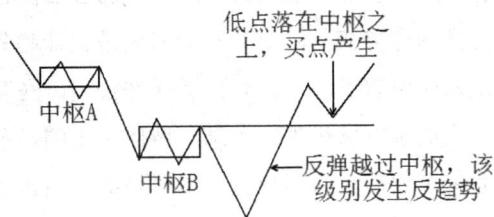

图8-22 第三种情况示意图

这是力度最强的结构。背驰后的反弹直接越过该趋势最后一个中枢区间，导致该级别发生反趋势行情，且回调低点也落在中枢之上，按照缠论，此时产生了一个合适的买点。

图8-23所示是科大讯飞（002230）2019年9月19日至10月21日的日内30分钟图。

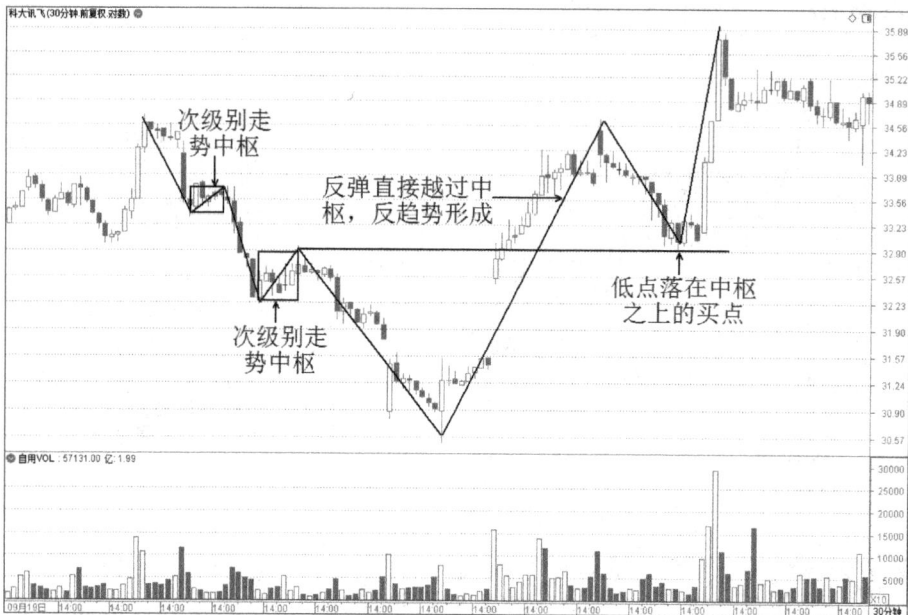

图8-23　科大讯飞2019年9月19日至10月21日日内30分钟图

该股下跌趋势形成背驰后以跳空缺口的方式展开反弹，这是多头最强力度的表现。做多能量一次反弹不能得到有效的宣泄，拉回整固后展开二次反弹。从图8-23中可以看到，拉回的低点刚好落在下跌趋势最后一个次级别中枢之上，这里就产生了一个短线很好的买点。

这3种类型的左侧都是以下跌趋势为样本，再通过右侧行情的走势解释说明下跌趋势后会有怎样的走势变化，至于左侧如果是上涨趋势，右侧下跌后的走势变化，大家反过来应用就可以了。有读者或许会问，在某种情况发生后价格又会怎样运行呢？我们说市场是生生不息、循环不止的，前面的走势类型分解已经清楚地告诉大家下跌后会遇到什么，无非是盘整后再下跌，或是盘整后开始上涨，还有一种可能就是直接上涨。大家只要把前面所学的内容串联起来，市场走势的轮廓就会清晰可见，这其实没什么难的。

8.6　区间套

区间套是高等数学中的一个专有名词，是指集合的包含，最后只剩下一个无限小的数 0 达到的极限。这样说有的读者可能不理解，举个例子：一个大球，里面可以装下一个小球，小球里面还可以装下一个更小的球，这样一直循环下去，最里面的一个球应该就是一个点，这个点是外面所有球都包括的。

缠论作者将区间套这个数学名词引入缠论体系，其目的只有一个，就是利用这种方法来寻找某个大级别的精确转折点。

关于区间套，缠论作者给出了明确的定义和定理。

区间套定义：根据背驰段从高级别向低级别逐级寻找背驰点（买卖点）的方法。

区间套定理：寻找某大级别的转折点，先找到其背驰段，然后在次级别图里找出相应背驰段，并将该过程反复进行下去，直至最低级别，而相应的转折点就在该级别背驰段确定的范围内。如果这个最低级别在理论可以达到每笔成交，那么大级别的转折点就可以精确到笔的背驰上，甚至就是唯一的一笔。

简单说，所谓的区间套，就是不断缩小图的考查级别，最终精确地找到大级别转折点的过程。这种方法就好像投资者手里有一面放大镜，而不同级别的图就好像放大镜放大的倍数，在不停地对着一个局部放大。缠论作者认为，只要掌握了这种方法，任何一个转折都可以被精确找到。

背驰永远都是从最小级别开始，这是区间套寻找背驰点的理论依据。反过来我们可以推出，只要某级别走势发生背驰，就可以认为该级别以下所有级别都发生背驰了，这是背驰的前提。

前面谈过，级别基本是按照 4~5 倍的比例进行排列，既然是寻找大级别转折，按照现有的证券分析软件的设置，其顺序就应该是年线图—季线图—月线图—周线图—日线图—30 分钟图—5 分钟图—1 分钟图。

我们以新澳股份为例，向读者讲解一下区间套的应用过程，以及交易中大家应注意的事项。考虑到本书的篇幅，我们的级别从周线图开始。

图 8-24 所示是新澳股份（603889）2016 年 9 月至 2019 年 12 月的周线图。

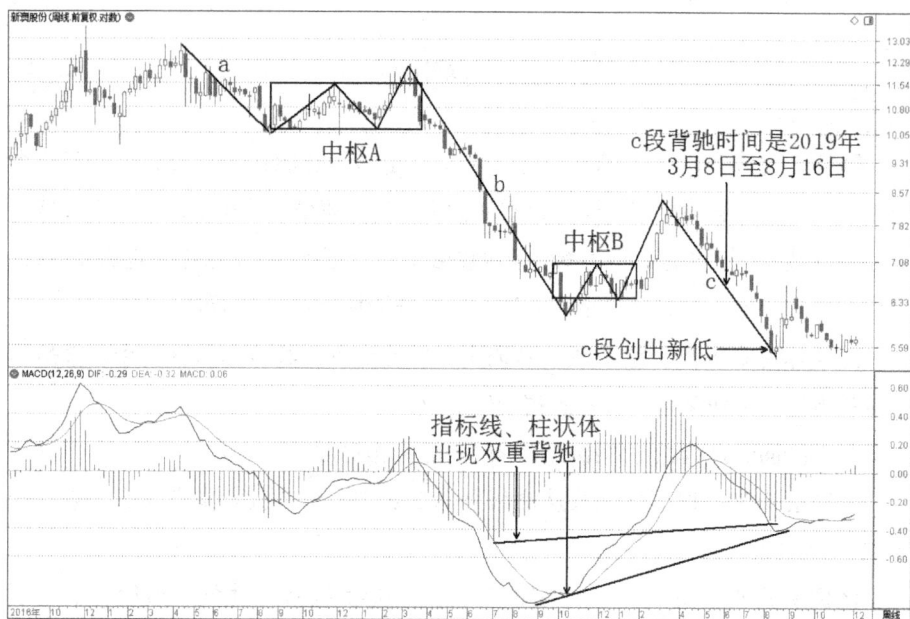

图 8-24　新澳股份 2016 年 9 月至 2019 年 12 月周线图

图 8-24 中呈现的是标准的"a+A+b+B+c"下跌趋势，在 c 段创出新低后，我们可以将 c 段认定为背驰段，将 c 段与 b 段相对比，看是否发生背驰。无论是从幅度、时间还是角度进行判定，c 段与 b 段相比都呈现出背驰特征。另外在 MACD 指标上，指标线与柱状体也同时出现双重背驰，可以确认该股大级别背驰走势已经形成。按照区间套的程序，如果本级别图呈现背驰，则可以在次级别走势中找到具体的背驰位置。周线的次级别是日线，我们可以到日线图中寻找。该股周线图上 c 段的时间周期是 2019 年 3 月 8 日至 8 月 16 日，日线图就以这一段时间为目标。

图 8-25 所示是新澳股份（603889）2019 年 2 月至 8 月的日线图。

在日线固定的时间周期内，该股并没有出现周线图那种标准的下跌趋势模式，而是走出了"下跌＋盘整＋下跌"的连接方式，中枢本身有一小段延伸且中枢内部结构也发生了一个小的背驰。观察 a、b 两段，b 段是背驰段，尽管 MACD 指标中的指标线没有背驰，但柱状体已经给出背驰信号，我们还是判定该股发生了背驰。按照区间套定理，如果 b 段背驰，日线次级别图，也就是 30 分钟图上也应该发生背驰。我们继续观察日线上 b 段区间的 30 分钟图，时间锁定在 2019 年 7 月 2 日至 8 月 15 日。

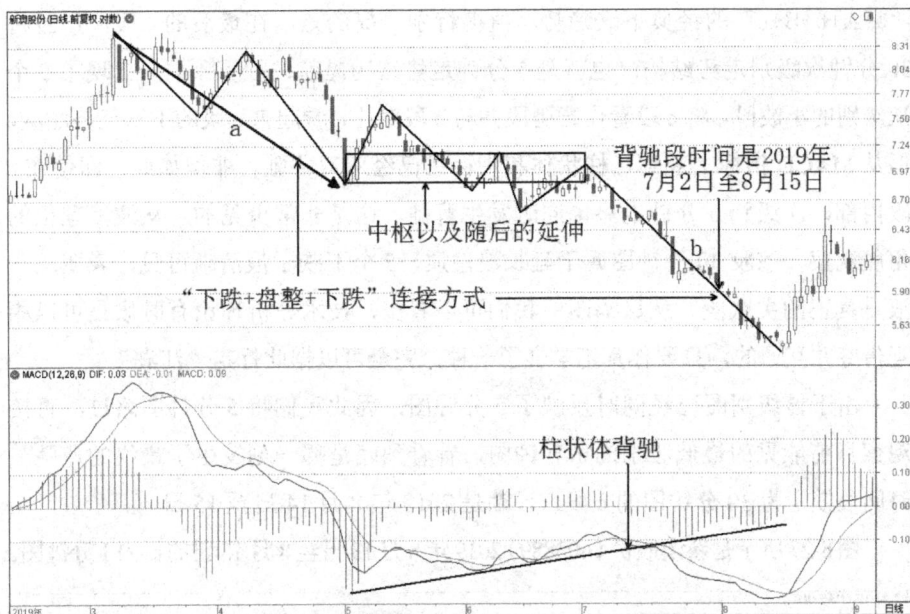

图 8-25　新澳股份 2019 年 2 月至 8 月日线图

图 8-26 所示是新澳股份（603889）2019 年 6 月 28 日至 8 月 15 日的日内 30 分钟图。

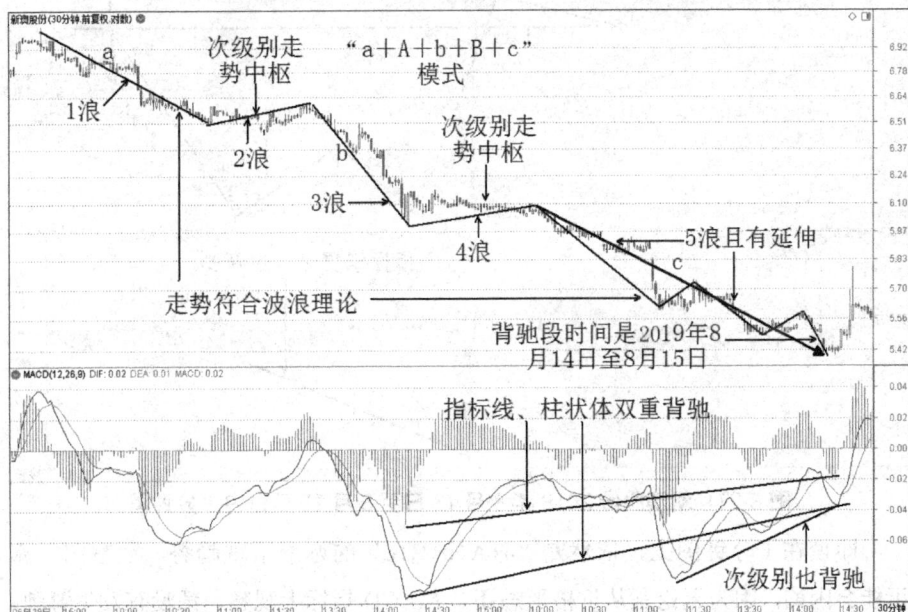

图 8-26　新澳股份 2019 年 6 月 28 日至 8 月 15 日日内 30 分钟图

该股的日内 30 分钟图非常值得分析。从缠论角度看，其股价运行的轨迹是

"a+A+b+B+c"的经典下跌趋势。值得特别一提的是，在最后的 c 段，该股将 30 分钟次级别走势结构，也就是 5 分钟走势结构提前进行了预演，出现了 5 个次级别的小波段。将 c 段看作背驰段并与 b 段对比，看起来 c 段的下跌气势汹汹，但从 MACD 指标上观察，柱状体和指标线已经双双背驰。非但如此，即使在 c 段内部，次级别 5 分钟走势也同时发生背驰，这是非常少见的。从波浪理论的角度观察，该股 30 分钟图属于延长浪性质，5 个下跌子浪清晰可见，表明这一浪是真正的主跌段。从这幅图中我们可以看出，技术分析理论有时候是可以相互借鉴并互通的，只要你真正学会了一种，完全可以据此行走"江湖"。

由于该级别图已经同时反映了 5 分钟图，因此我们将 5 分钟图略过，直接观察目前能见的最低级别的 1 分钟图，看看到底是哪一刻发生了最终的背驰。时间段锁定为 30 分钟图的 c 段，日期是 2019 年 8 月 14 日至 15 日。

图 8-27 所示是新澳股份（603889）2019 年 8 月 13 日至 8 月 15 日的日内 1 分钟图。

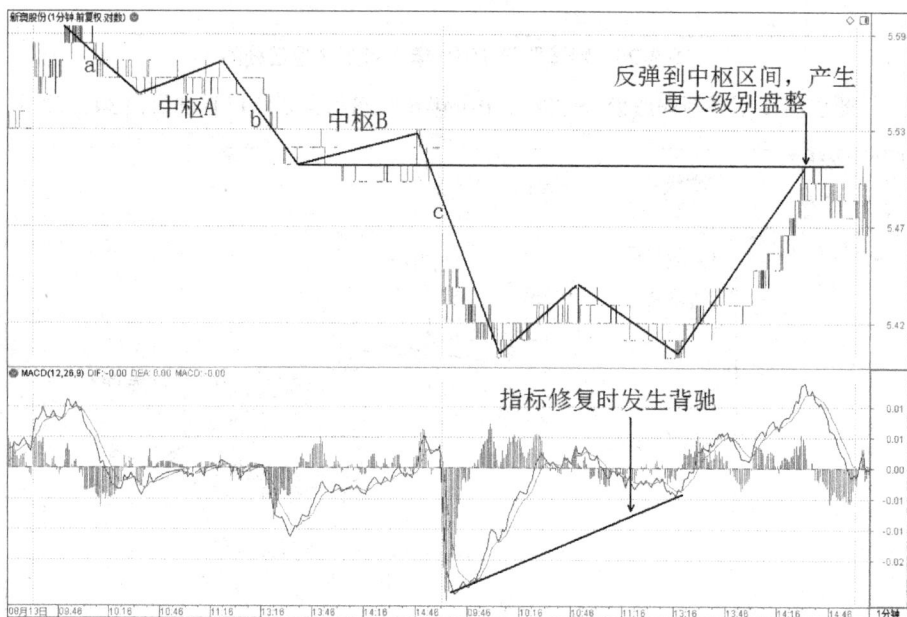

图 8-27　新澳股份 2019 年 8 月 13 日至 8 月 15 日日内 1 分钟图

即使在 1 分钟图上，依然是"a+A+b+B+c"的标准下跌趋势。观察图大家可能会困惑，因为无论是从价格形态还是 MACD 指标上观察，都没有发生背驰，只是当指标下跌幅度过大需要修复时才有背驰发生，这是怎么回事呢？我们说这有两个原因，一是该股确实下跌动力很强，下跌动力还没有完全释放，这也压制了后面的反弹高度，我们看其后的 1 分钟级别反弹只是到了最后一个中枢区间，让形态进入更大级别的盘整当中，属于力度一般的第二种背驰模式。这就表明，即使该股在周线级别发生背驰，短时间内也不会有较大行情发生，原因就是上攻力度不够，后面还需要盘整筑底。回头看图 8-24 新澳股份 2016 年 9 月至 2019 年 12 月周线图，在周线级别背驰后该股只是略有表现，随后再一次展开下跌，但这次下跌已经不创新低，这说明该股确实在缓慢筑底。二是该股构造相对复杂，在 1 分钟图上也出现了包含形态。如果我们将最后筑底线段进行合并处理，会发现该股形态最后还是出现了背驰，只是隐藏得较深而已。

实际上，上面的几幅图例只说明了区间套的一种情况，就是时间和级别完全契合。当然，这也是市场上最普遍的一种情况。除此之外，市场上另外两种情况也偶有发生，一是本级别当前并未进入背驰段，由于小级别突然发生状况，导致本级别也发生背驰。其具体表现就是本级别突然猛烈地上涨或是下跌，价格随后就反转运行了。二是本级别已经进入背驰段，只是次级别力度迟迟未能枯竭，导致本级别无法产生背驰，市场上所谓的"背了又背"的说法就体现在这里。这种情况多发生在筑顶或是筑底阶段。无论区间套如何发展，交易时在一只股票上 3 种区间套情况全部发生的背驰一般很少见。

图 8-28 所示是三环集团（300408）2018 年 7 月至 2019 年 4 月的日线图。

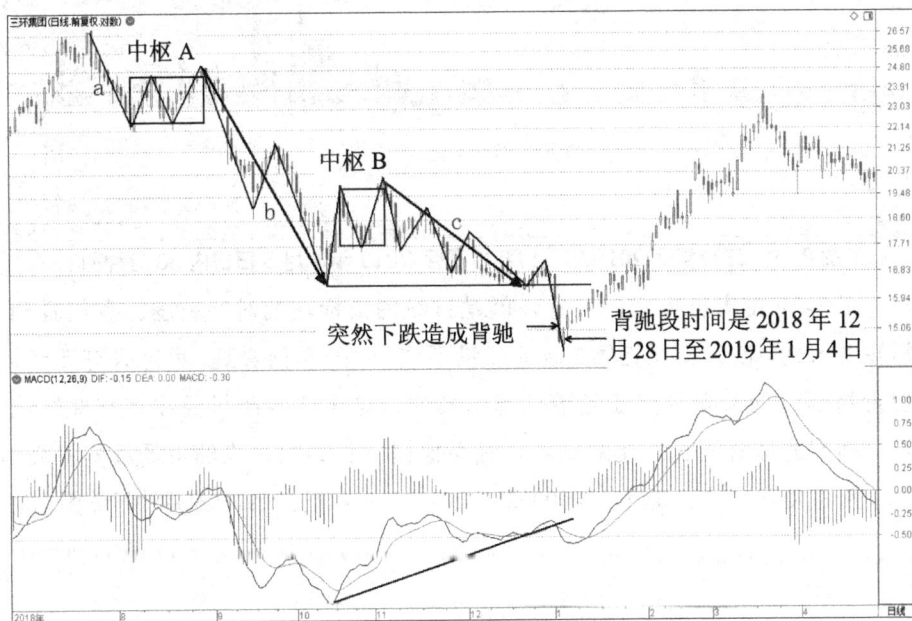

图 8-28 三环集团 2018 年 7 月至 2019 年 4 月日线图

我们看该股之前的走势中规中矩，在指标线段标注背驰的位置上，股价其实并没有创新低。根据缠论的背驰定义，尽管此时两个中枢和a、b两段已经完成，且c段也初具雏形，但也不能认定该股发生了背驰。但就在此时，该股次级别突然发生断崖式下跌，一举导致本级别完成下跌趋势背驰，随后该股迅速拉起、再不回头。回过头来看，该股价格走势显得很不自然，显得为了背驰而背驰。这段走势仅有短短的几天时间，我们通过次级别图看看发生了什么。

图8-29所示是三环集团（300408）2018年12月20日至2019年1月8日的日内30分钟图。

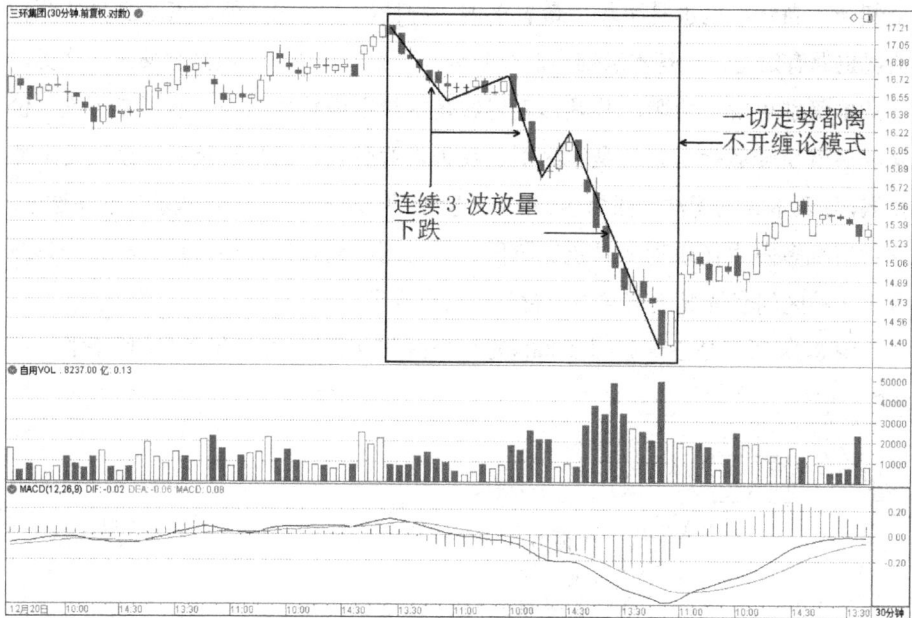

图8-29　三环集团2018年12月20日至2019年1月8日日内30分钟图

图8-29中方框框定的位置，就是日线图上标注的时间范围。我们看到短短几天内，该股出现连续3波的放量下跌。此外我们看到，尽管只有几天，但价格运行的节奏依然还是遵从缠论模式，这也能说明只要读者掌握好缠论，确实能够看清价格走势结构，进而把握这种结构带来的市场投资机会。

图8-30所示是长安汽车（000625）2018年9月至2019年6月的日线图。

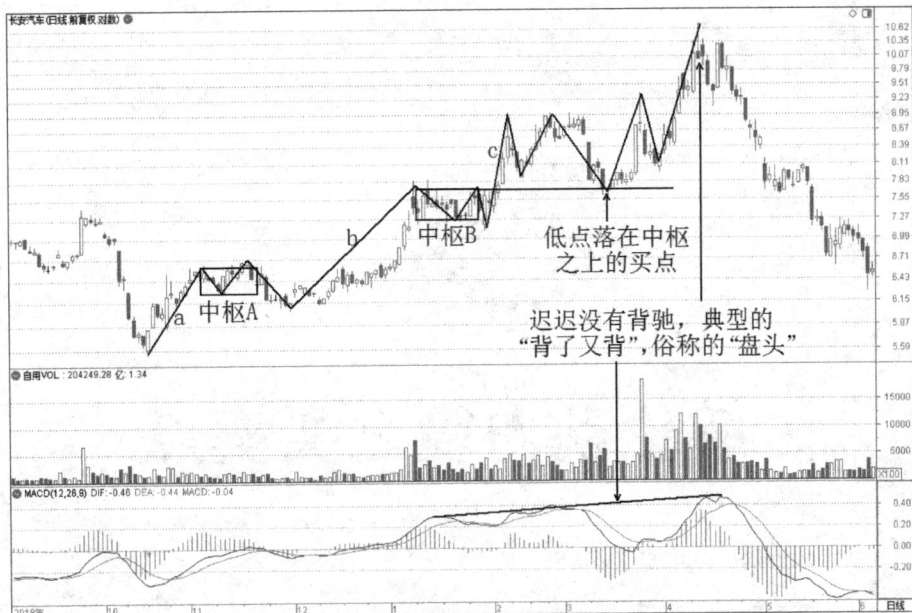

图 8-30 长安汽车 2018 年 9 月至 2019 年 6 月日线图

趋势行情的背驰一般都是以离开最后一个中枢的 c 段作为背驰段,如果 c 段不及前面的 b 段,指标又有所表现,就可以认定背驰发生。但本例是特例,我们看到作为背驰段的 c 段出现后,价格与指标迟迟不发生背驰,即便有所回落,也在最后一个中枢上方守住,进而形成一个缠论的买点,随后价格和指标又创新高。这种本级别迟迟无法背驰的现象,就是市场上所谓的"背了又背",本例就是股价在反复筑顶,即市场上俗称的"盘头"。一旦头部构筑完成,后续的下跌空间还是很大的。回到该股,我们看第一个中枢仅仅起到短暂支撑的作用,随后就被击穿,直到来到第二个中枢时股价才算是止跌企稳。

背驰发生在趋势行情里,盘整背驰只发生在盘整行情中,这是二者最本质的区别。但无论是趋势行情还是盘整行情,其实都与中枢有关,而背驰就是围绕中枢展开的,因此中枢与背驰的有机结合就构成了缠论体系中最核心的部分,并由此确立了缠论中所有的买卖原则。

第 9 章

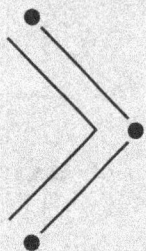

缠论动力篇之买卖点

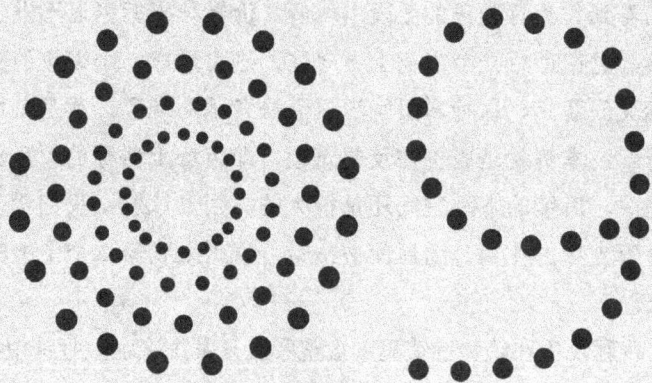

缠论中所有买卖信号都来自背驰，但背驰只是表象，内因还是价格动力衰竭才会发生反方向的转折。动力决定了是否有买卖，这就是将买卖点归入缠论动力学的直接原因。

9.1　缠论核心

缠论中到底什么最重要？这个问题作者在公开的文字中从未提及。现在作者已经去世，这个问题注定无解。从不同角度来理解，有的说是走势终完美，证据是缠论作者说过一切走势都要完成，这是绝对的；有的说是中枢，因为中枢决定了市场的走势类型，由此才能对走势进行分解；有的说是背驰，背驰让中枢有了用武之地，否则就是空中楼阁；有的说是级别，离开级别谈论这些没有意义。

见仁见智的讨论确实给缠论增添了无限魅力，也丰富了缠论体系。为了论证相应的观点，有无数讨论并解释缠论的书籍面世，也为缠论的推广与普及做出了贡献。翻看缠论作者原文有一点需要承认，对缠论初学者而言，缠论的内容确实有些晦涩难懂。或许在作者看来，这些都是摆在台面上的东西，应该一看就会、一点就透。但作者忽略了一个事实——不是每个学习者都具备作者那样的高度，有参与上亿元资金投资的经历，有强大的理工科背景和沉淀多年的经验总结。

世界金融市场已历经百年岁月，我国证券市场建立也有了 30 年时光。回顾消逝的过往，只有道氏理论、波浪理论以及江恩理论被投资者普遍接受，作为后来者，缠论能被国内投资者认可并认为其可比肩这三大巨擘，从这一点说已经殊为不易。

查尔斯·道创立了道氏理论，是金融市场技术分析的奠基者，其贡献在于，自道氏理论开始，投资者对趋势交易有了明确的认知。

艾略特的贡献在于，他用波浪理论解读了市场存在有规律的运动，其理论框架丰富和完善了道氏理论关于趋势运动的细节。

江恩理论的贡献在于，他让世人明白，除了空间之外，时间也是影响价格变动的重要因素，时间的循环也有其自身的规律。

以上 3 种理论在不同领域完成了体系构建过程，在某一方面能对投资者予以行动上的指导，进而被他们接受。现在我们知道，任何理论不管其理论框架如何，能为投资大众接受的先决条件只有一个，那就是能够应用到实战中并能在实战中经受住检验。

现在我们可以回答缠论体系中什么最重要，绝不是线段、中枢、背驰、级别这一类技术上的东西，它们不过是表象而已，归根结底是要为交易服务的。交易本质上只有两个字，就是买与卖。如果想要扩展一下，那交易的根本就是 4 个字——低买高卖。

9.2　买卖点分类

缠论关于买卖点的定义是十分清晰的，没有任何模糊或让人产生歧义的地方。经过总结，缠论作者将买卖点分为 3 类，并根据出现的位置不同将其定义为一买、二买和三买。与之对应的，或者说与之方向相反的，就是一卖、二卖和三卖。缠论作者说得很明确，除了这 3 类买卖点，缠论体系框架下再没有其他值得关注的买卖点。

9.2.1　第一类买卖点

缠论对买卖点的控制是极其严格的。缠论作者有过大资金参与经历，见识过市场的变化，深知买入位置的重要性，唯有买在低位，争取在最短时间获得利润，才能为后续的操作赢得主动。这个位置，就是原有趋势力度行将枯竭，反趋势作用力即将爆发的那个点。

缠论认为"走势终完美"，所有走势最终都要完成属于它的类型，并在该类型完成后演变成其他类型走势。例如一个下跌趋势，根据走势类型分类，后面的运行必然向盘整和上涨这两种类型演变，过程中下跌趋势转折时的关键拐点就是最有利的位置，也就是缠论的第一类买点。

同理，根据走势类型分类，一个上涨趋势后面必然向盘整和下跌这两种类型演变，过程中上涨趋势转折时的关键拐点就是利润最大化的有利位置，也就是缠论的第一类卖点。

趋势是根据中枢的数量来确定的，只有同级别图上出现至少两个同向中枢，才能认定当前是趋势行情。中枢一旦确定就会产生可以对比的背驰段，通过对比价格背后的动力大小，就能找到原有趋势由强转弱或由弱转强的那一刻。

通过引入动力学的背驰概念，缠论作者让原本属于静态的形态学焕发出生命，同时给出严格的第一类买卖点定义。

第一类买点定义：某级别下跌趋势中，一个次级别走势类型向下跌破最后一个走势中枢后形成的背驰点。

第一类卖点定义：某级别上涨趋势中，一个次级别走势类型向上突破最后一个走势中枢后形成的背驰点。

如果能熟练掌握中枢、背驰等内容，读者对买卖点的理解应该会很轻松。其实在前面的内容中我们对买卖点的问题已经有所涉及，这里不过是系统地总结而已。简单来说，逃顶一定要用顶背驰，寻底一定要用底背驰。

图 9-1 所示是底背驰第一类买点示意图。

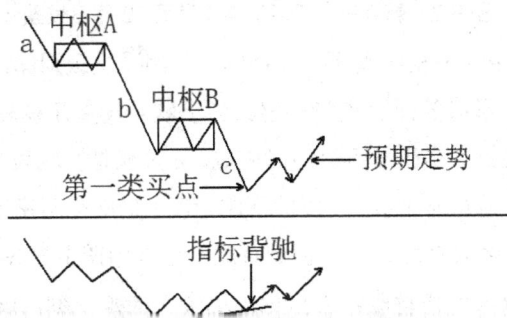

图 9-1 底背驰第一类买点示意图

图 9-1 中水平横线是分割线，上半部分是价格示意图，下半部分是指标示意图。当价格完成"a+A+b+B+c"模式，确认下跌趋势后，其实趋势已经可以随时完结。当 c 段向下跌破最后一个走势中枢时，我们可以将 c 段与之前的 b 段进行对比，对比的方式就是前面提过的形态、指标以及均线。由于指标相对而言比较直观，易于观察，大部分投资者都愿意通过指标来衡量价格是否发生背驰。具体做法是，当 c 段价格创出新低而指标未能与价格同步创出新低时，此时认为价格下跌动力已经开始枯竭，未来预期的走势应该如图 9-1 所示，价格开始逆转并展开一段反趋势行情。在背驰发生的那一刻，缠论第一类买点产生。

图 9-2 所示是鞍钢股份（000898）2019 年 3 月至 12 月的日线图。

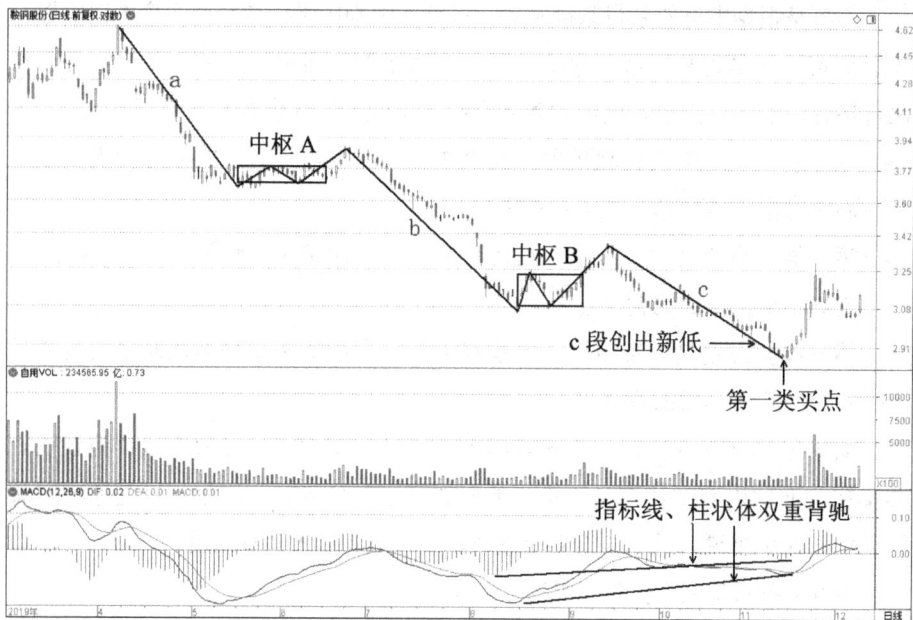

图 9-2　鞍钢股份 2019 年 3 月至 12 月日线图

图 9-2 是历时 9 个月的大型下跌趋势图，不用看次级别图，本级别图就已经能够画出下跌途中形成的两个走势中枢。当下跌 c 段离开最后一个中枢 B 并创出新低时，下跌趋势其实已经可以随时完成，c 段就是背驰段，可以与之前的 b 段走势作比较了。从形态上看，c 段的下跌角度（也就是斜率）以及下跌幅度都小于 b 段，说明已经有背驰发生。但最直观的还是副图上的 MACD 指标，其柱状体和指标线双双与价格背驰，当指标出现金叉的那一刻，就是该股的第一类买点。

图 9-3 所示是顶背驰第一类卖点示意图。

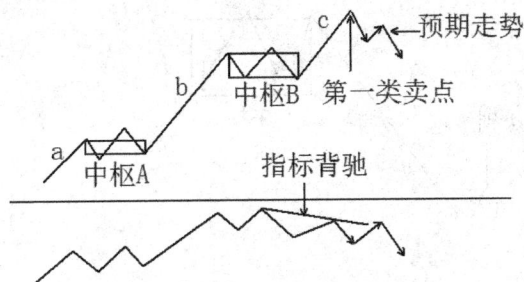

图 9-3 顶背驰第一类卖点示意图

图 9-3 中水平横线是分割线，上半部分是价格示意图，下半部分是指标示意图。当价格完成"a+A+b+B+c"模式，确认上升趋势后，其实趋势已经可以随时完结。当 c 段向上升破最后一个走势中枢时，我们就可以将 c 段与之前的 b 段进行对比，对比的方式前面提过，主要是形态、指标以及均线。这里我们依然采用指标进行观察，看价格是否发生背驰。具体做法是，当 c 段价格创出新高而指标未能与价格同步创出新高时，此时认为价格上升动力已经开始枯竭，未来预期的走势应该如图 9-3 所示，价格开始逆转并展开一段反趋势行情。在背驰发生的那一刻，缠论第一类卖点产生。

图 9-4 所示是韶钢松山（000717）2018 年 12 月至 2019 年 6 月的日线图。

如该股这般一个大波段走势发生顶背驰的情况在市场上经常发生。我们看图 9-4 中依次形成两个同向中枢，只不过一个是次级别中枢，也就是在日线次级别图（30 分钟图）上可以观察到的中枢，另一个则直接在本级别图上显示出来。当 c 段离开最后一个中枢并创出新高的时候，一方面上涨趋势可以确立，另一方面上涨趋势也可以随时完成，而 c 段就是可以与 b 段走势作对比的背驰段。从形态上看，c 段除了上涨角度大于 b 段，幅度与时间都远远小于 b 段，表明背驰已经发生。观察最直观的副图上的 MACD 指标，柱状体和指标线与价格均发生背驰，当指标出现死叉的那一刻，该股的第一类卖点产生。

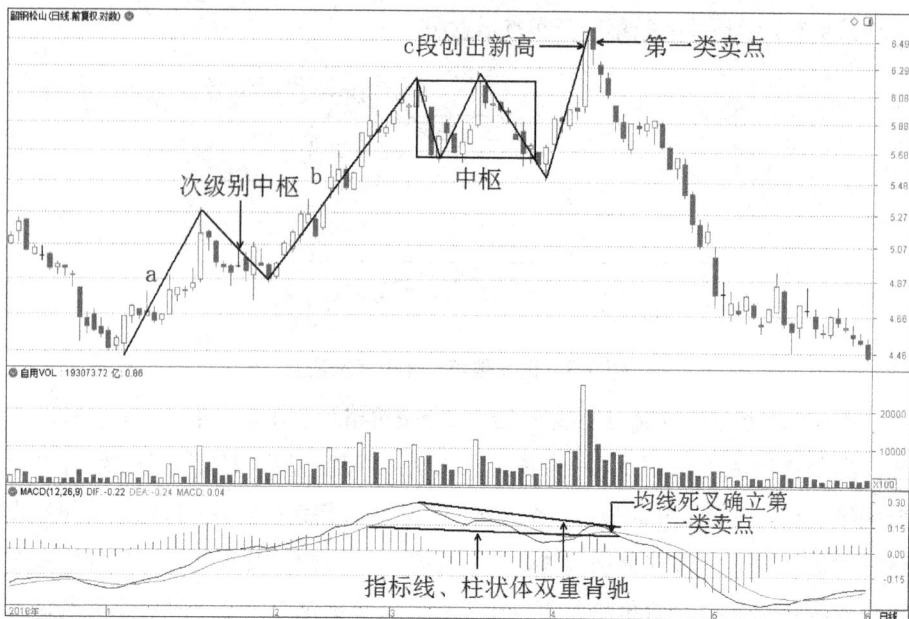

图9-4 韶钢松山2018年12月至2019年6月日线图

　　无趋势不背驰，第一类买卖点既然都与背驰有关，也就必然与趋势有关。趋势要求至少有两个同向的中枢，那么第一类买点至少要出现在第二个中枢之下，而第一类卖点至少要出现在第二个中枢之上，按照这样的逻辑关系，缠论推导出第一类买卖点的特性。

　　第一类买点特性：产生在下跌趋势最后一个中枢的下面，由背驰引发。

　　第一类卖点特性：产生在上涨趋势最后一个中枢的上面，由背驰引发。

9.2.2　第二类买卖点

　　第二类买卖点与第一类买卖点息息相关，在第一类买卖点之后出现。

　　背驰引发第一类买点后，价格发生一段反趋势运行，当第一次次级别上涨结束后，价格在次级别图上还会发生一次回调。缠论作者关于这个回调低点的定性是："这个低点比较安全，是市场上仅次于第一类买点的位置。"因为这个买点清晰可见又相对安全，缠论作者认为这个买点反而更适合普通投资者参与。该类买点的瑕疵在于，与第一类买点相比，其价格距离底部已经上涨了一段。

同理，当背驰引发第一类卖点后，价格开始反趋势运行，当第一次次级别下跌结束后，价格在次级别图上还会对原高点再次发起一次冲击。缠论作者关于这个反抽高点的定性是："这个回抽高点处在市场相对高位，是仅次于第一类卖点的位置。"因为此时背驰已完全确认，缠论作者认为该卖点清晰可见，反而更容易被普通投资者把握。该类卖点的瑕疵在于，与第一类卖点相比，价格距离顶部已经下跌了一段。

图 9-5 所示是第二类买点示意图。

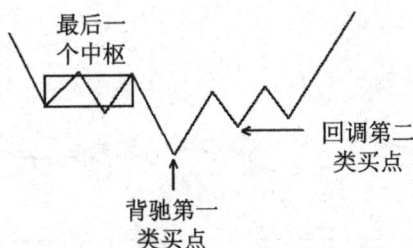

图 9-5 第二类买点示意图

第二类买点不会单独出现，它是在第一类买点出现后出现的，即使是盘整背驰也是如此。关于第二类买点的争议很多，有的说它类似于波浪理论中 3 浪的起点；有的说它是对中长期均线的回踩；还有的说它是原有趋势结束，新趋势产生的第一个中枢的开端。不管怎么说，有一点可以肯定——这个买点比较安全也容易把握。安全是相对于第一类买点而言的，毕竟背驰时候价格还处在下跌段当中，风险看起来依然很高，而此买点形成时价格走势却已经变得明朗。容易把握是说这个点在其他理论或分析工具里也有体现，哪怕对缠论的了解程度不够，投资者通过其他手段也能抓住这个点。

图 9-6 所示是益生股份（002458）2018 年 6 月至 2019 年 3 月的日线图。

在图 9-6 中我们添加了均线指标。左侧是一段下跌趋势，分别形成两个中枢，价格在离开最后一个中枢后创出新低，但指标中的柱状体却没有同步跟随，从而发生背驰，出现第一类买点。其后价格展开强有力的反弹，直接越过最下面的中枢，并在价格回调时，在图中标注处出现第二类买点。我们看其后价格展开大幅上涨，确实有点主升浪的意味。

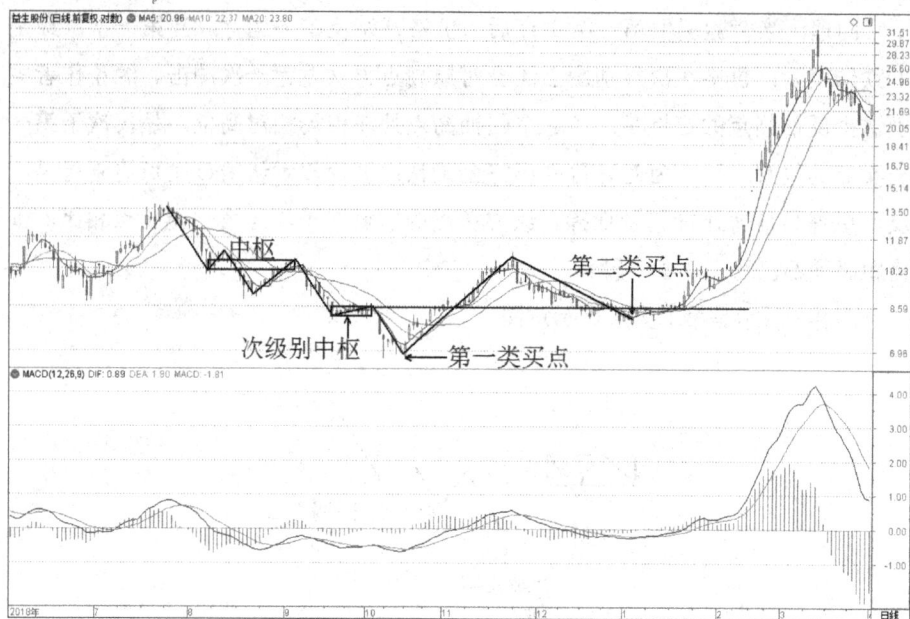

图 9-6　益生股份 2018 年 6 月至 2019 年 3 月日线图

图 9-7 所示是第二类卖点示意图。

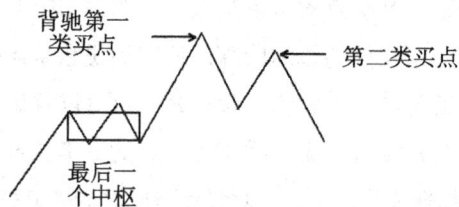

图 9-7　第二类卖点示意图

　　第二类卖点反映的是价格上涨动力最后的消耗，也出现在第一类卖点之后。缠论中第二类卖点很重要，特殊时候它甚至可以充当第一类卖点。例如价格在本级别上涨趋势形成背驰后迟迟没有出现，而是形成所谓"盘头"走势，等到价格回调一段再向上冲击高点时，背驰才真正形成，看起来第一类买点刚刚出现，但其实这已经是第二类卖点了。投资者如果不能有效辨识，还想等待想象中的第二类卖点出现时离场，可能就要被套在"山顶"了。在技术工具中，这一类卖点更多地表现在均线斜率大幅放缓上。

　　图 9-8 所示是国药一致（000028）2019 年 1 月至 6 月的日线图。

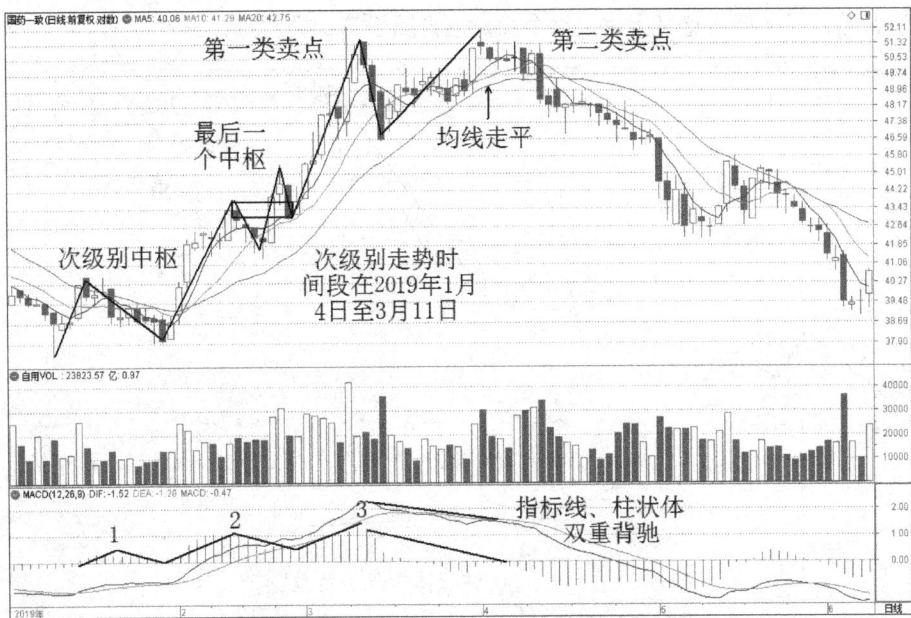

图 9-8　国药一致 2019 年 1 月至 6 月日线图

图 9-8 是一个经典实例，其左侧是一段趋势行情，只不过该趋势有点特殊，就是最后的背驰段由于次级别力度很大，导致该级别没有背驰现象发生。我们看价格创出新高时，MACD 指标无论是指标线还是 3 段柱状体都跟随股价创出新高，看起来走势力度很强，趋势也完整。但如果观察次级别图，其实价格最后冲高时第一类卖点已经出现，只不过本级别图中没有表现出来而已。其后价格回调企稳，展开二次冲顶，此时均线开始走平，指标线与柱状体双双发生背驰，第一类卖点似乎刚出现，其实这已经是第二类卖点了，投资者如果不能有效辨识，后面的深跌足以将投资者套在里面。

图 9-9 所示是国药一致（000028）2019 年 1 月 10 日至 4 月 2 日的日内 60 分钟图。

由于 30 分钟图上面 K 线数量太多，观察效果不好，因此我们采用 60 分钟图来观察。图 9-9 中左侧就是日线图中标注的时间段内的走势，明显是一个趋势行情。该股特殊的地方在于，在背驰段 c 段内部结构中可以细分出 5 小段行情，构成粗箭头所示的整段行情。像这种走势在波浪理论中被称为延长浪，缠论中认为次级别走势力度强，因为它脱离了单一的结构，这也就是图 9-8 中日线级别没有出现背驰的理由。但在 5 小段行情走势完成后，除了 c 段内部出现小的背驰之外，与 b 段的对比也整体发生背驰。根据第一类卖点的定义，次级别图此时已经出现卖点，只不过日线级别没有反映出来，如果投资者技术不精，很容易将这个卖点错过。等到股价回调对高点再次展开冲击时，尽管此时日线图出现背驰，但从严格意义上讲，这个卖点已经属于第二类卖点。

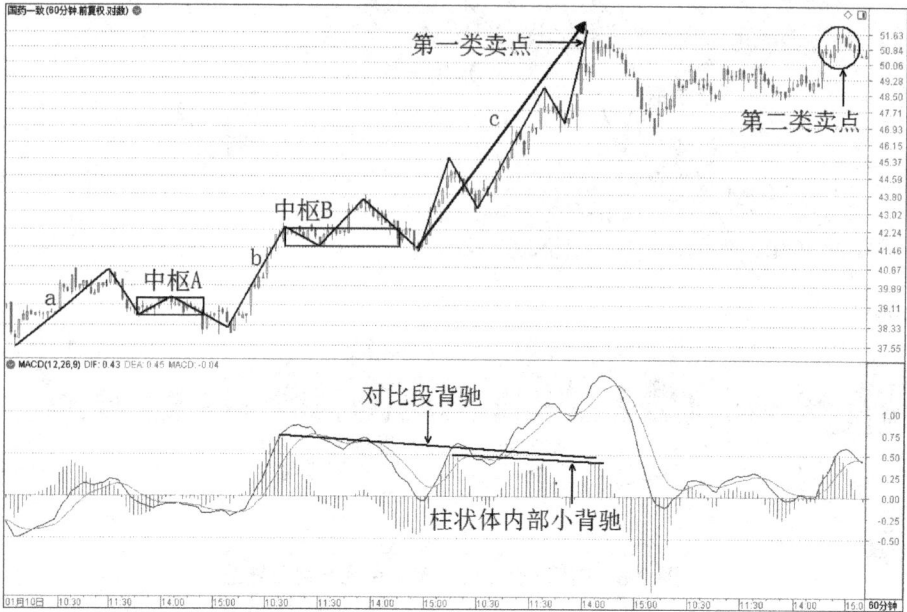

图 9-9　国药一致 2019 年 1 月 10 日至 4 月 2 日日内 60 分钟图

图 9-10 所示是兴业银行（601166）2019 年 8 月至 12 月的日线图。

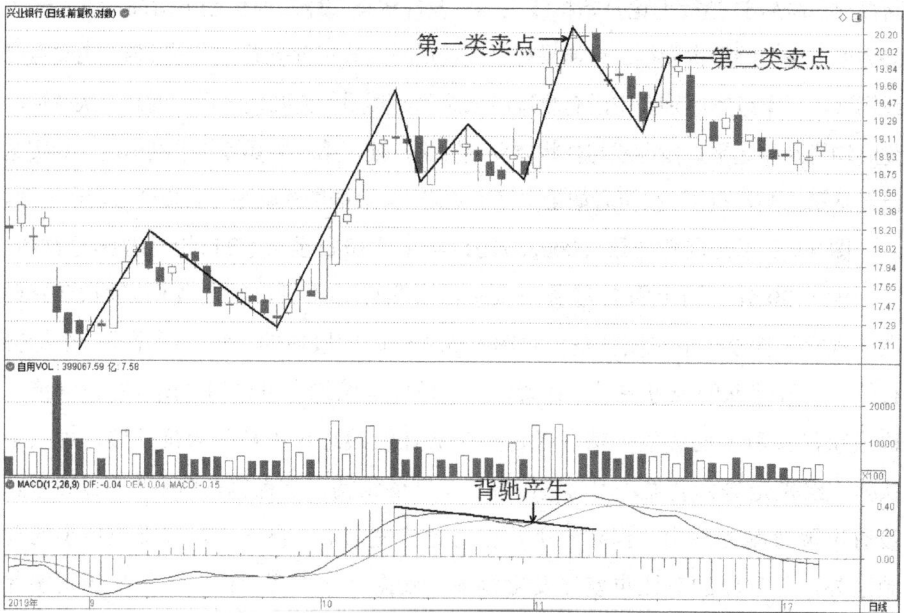

图 9-10　兴业银行 2019 年 8 月至 12 月日线图

类似于该股这种普通的第二类卖点在市场上其实非常普遍，大家只要能加强看图训练，其实很容易掌握。第二类卖点虽然不能让投资者在绝对高位卖出，但却能在一个相对高位获利出局，结果也能让人满意。

第二类买卖点与第一类买卖点密切相关，作者将其进行整合，提炼出缠论买卖点定律。

缠论买卖点定律：任何级别的第二类买卖点都由次级别相应走势的第一类买卖点构成。

以下跌趋势为例，本级别发生底背驰产生第一类买点后，价格在次级别图上会有一段上涨，随后还会有一个回调，这个回调就构成本级别的第二类买点。站在次级别角度看，本级别第二类买点的产生其实是次级别底背驰发生后的第一类买点。上升趋势是下跌趋势的反向应用，大家多思考一下就可以理解。

第二类买点特性：第二类买点由次级别第一类买点构成；第二类买点不受固定位置的约束，可以出现在中枢的任意位置，甚至可以比第一类买点位置更低。

第二类卖点特性：第二类卖点由次级别第一类卖点构成；第二类卖点不受固定位置的约束，可以出现在中枢的任意位置，甚至可以比第一类卖点位置更高。

9.2.3 第三类买卖点

第三类买卖点与第二类买卖点有联系，也有区分。

与第二类买卖点没有位置限制的特点不同，第三类买卖点本身有固定的位置。究其原因，主要是当第三类买卖点出现的时候，价格已经运行了很长一段时间，走势空间也有了一定的幅度，此时如果不对买卖点加以严苛的限定，很容易陷入错误的走势中，进而失去已经到手的利润或扩大无谓的损失。

图 9-11 所示是第三类买点示意图。

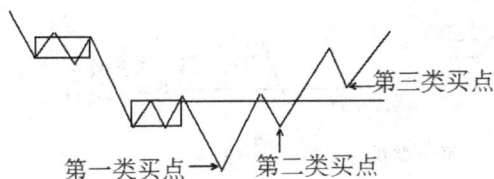

图 9-11 第三类买点示意图

价格背驰产生第一类买点，经过次级别上涨与回调产生第二类买点，次级别再次上涨后，回调时低点不回到中枢之内，这就是第三类买点。

图9-12所示是海能达（002583）2019年8月15日至9月18日的日内30分钟图。

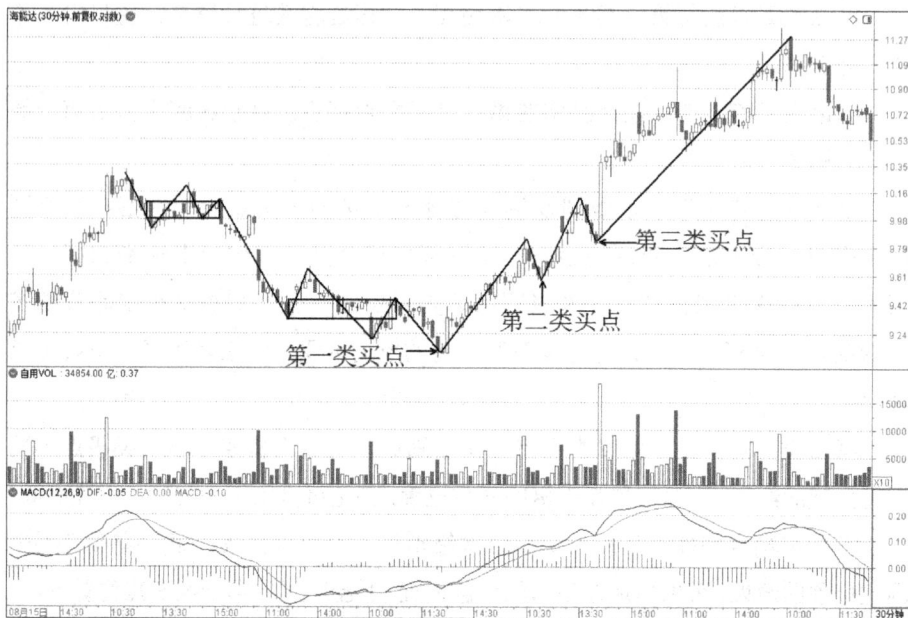

图9-12　海能达2019年8月15日至9月18日日内30分钟图

该股左侧下跌趋势背驰后产生第一类买点，其后经过次级别上涨与回调出现第二类买点，接着次级别走势再次上涨，回调时在中枢上方企稳，这个低点就是第三类买点。

有的时候，如果市场反弹过于强劲，则价格会在起步阶段就越过最后一个中枢，如果经过次级别回调在中枢之上企稳，则此时第二类买点和第三类买点就会发生重合，这一点读者也要注意。

图9-13所示是第二类、第三类买点重合示意图。

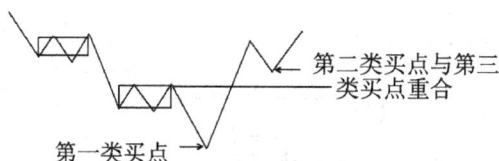

图9-13　第二类、第三类买点重合示意图

图 9-13 中如此强劲的走势大都发生在龙头股身上，交易时如果发现此类机会，投资者要敢于进场。一般来说，第二段的涨幅至少会与第一段相当。

图 9-14 所示是韶钢松山（000717）2019 年 1 月至 12 月的日线图。

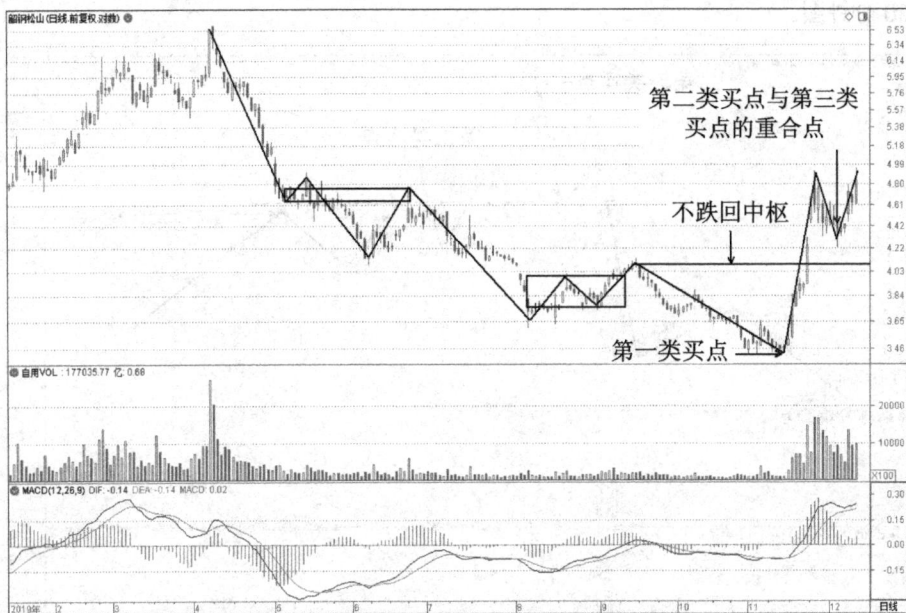

图 9-14　韶钢松山 2019 年 1 月至 12 月日线图

该股是一个经典实例。从 2019 年 4 月开始，历时 7 个月时间，该股走出了一个大型下跌趋势并发生背驰，其后股价在普钢板块反弹中成为龙头股，第一波攻势就突破最后一个中枢。经过次级别回调后，该股在最后一个中枢上方企稳，形成第二类买点与第三类买点重合的局面，启动第二波上涨。

图 9-15 所示是第三类卖点示意图。

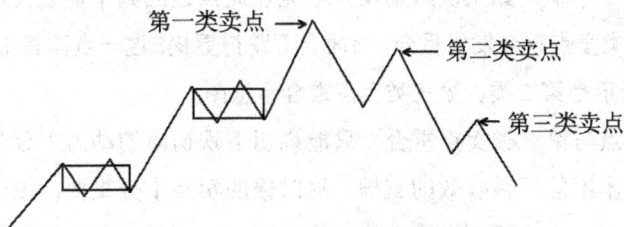

图 9-15　第三类卖点示意图

该股左侧上涨趋势背驰后产生第一类卖点，其后经过次级别卜跌与反弹出现了第二类卖点，接着次级别走势再次下跌后对中枢位置进行反抽，但并不能越过或进入中枢，高点只能到达中枢下方，这个高点就是第三类卖点。

图 9-16 所示是宏昌电子（603002）2019 年 9 月 30 日至 11 月 13 日的日内 30 分钟图。

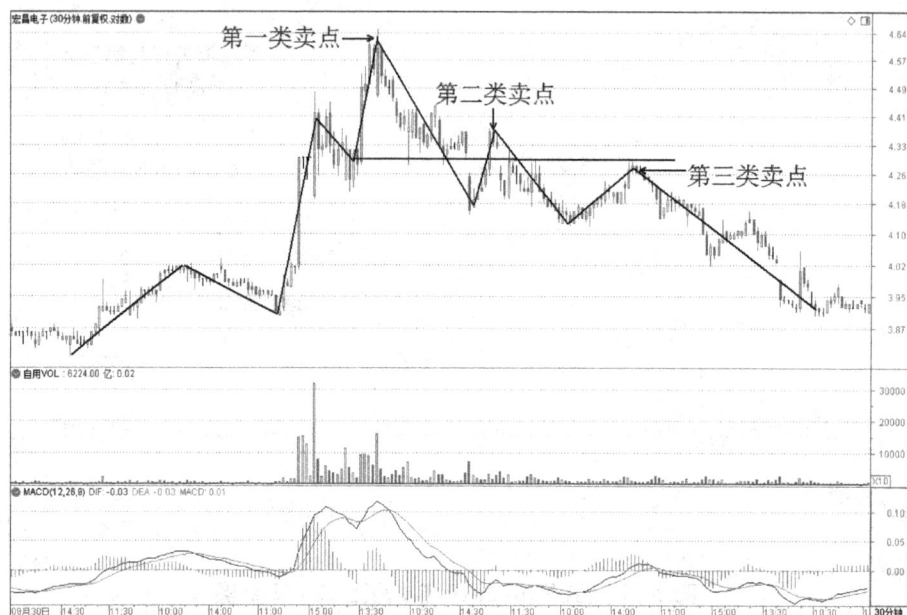

图 9-16　宏昌电子 2019 年 9 月 30 日至 11 月 13 日日内 30 分钟图

该股 3 类卖点都清晰可见，其中第三类卖点是反抽不过左侧最后一个中枢的典范。在最后的离场机会消失后，该股后面的下跌就显得非常快速，再也不给投资者比较合适的离场机会了。

有的时候，如果市场动力充足，价格下跌会很迅速，会在刚开始跌的时候就越过最后一个中枢。如果次级别反弹不能让高点返回到中枢之内，此时第二类卖点和第三类卖点就会发生重合，后面会下跌得更快，这一点读者千万要注意。

图 9-17 所示是第二类、第三类卖点重合示意图。

第二类卖点与第三类卖点重合，只能说明下跌初段的动力十分强劲，左侧的中枢平台根本不能提供有效的支撑。这时候的卖点十分重要，投资者可能此时已经遭受亏损，内心不愿意卖出，但此时卖出至少日后还有机会获利，如果无谓地坚持，恐怕套牢程度会更深，再想获利会很困难。

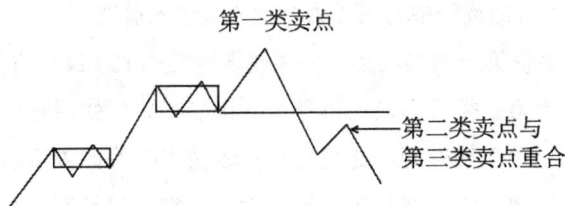

图9-17　第二类、第三类卖点重合示意图

图9-18所示是鞍钢股份（000898）2019年8月19日至10月8日的日内30分钟图。

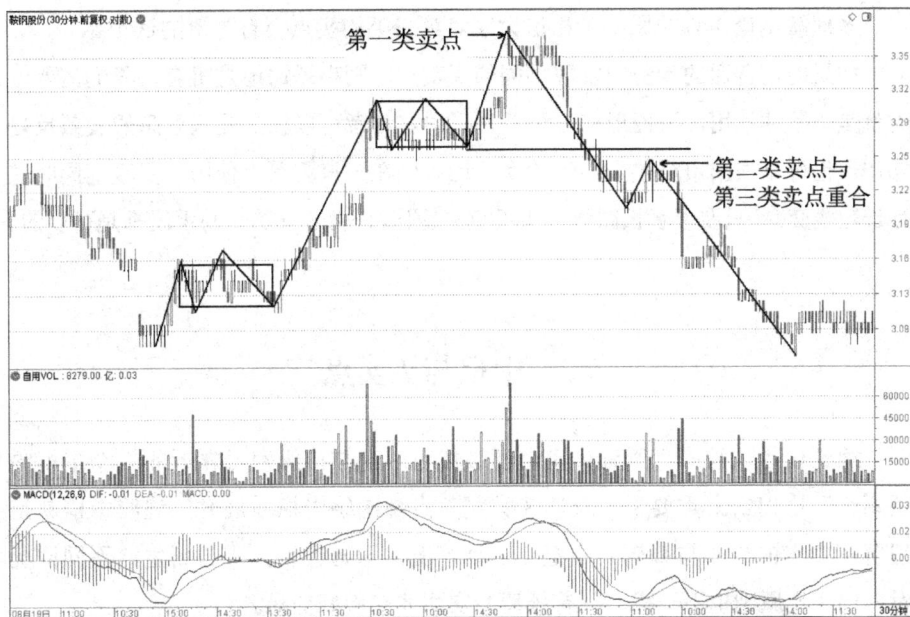

图9-18　鞍钢股份2019年8月19日至10月8日日内30分钟图

该股走势非常标准，这也是大资金参与的典型特征，非常符合规范。在走出左侧上升趋势后，股价出现背驰，展开右侧的下跌，第一段力度很大，直接跌穿左侧上涨趋势的最后一个中枢，随后展开次级别反抽，但高点未能进入左侧中枢之内，显示出反弹力度的疲弱。该股后续的下跌十分迅速，直到走出底背驰才企稳。

第三类买点特性：第三类买点只在中枢上方产生；第三类买点与第二类买点有的时候会发生重合；如果第三类买点力度强劲，则有可能出现中枢新生从而让趋势延续，也有可能在离开中枢后成为背驰段或进入盘整。

第三类卖点特性：第三类卖点只在中枢下方产生；第三类卖点与第二类卖点有的时候会发生重合；如果第三类卖点力度强劲，则有可能出现中枢新生从而让趋势延续，也有可能离开中枢后成为背驰段或进入盘整。

缠论作者非常偏爱第三类买卖点，在《教你炒股票 108 课》的第二十课中，作者有如下论述："第三类买卖点比第一类、第二类要后知后觉，但如果把握得好，则往往不用浪费盘整时间，比较适合短线技术较好的投资者。但一定要注意，并不是任何回调、回抽都是第三类买卖点，它必须是第一次。而且，第三类买卖点后不一定是趋势，也有进入更大级别盘整的可能。但这种买卖之所以必然获利，就是因为即使有盘整，也会有高点出现。"

多理解缠论作者的原文，相信大家对第三类买卖点会有更深的认识。

如果能在普通的走势中发现不同的买卖点，则市场遍地是机会，我们需要做的就是不断地运用，进而形成一种条件反射。读者可以锁定几只熟悉的股票反复操作，也可以根据市场热点不停轮换，还可以在一只股票上使用不同级别同时进行长短线交易。只要读者按照缠论买卖点去操作，任何合理的交易手段都是可以的。

9.3　中枢与买卖点

缠论作者认为："所有买卖点都必然对应着与该级别最靠近的一个中枢的关系。"这句话太重要了，既然 3 类买卖点都围绕中枢而展开，说明中枢就是理解买卖点的核心与基础。中枢有 3 种情况，即延伸、扩张与新生，不同情况对应的买卖原则也不一样，只有搞清楚实质才能做好交易。

9.3.1　中枢延伸与买卖点

中枢延伸就是盘整。既然是盘整，就决定了所有价格运动最后都会向中枢靠拢。中枢延伸中，中枢上面只有卖点而没有买点，因为延伸的中枢必然会将中枢之上的所有价格拉回到中枢里面；中枢延伸中，中枢下面只有买点而没有卖点，因为延伸的中枢必然会将中枢之下的所有的价格拉回到中枢里面。

有一点读者要明确，从理论上讲，中枢形成后随时都可能被打破而结束延伸。因此，中枢延伸过程中下方的买点不一定会发生向上的转折，只有一种情况可以，那就是下跌趋势行情中的中枢买点，而这又与中枢延伸无关。现在我们清楚了，中枢延伸一般不会发生缠论中的三大买点，毕竟它只是盘整行情，即使有买卖点也是盘整买卖点。但这并不妨碍我们利用中枢震荡原理进行操作，尽管这种操作仅仅适用于短线行情。

图 9-19 所示是中枢延伸买卖示意图。

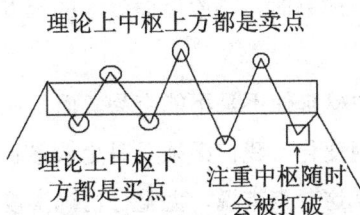

图 9-19　中枢延伸买卖示意图

在中枢延伸过程中，理论上中枢上方圆圈标注的地方都是卖点，因为后面价格一定会被拉回到中枢内从而发生向下转折。同理，理论上中枢下方圆圈标注的地方都是买点，因为后面价格一定会被拉回到中枢内，从而发生向上转折。但正如图中方框框定的位置一样，前面所说的只是一种理论上的论述，既然中枢形成后随时都会结束，那么中枢下方的低点不一定是绝对的买点，而中枢上方的高点也不一定是绝对的卖点，它们随时可能会离开中枢，导致中枢的新生，进而产生趋势行情。

图 9-20 所示是国元证券（000728）2019 年 3 月至 12 月的日线图。

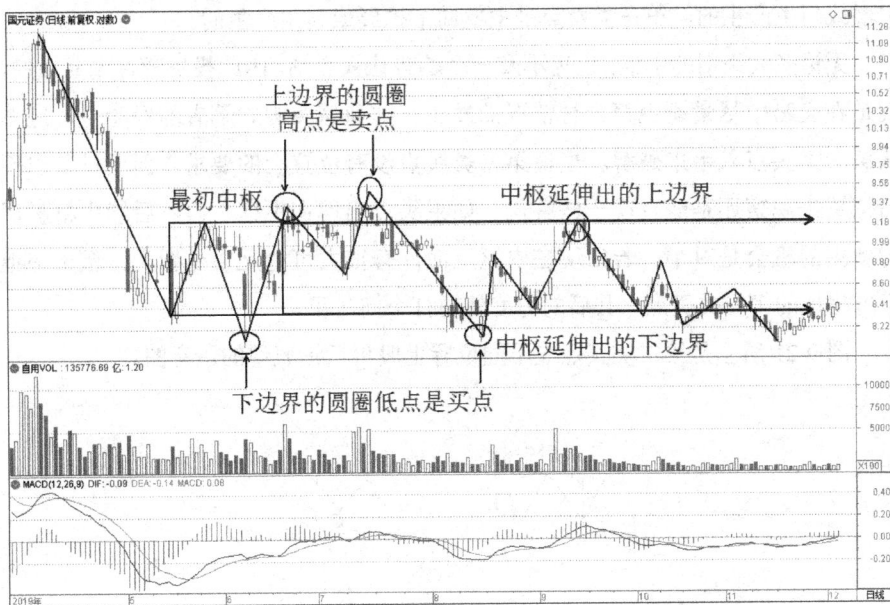

图 9-20　国元证券 2019 年 3 月至 12 月日线图

该股经历一波下跌后，形成图 9-20 中最初的中枢。在这之后，该股始终没有走出趋势行情，价格就围绕最初中枢延伸出的上下边界进行盘整，上边界出现的高点是卖点，因为后面要被中枢拉回；下边界出现的低点是买点，因为后面也要被中枢拉回。截至成书时，该股后面波动的幅度越来越小，大概率要面临方向上的选择。

现在我们了解了，中枢延伸不是不能交易，而是在交易的时候要始终保有一份戒心，一旦市场出现变化，我们必须及时更改最初的交易计划。盘整其实就意味着方向的选择，从这一点来说，盘整行情确实没有趋势行情的交易来得简单。

9.3.2 中枢扩展、新生与买卖点

之所以将中枢扩展与新生放在一起，是因为无论是扩展还是新生，在中枢上都会产生买点。中枢之上的买点是第三类买点，之后的扩展会导致更大级别的中枢出现，或者之后的新生会形成一个新的趋势，这是逃不过的两种情况。但中枢的扩展与新生不是只有一个方向，除了可以向上发展还可以向下发展，这就是中枢下面存在的第三类卖点。也可以这样理解，第三类买点是中枢向上扩展或新生产生的，第三类卖点是中枢向下扩展或新生产生的。

无论多大级别的中枢，也远不及一个趋势让人心动，因此投资者首先要做的，就是在交易中尽量避免第一种情况的发生。如何避免呢？笔者的经验是，应该从第二类买点入手来破解。虽说第二类买点没有位置上的要求，但通过其出现的位置来观察还是能发现一些端倪。如果买点出现在中枢之内，后续中枢扩展与新生的机会是对半；若出现在中枢上面，有很大可能是中枢新生；至于中枢下方出现的第二类买点，其后的力度就要打个问号了。

图 9-21 所示是第二类买点在不同位置上股价后续表现的示意图。

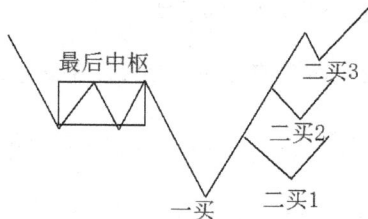

图 9-21　第二类买点不同位置股价后续表现示意图

我们看到第二类买点出现在不同的位置上，价格后续的表现也不尽相同。对于普通投资者来说，既然只能在上涨趋势中才有较大机会获利，那我们选股时就要尽量选择第二类买点所处位置好的股票，后续也才更有可能处在主动的地位，这是笔者多年交易的一个实用小技巧。

中枢扩展意味着更大级别的中枢产生，这个时候最好将看盘级别升级，即将本级别看成更高的级别，对行情的判断要在上一级别图上进行，而将本级别用在交易级别。

图9-22所示是立思辰（300010）2019年6月6日至7月16日的日内30分钟图。

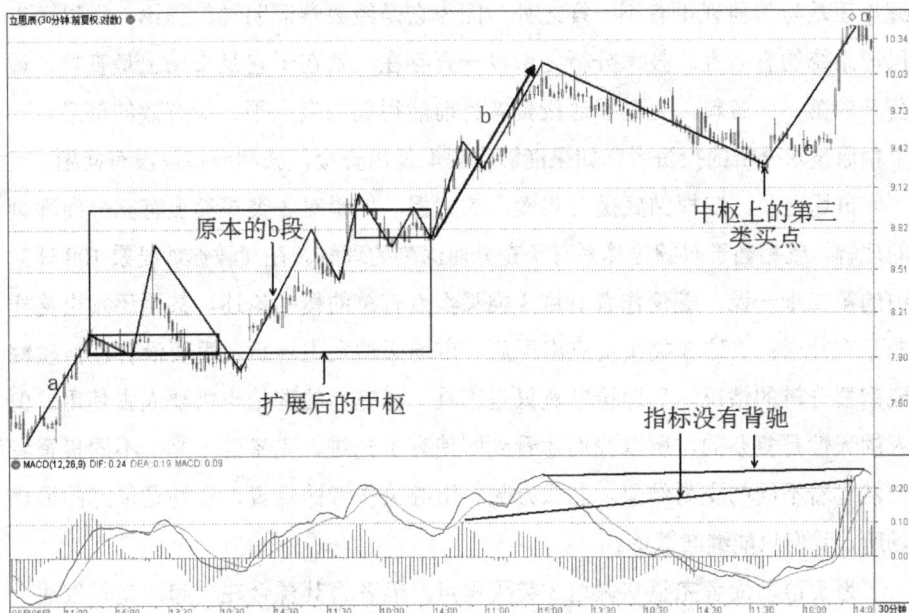

图 9-22　立思辰 2019 年 6 月 6 日至 7 月 16 日日内 30 分钟图

股价经过 a 段上涨后完成最初的一个中枢。从缠论的角度解释，本级别图上一般不会出现本级别中枢，只会出现次级别中枢，可一旦出现了，那就是高级别的中枢。原本的 b 段离开中枢后应该被看成背驰段，与 a 段进行对比，但股价在构筑新的中枢时与最初的中枢发生价格上的重叠，这就构成了中枢的扩展，即图9-22中大方框框定的区域。如此一来，原本的 b 段就包含在扩展中枢内了，新的 b 段则只能落在图中粗箭头标注的部分。需要注意的是，新的 b 段完成后价格开始回落，刚好在扩展中枢上面止跌，这是短线最理想的第三类买点。我们看到股价在其后快速拉升，短线效果惊人。对比新的 b 段与 c 段，指标并没有发生背驰，说明上升动力还在，后续经过调整还有冲高机会。

读者如果感兴趣，可以打开本图的高级别图，也就是日线图进行观察，二者对照就能理解本图的说明。

9.4　买卖点辨析

缠论体系属于技术分析体系，不过用缠论作者的话说，同样是技术分析，缠论还是与其他理论有不一样之处，因为它是经数学证明过的理论，所以可以保证系统的有效性。技术分析之所以一直存在，就在于它是市场上最直接、最公开的第一手资料，也是普通投资者目前能得到的最公平、最有效的信息。一个精通技术分析的投资者，如果能够合理地使用资金，获利应该说没有问题。

市场交易，归根结底是对买卖点的把握，如果对3类买卖点有充分而深刻的理解，就相当于对缠论体系有了充分而深刻的理解。在《教你炒股票108课》中的第二十一课，缠论作者对这3类买卖点有总的概括论述，甚至还发出这样的豪言壮语："这3类买卖点出现后，市场必然发生转折，里面没有任何模糊或需要分辨的情况。"理论毕竟只是工具，再完美的理论也需要人去使用。但人的天性是复杂的，所以我们才看到即使有了先进、完备的工具，不同投资者依然有着不同的交易结果。怎么办呢？用缠论作者的话说，市场是最好的锻炼场所，我们只能继续锻炼。

为了帮助读者完整掌握这3类买卖点，笔者将其糅合在一起，完整叙述一下缠论体系的交易规则。

下跌趋势中，背驰产生一买，次级别回调出现二买，中枢上方企稳不回中枢是三买。如果一买力度大直接穿越中枢然后回调，中枢上方企稳不回中枢是二买与三买重合。

上涨趋势中，背驰产生一卖，次级别反抽出现二卖，中枢下方止涨见高是三卖。如果一卖力度大直接穿越中枢然后反抽，中枢下方止涨再次下跌是二卖与三卖重合。

市场不断地循环与轮回。从纯操作的角度出发，任何买卖点归根结底都是某一级别的第一类买卖点，普通投资者只要学好背驰，确定适合自己的操作级别，在底背驰买入、顶背驰卖出，就足以保证在市场上获利。但要注意，背驰只能应付绝大多数情况，有一种情况是做不到的，就是前面强调过的小级别转大级别，进而引发大级别产生买卖点。原因很简单，就是小级别的级别太低，在大级别上面不足以引发第一类买卖点出现，这个时候需要第二类买卖点来补充。当然，第二类买卖点不是针对这种情况而来的，它只是针对这种情况起补充作用，在小级别转大级别的时候，如果没有第一类买卖点，则第二类买卖点就是最理想的。

第二类买点中最强的结构就是与第三类买点重合，最弱的结构就是反弹高点仅能达到离开最后一个中枢的线段最低点，这样就构成中枢盘整背驰，后面无非是中枢延伸与扩展，不容易形成趋势行情。还有一点，第二类买点与第三类买点并不一定是相邻的，中间可能会存在更多的中枢盘整走势，这种情况下都可以看成第二类买点。

第三类买点适用于短线操作，但第三类买点后并不必然是趋势，更大的盘整也有可能。在实际操作中，建议缠论初学者放弃中枢的震荡盘整，只参与明确的趋势行情，这样安全性更高。

关于缠论部分的内容到这里其实已经完结了，与其他存于世上的理论一样，缠论交易体系其实也是简单的，掌握好分型与笔，一套简单的交易体系就已经成形。熟悉并理解线段、中枢与背驰，更高级别的交易体系已经可以被构建出来，如果能学会在不同级别间转换，市场走势在你眼中就会变得非常简单。这个时候，缠论对你来说已不重要，重要的是不断地锻炼，理解缠论背后的含义，或许，这才是缠论作者的真实目的。

第 10 章

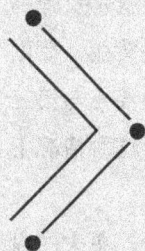

缠论工具篇之均线

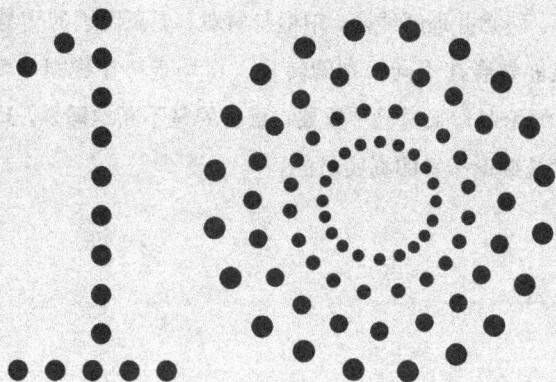

在《教你炒股票108课》的第二十七课中，缠论作者将学习缠论的成果分为几个阶段，发现的确有很多人学缠论多年还不能单独运用，一定要借助某种工具才行。缠论作者注意到了这个问题，于是引入了一些辅助工具帮助大家更好地理解缠论，均线就是工具之一。

10.1　均线指标

均线全名叫移动平均线，简称为 MA，是英文 Moving Average 的缩写。

10.1.1　均线概述

均线的原理很简单，就是利用数理统计学的原理，计算在某一设定时间内群组数据的平均值。其优点在于，均线代表的数字虽然只有一个，但群组中的每一个数据都会被采样，这就平滑了单一数据的变化，让均线变得稳定；缺点在于，群组数据中，某个特别大或特别小的数值会影响整体计算效果。均线属于趋势类指标，它可以完整追随趋势并能将其准确表达，这是它的独特魅力。均线理论简单易学，容易上手，从诞生之日起就受到投资者的欢迎，其操作体系的集大成者就是葛兰碧，他总结出了"均线八大买卖法则"。均线有趋势、平稳、助涨、助跌的特点，使用技巧也有很多，如交叉、扣抵、乖离、反压、周期、黏合、缠绕等。

分类是技术指标在交易中最大的作用，这一点缠论作者说得很清楚。他曾经说过："如果技术派抱着技术指标给出的信号做交易，那穷其一生也很难有大的成功。但如果站在纯粹分类的角度看待技术指标，那么它就会发挥出最大的威力。"

缠论是一种投资理论，本来与具体的投资工具无关。但对于均线而言，既然学缠论的人总是不能由内而外厘清本源，那就只好借助工具，进行由外而内的学习，均线承担的就是这样一种职责。

10.1.2 均线系统

在《教你炒股票108课》系列文章中，缠论作者对均线给出了明确的认知结论："最简单又最实用的技术指标系统就是所谓的均线系统。"这样的结论不止缠论作者一个人说过，很多有经验的投资高手也都观察到了这种现象，只不过缠论作者更有心得而已。

按照缠论作者的观点，均线是一个不太精确的指标，特别是短期均线。投资者如果按照常见的均线使用方法，在价格升破均线时买入，跌破均线时卖出，成功率绝不会很高。中期均线和长期均线比短期均线可能会好一点，但效果也不是很理想，特别是具体的均线参数，因为实际上可供选择的周期太多，很难确定。缠论作者认为："真正好用的均线指标其实是均线系统，即由若干条代表短、中、长期走势的均线构成的技术评价系统。"

在缠论作者看来，任何技术指标从本质上讲都只是一个评价系统，我们可以通过这个系统来评判价格走势的强弱，而不是利用它来寻找交易信号。缠论作者还指出，交易的关键在于确定进入的标准，这个标准就是投资者所拥有的资金量以及交易时间，离开这个标准，一切都是无稽之谈。交易中最重要的是要明白均线使用的奥妙，至于均线参数，投资者不必过于在意，只要觉得适合自己就好。

现在市场上各个版本的证券分析软件都设有均线指标，而且多达8条，参数从2～500都可以设置，足够投资者建立起自己的均线系统了。目前，软件上的常规均线由5日、10日、20日、30日、60日、120日和250日均线组成。此外，斐波那契神奇数列也被投资者当作均线参数普遍采用。

随着价格的变动，不同参数间的均线一定会发生某种关系，在缠论中，缠绕就是具体的使用方法。

10.2　均线与缠论

在缠论体系中，均线只作为辅助工具使用，不过作者也承认，虽然只是辅助系统，但如果运用得法，获取稳定收益还是可以做到的。

10.2.1　均线关系

关于均线的具体使用，缠论作者说过这样一句话："任何两条均线的关系，其实就是一个缠绕的问题。"这里的"任何"两个字，说明只要是周期参数不同，两条均线就必然会在某个位置发生缠绕现象，而不仅限于缠论中举例用的 5 日与 10 日均线。作者用市场中常见的 5 日与 10 日均线举例，仅仅是为了说明均线之间的关系以及均线使用的技巧，毕竟短期均线变化得快一点，能更好地反映缠论的内容。均线的使用方法有很多，为何缠论作者单单使用缠绕这一技巧呢？主要的原因还在于盘整。

均线是趋势类指标，这类指标的大敌就是盘整。盘整的特征我们知道，就是价格在某个区间内来回震荡，而这也刚好是均线缠绕时的表现形式，因此将均线之间的缠绕看成价格在盘整其实是完全可行的。这样一来，均线作用能得到最充分的发挥，缠绕时看作价格在盘整，分离时能更好地表达趋势行情。

缠论作者对长、短期均线之间的关系有如下 3 点定义。

■ 第 1 点：短期均线略略走平后继续按原来趋势进行下去。

■ 第 2 点：短期均线靠近长期均线但不跌破或升破，并按原来趋势继续进行下去。

■ 第 3 点：短期均线跌破或升破长期均线甚至出现反复缠绕。

通过定义我们知道，只有均线的第 3 点定义，也就是均线的缠绕可以代替盘整，而均线的第 1 点定义与第 2 点定义则代表离开中枢的趋势行情。

用 5 日和 10 日均线构成均线系统，看看均线在不同状态下的走势特征。

图 10-1 所示是晨光文具（603899）2019 年 9 月至 11 月的日线图。

在图 10-1 中两处方框框定的地方，我们看到 5 日均线仅仅是略略走平，其后便恢复了上攻热斗，这就是均线的第 1 点定义的结构，表明回调力量很弱。

图 10-2 所示是利通电子（603629）2019 年 9 月至 11 月的日线图。

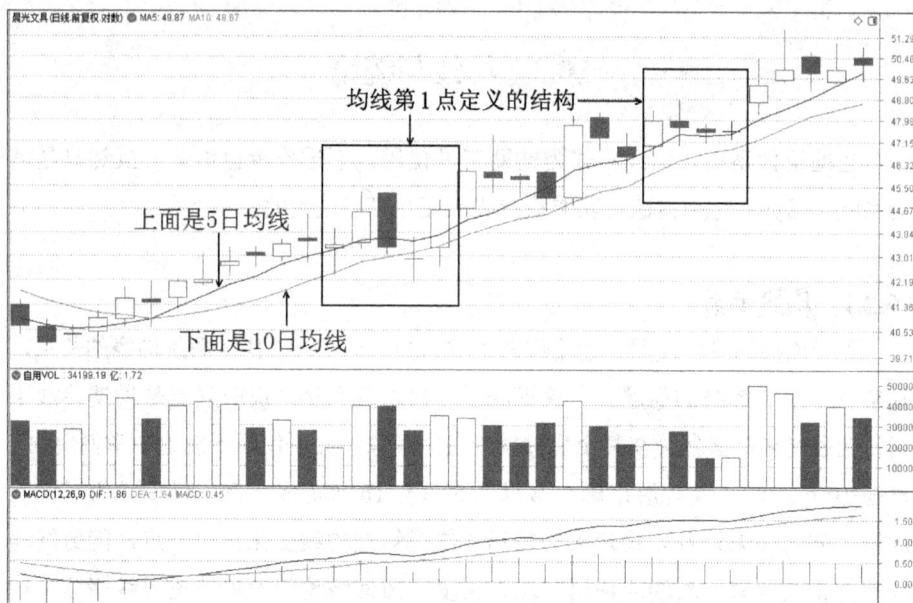

图 10-1 晨光文具 2019 年 9 月至 11 月日线图

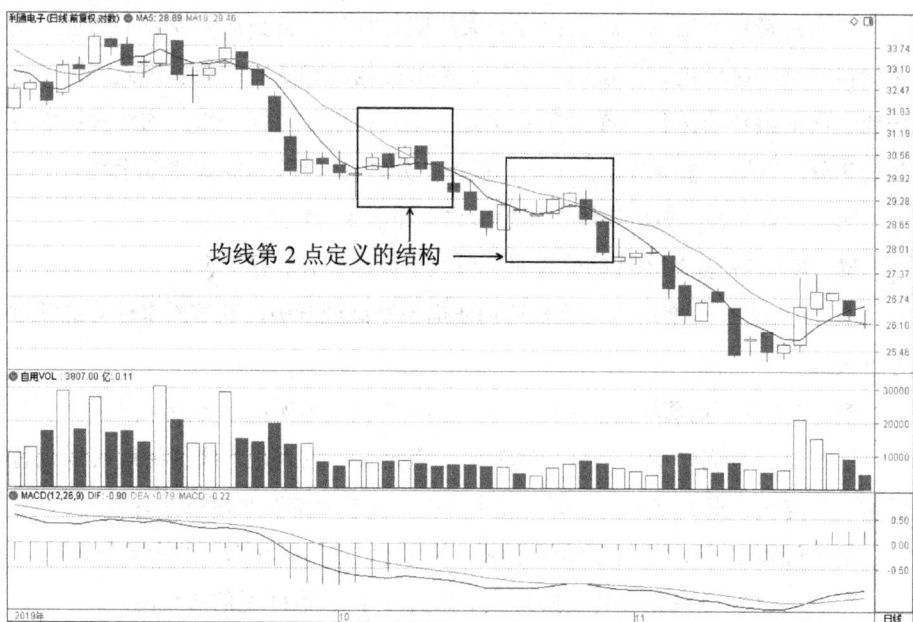

图 10-2 利通电子 2019 年 9 月至 11 月日线图

在图 10-2 中两处方框框定的地方，我们看到 5 日均线已经靠近但并没有突破 10 日均线，随后恢复了下跌势头，这就是均线的第 2 点定义的结构。本图表明反弹力量已经开始凝聚，对下跌开始进行强有力的抵抗。

图 10-3 所示是海得控制（002184）2019 年 8 月至 11 月的日线图。

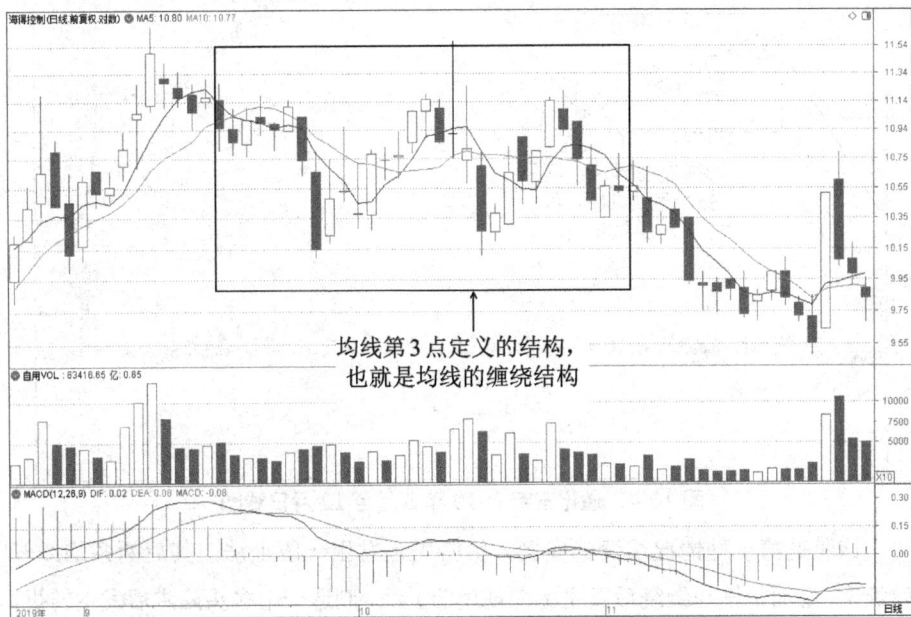

均线第3点定义的结构，
也就是均线的缠绕结构

图 10-3 海得控制 2019 年 8 月至 11 月日线图

我们看到 5 日和 10 日均线在图 10-3 中大方框框定的区间纠缠在一起，一会是短期均线在上面，一会是长期均线在上面，这种反复缠绕的结构就是均线的第 3 点定义。均线缠绕可以当成价格在盘整，预示多空双方在此力量相当，难分胜负。

行情之所以发生转折一定是背后产生了背驰，不管这种背驰是趋势背驰还是盘整背驰，其发生的根本原因都在于围绕中枢的两段行情其内在力度发生了变化。从这个角度讲，一段行情如果没有发生均线缠绕，就表明其原有结构都是安全的；只有发生均线缠绕，也就是盘整形成后，才有可能发生背驰，进而让原有结构发生转折。因此，投资者在交易时一定要密切留意均线是否发生缠绕现象，这是行情可能发生转折的前兆。

关于行情的转折，后市有两种演变路径，我们把缠论作者的原文摘录了下来："第一种是均线发生缠绕，其后价格按原有趋势来一个大的波段，制造一个陷阱后再转折。第二种是均线反复缠绕，这就会构成一个转折性箱型，其后趋势容易发生改变。"第一种情况很好处理，利用背驰可做出明确判断。第二种情况就要具体问题具体分析了。

图 10-4 所示是通化东宝（600867）2019 年 6 月至 12 月的日线图。

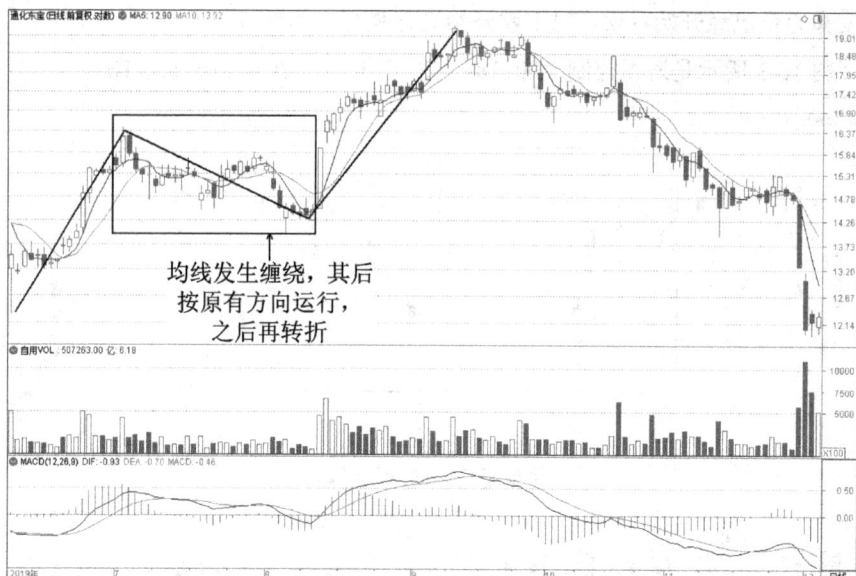

均线发生缠绕，其后
按原有方向运行，
之后再转折

图 10-4　通化东宝 2019 年 6 月至 12 月日线图

　　该股是第一种情况演变的实例。价格先是发生一段上涨，其后两条均线开始缠绕，继而价格在缠绕后发生更大规模的上涨，制造一个多头陷阱后发生转折，并且下跌幅度很是惊人。

　　图 10-5 所示是欧菲光（002456）2019 年 4 月至 12 月的日线图。

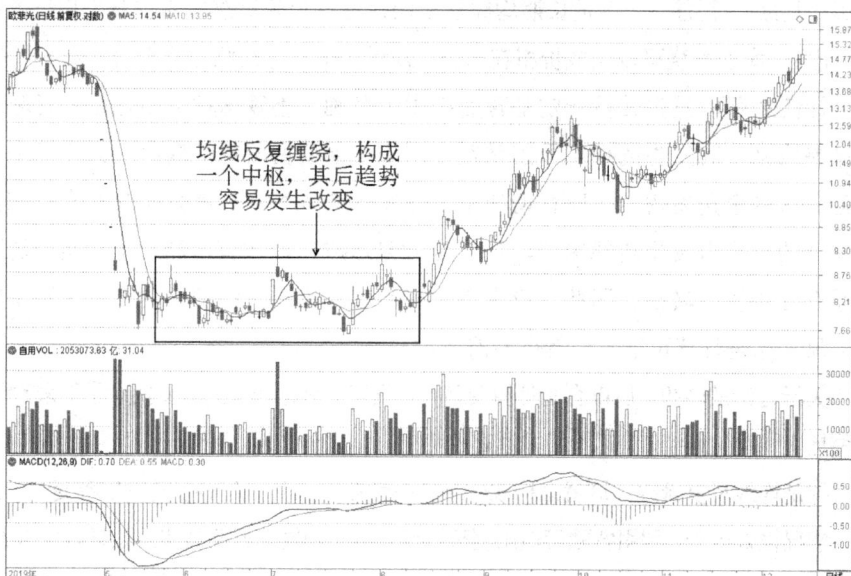

均线反复缠绕，构成
一个中枢，其后趋势
容易发生改变

图 10-5　欧菲光 2019 年 4 月至 12 月日线图

该股是第二种情况演变的实例。价格先是发生一段下跌，其后两条均线开始反复缠绕，形成一个盘整区间，继而价格发生反方向转折，改变了原有趋势。

10.2.2 均线信号

多头排列和空头排列是均线的两种排列方式。均线按短、中、长期的顺序由上到下依次排列，这种结构是多头排列；均线按短、中、长期的顺序由下至上依次排列，这种结构是空头排列。顾名思义，均线多头排列意味着这种结构对多头有利，均线空头排列意味着这种结构对空头有利。需要说明的是，以 5 日和 10 日均线系统为例，缠论作者对均线排列位置的相关说法，笔者认为用"排列在上"更为恰当，故本书中关于均线位置的描述统一使用"排列在上"。

缠论作者说过："纯粹的两条均线的 K 线图，就足以应付最复杂的市场走势。"这就是说，均线系统有属于自己的买卖点，同时还能完全体现缠论的思想。

与缠论体系具有 3 类买卖点不同的是，均线系统的买卖点只有两类，即第一类买卖点和第二类买卖点。

至于为何均线系统只有两类买卖点，缠论作者没有给出任何解释，好在均线系统这两类买卖点也很有效果，读者如果能学会，应付市场没有任何问题。

缠论作者对均线系统两类买点给出了如下定义。

第一类买点：利用长期均线排列在上最后一次缠绕后背驰构成的空头陷阱买入，这是均线系统第一个值得买入的位置。

第二类买点：短期均线排列在上后第一次缠绕形成的低位，这是均线系统第二个值得买入或加码的位置。

图 10-6 所示是武进不锈（603878）2019 年 5 月至 9 月的日线图。

下跌走势中排列在上的就是长期均线。我们看到在图 10-6 中上侧方框框定位置长期均线与短期均线发生多次缠绕，其后股价下跌又形成一次缠绕过程。当价格再次离开缠绕区间时，价格创出新低但指标并没有同步创出新低，二者构成背驰，此时就是均线系统的第一类买点。

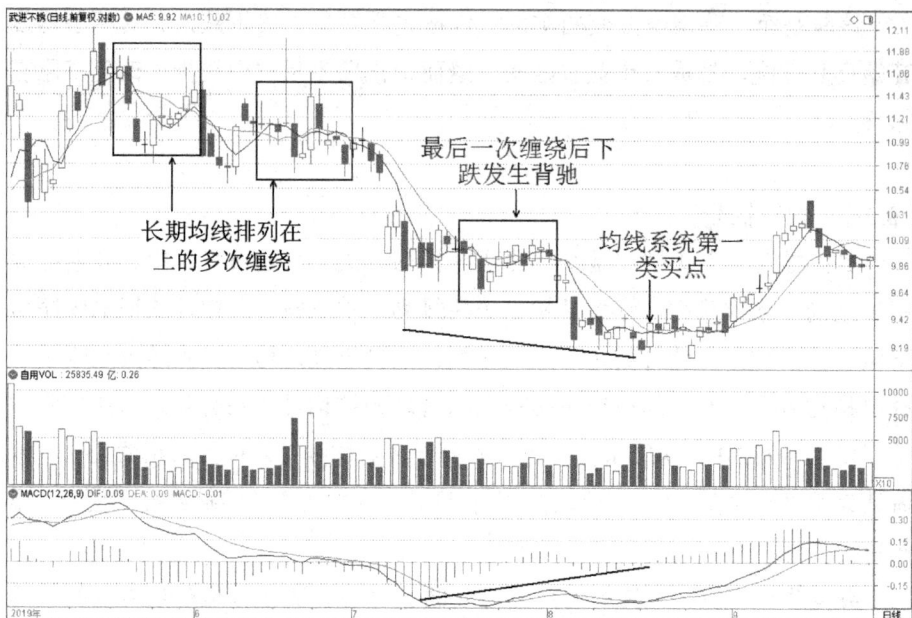

图 10-6 武进不锈 2019 年 5 月至 9 月日线图

图 10-7 所示是深圳机场（000089）2019 年 3 月至 10 月的日线图。

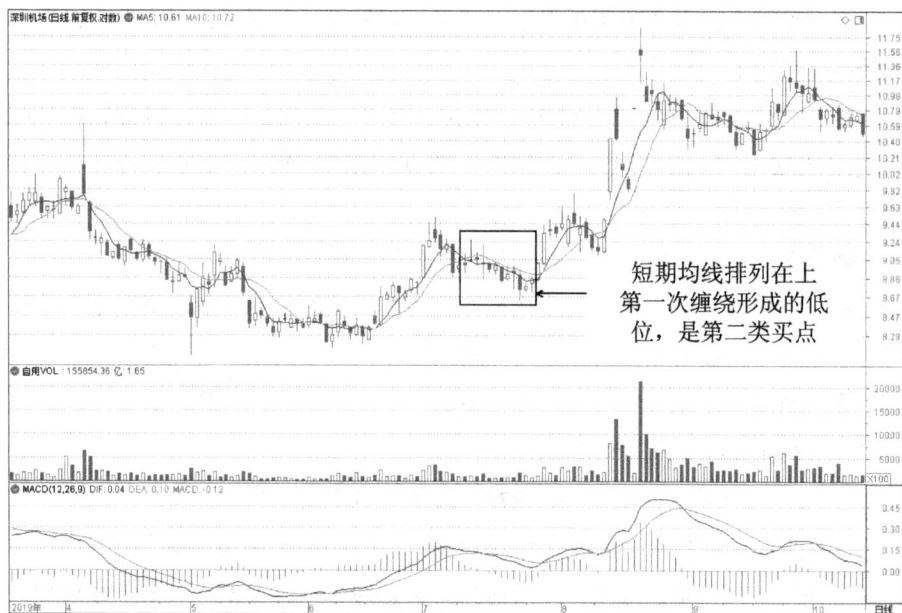

图 10-7 深圳机场 2019 年 3 月至 10 月日线图

该股扭转原有方向后形成短期均线排列在上的局面。在图 10-7 中方框框定的位置，短期均线与长期均线第一次缠绕在一起，其低位就是第二类买点。我们看到买点出现后该股连续拉升，短时间内获利巨大，或许这就是缠论作者推荐均线系统第二类买点的原因所在。

缠论作者对均线系统两类卖点给出了如下定义。

第一类卖点：利用短期均线排列在上最后一次缠绕后背驰构成的多头陷阱卖出，这是均线系统第一个值得卖出的位置。

第二类卖点：长期均线排列在上后第一次缠绕形成的高位，这是均线系统第二个离场的位置。

图 10-8 所示是德赛电池（000049）2019 年 5 月至 12 月的日线图。

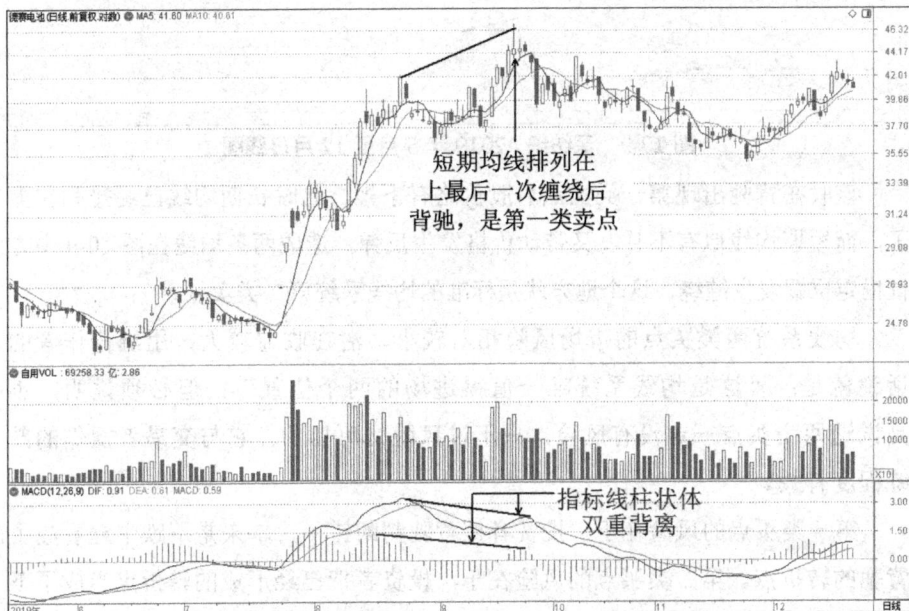

图 10-8 德赛电池 2019 年 5 月至 12 月日线图

该股连续上涨后于上方箭头所示位置创出阶段新高，此时两条均线相互缠绕，进而短期均线排列在上发动了最后的攻势。我们发现指标柱状体和指标线已经呈现双重背离，由此构成了均线系统的第一类卖点。

图 10-9 所示是深纺织 A（000045）2019 年 5 月至 12 月的日线图。

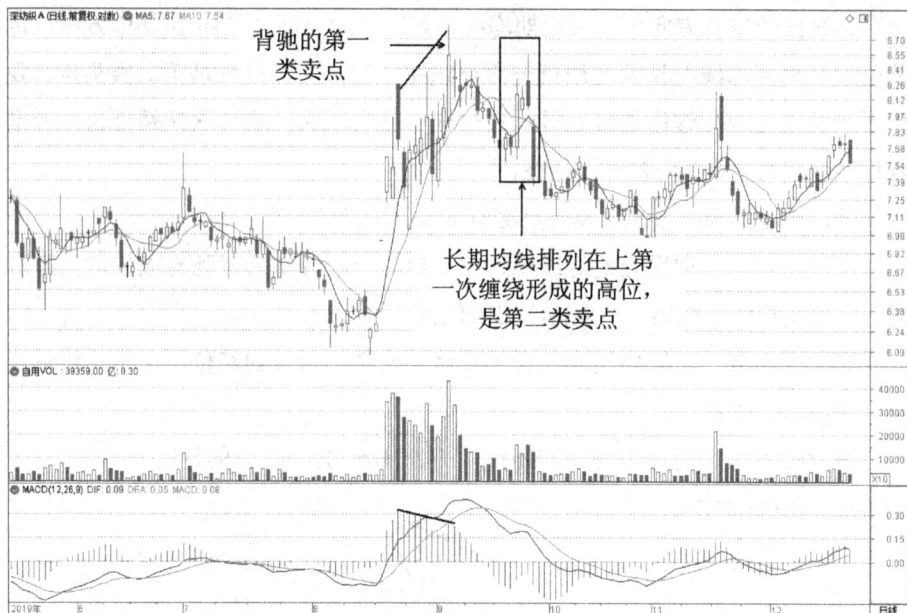

图 10-9　深纺织 A2019 年 5 月至 12 月日线图

该股在背驰出现第一类卖点后股价略有下挫，此时长期均线已经排列在上了，而短期均线似有不甘，又带动价格发生反弹，造成两条均线在图 10-9 中方框框定位置发生缠绕，这个地方就是标准的均线系统第二类卖点。

均线系统两类买点的市场风险相对较小，潜在收益较大，用缠论作者的话说就是："这是均线系统唯一值得进场的两个位置"。但必须说明，不是说这两个买点一定没有风险，只不过风险是可控的，它与交易者操作的熟练程度有关。

第一类买点的风险在于，投资者把背驰判断错了，本来是下跌中继看成了背驰的转折点。第二类买点的风险在于，投资者把已经形成的转折点当成了下跌中继。解决的办法很简单，就是多看图，通过实战积累经验，提高对中继、转折和背驰判断的准确性。

使用均线系统辅助理解缠论体系时，这两类买卖点是唯一的，其他任何不在这两个点上的操作行为都是不可取的，因为犯了原则上的错误。

缠论作者提示大家，使用均线系统买卖时最好买在第二类买点上，因为此时价格形态已经固定，判断起来相对容易。同时，这类买点见效快，效果好，投资者如果买对了，可以让价格在短时间内就离开自己的成本区。

至于卖点，投资者最好是在第一类卖点出现时离场，因为这是利润最大的阶段。

任何一种走势，投资者交易时首先要判断均线的位置，即均线目前是多头排列还是空头排列。如果是多头排列，均线发生缠绕时需要判断此时是行情的中继还是转折。目前为止，没有一种方法可以百分之百地肯定能够准确判断这个问题，缠论作者也不可以，因为这是行情不可预知的一部分。不过缠论作者还是给出了一些经验上的总结，以帮助大家提高判断的准确率。

■ 短期均线排列在上趋势出现时，第一次缠绕是中继的可能性很大。如果是第三次或是第四次出现缠绕，转折的可能性就会加大。

■ 第一次缠绕出现之前，5 日均线走势最好是坚挺有力的，不能够疲软。这样即使发生缠绕，中继的概率也很大，股价在后面至少还会有一次上升的过程。

■ 缠绕出现之前的成交量不能放得过大，因为量能太大意味着分歧的产生，筹码比较凌乱，走势不容易控制。假如量能过大又突然萎缩得很厉害，说明市场意见不统一，均线缠绕的时间会增加，量能也有可能二次收缩。

均线空头排列时，寻找长期均线排列在上后最后一次缠绕的转折情况，第一次缠绕一般情况下都不是转折而是中继，但从第二次开始都有可能是转折，最好的判断依据就是背驰。

关于背驰还需要继续探讨。缠论原文中作者通常情况下都是使用 MACD 指标来辅助判断背驰是否发生，其实就均线来说，其本身已经自带判断是否背驰的功能，这就是"乖离率指标"。在笔者看来，有时候乖离率指标比 MACD 指标更好用。

图 10-10 所示依然是深纺织 A（000045）2019 年 5 月至 12 月的日线图，只不过我们在副图上面舍弃了 MACD 指标，搭配了乖离率指标。

副图中搭配的是 10 日乖离率指标，目的是与均线系统参数一致。我们看到无论是背驰产生后的第一类卖点（一卖），还是均线高位缠绕后产生的第二类卖点（二卖），乖离率指标都能够很好地反映。

乖离率指标的构造并不复杂，它是由移动平均原理派生而来，可衡量股价在运动过程中与均线的偏离程度。乖离率指标目前在各大证券分析软件中都有设定，读者只需输入"BIAS"这 4 个字母，指标就会显示出来。

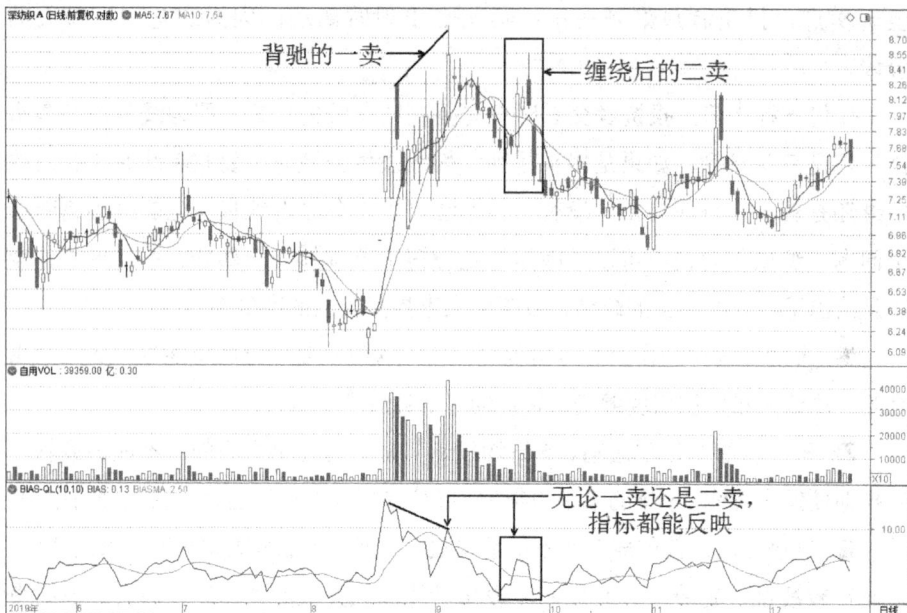

图 10-10　深纺织 A2019 年 5 月至 12 月日线图

　　使用乖离率指标有一点很重要，就是一定要与设定的均线参数一致才行。例如均线系统设定为 5 日、10 日均线组合，乖离率指标应该与其一致。如果嫌麻烦，可以只设 10 日的乖离率指标，就是设置比均线参数大的，但绝不能设置比均线参数小的，否则起不到效果。证券分析软件上常见的乖离率指标有 3 个，分别是乖离率传统版、乖离率和三六乖离。每个指标都好用，只是侧重点不同。第一个简单好用，直接修改参数就可以；第二个相对复杂，但可以同时查看 3 条均线的乖离程度；第三个乖离率指标更适合进行改造，能满足特定投资者的个性需求。当然这有一个前提，就是投资者需要有一定的编程知识，至少对证券分析软件里面的函数要熟悉。

10.3　均线定律

　　缠论初读起来通篇是在讲技术，在追求清晰的买卖点。但细读下来会发现，作者更推崇的是交易纪律的执行，这才是操作能否获利的核心。在这场没有硝烟又看不见敌人的"战斗"中，任何懈怠都会带来损失，唯有严明的纪律才是取胜的最好保障。只要是在充满竞争的领域，这一点就都很适用。

10.3.1 买点定律

缠论关于均线系统的阐述大都集中在《教你炒股票108课》中的前20课，想要学好均线系统的读者，这部分内容一定要仔细阅读。

在第十四课的一个不起眼段落，缠论作者提出了均线系统买点定律。

均线系统买点定律：大级别的第二类买点由次级别相应走势的第一类买点构成。

其实这样的买点定律不单纯是指均线系统，缠论体系也同样适用，其背后的机理就是不同级别之间的相互验证，只不过次级别走势将本级别价格运动表现得更为精细。

要想理解均线系统买点定律的内容，我们需要回顾一下均线系统第二类买点的内容，它说的是短期均线排列在上后第一次缠绕形成的低位。这里的低位指的是本级别图反映到次级别图上面，就是均线系统的第一类买点。之所以如此，是因为级别越高，一些细节走势就越会被过滤掉，从而保留主要价格运动，这是由K线的结构决定的。

图10-11所示是中直股份（600038）2019年2月至9月的日线图。

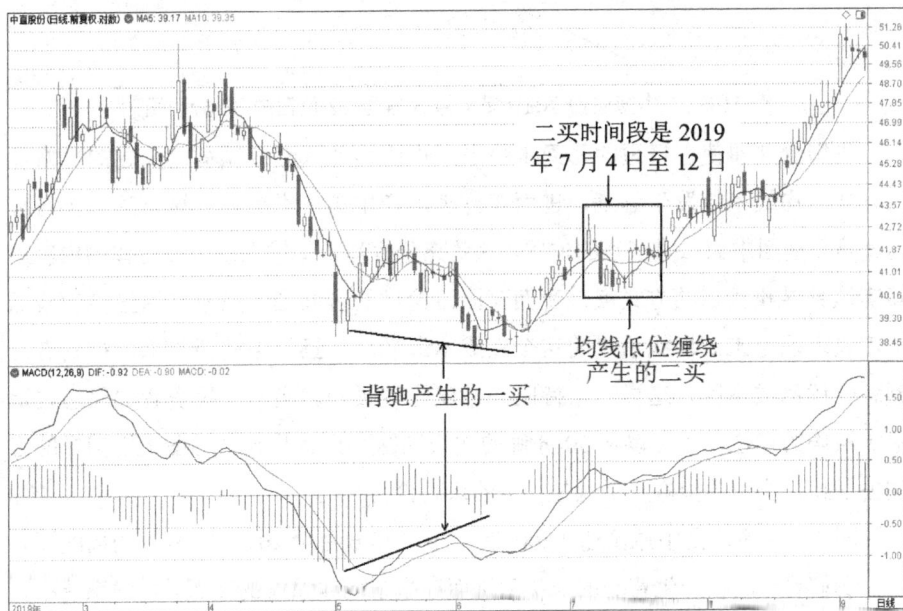

图10-11 中直股份2019年2月至9月日线图

图 10-11 中均线系统的买点信号清晰可见，一个是均线系统最后一个缠绕背驰后的第一类买点，另一个是方框框定位置均线低位缠绕产生的第二类买点。请注意图中标注的二买时间段，因为这是观察次级别图所用的时间段，所以我们看看次级别图在这个时间段内的价格运动是怎样运行的。

图 10-12 所示是中直股份（600038）2019 年 7 月 3 日至 12 日的日内 30 分钟图。

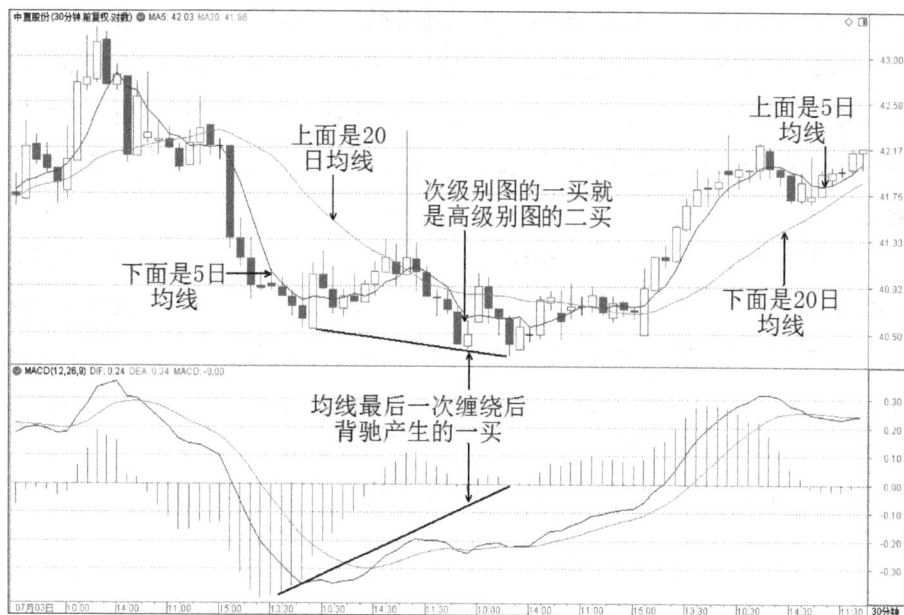

图 10-12　中直股份 2019 年 7 月 3 日至 12 日日内 30 分钟图

我们看到即使在短短的几天走势中，价格运动依然遵循缠论表述的价格运动方式，均线系统发生缠绕，进而在背驰后产生第一类买点。这里的一买对应的就是日线图中第二类买点的位置，这就充分解释了均线系统买点定律的内容。其实这种寻找买点的方式就是我们前面讨论过的区间套，只不过这里以均线这种工具表现出来。均线系统的这个点成本最低，一旦价格有所上涨，投资者立刻就会脱离成本区，这样一来持股心态就比较平和。当然，投资者如果想要追求更精确的点位，还可以在 30 分钟的次级别图，也就是 5 分钟图上用同样的方法去寻找，找到的价格几乎就是行情的启动价。

图 10-13 所示是中原高速（600020）2017 年 6 月至 2019 年 10 月的周线图。

我们看该股在产生背驰的一买后进而产生了均线系统的二买。均线系统中，短期均线排列在上后发生缠绕的时间段是 2018 年 11 月 23 日至 2019 年 1 月 4 日。

我们继续观察周线级别的次级别图，也就是日线图，看看能寻找到什么。

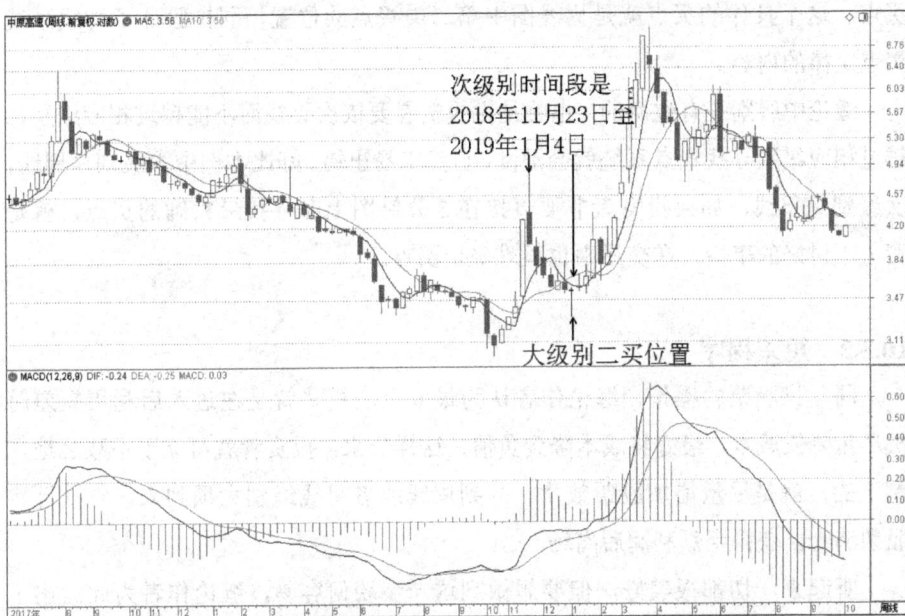

图 10-13 中原高速 2017 年 6 月至 2019 年 10 月周线图

图 10-14 所示是中原高速（600020）2018 年 11 月至 2019 年 1 月的日线图。

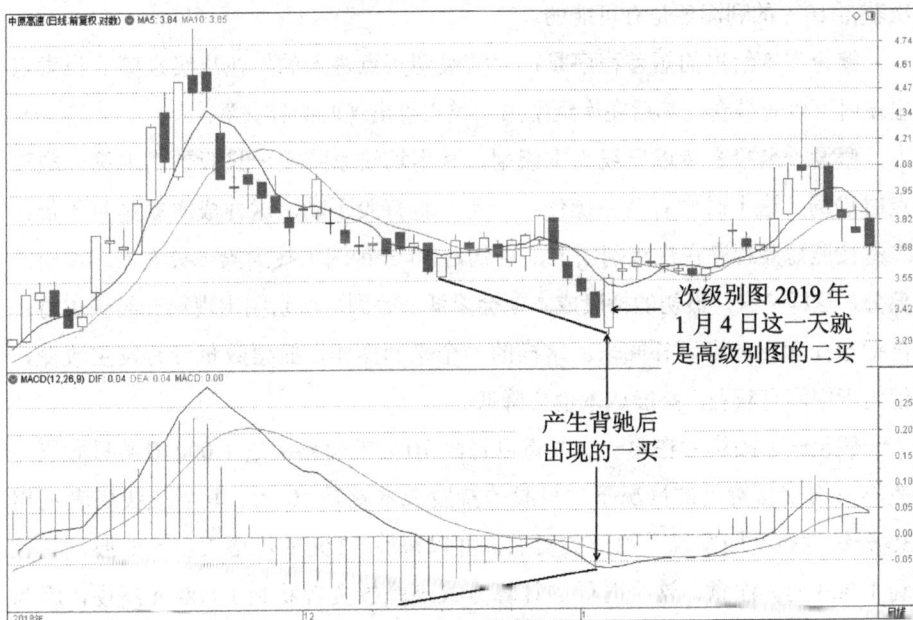

图 10-14 中原高速 2018 年 11 月至 2019 年 1 月日线图

我们看到日线图中发生了均线缠绕，进而在下跌时产生背驰，出现第一类买点。这个具体的买点就是周线图中第二类买点的位置，同样验证了均线系统买点定律的内容。

缠论中级别是有位次的，也就是说投资者要依次寻找而不能越过相应级别，越过相应级别寻找买点系统就会混乱，自然容易出错。好比本例中本级别是周线，次级别是日线，如果投资者非要直接在 5 分钟图上面寻找最精确的买点，就是费力不讨好的事情，在交易中也很难确定买点。

10.3.2　短差程序

同一只股票的操作，缠论作者认为最安全的模式就是在进入后利用短差时机尽量降低成本，最好将成本降到负值，这样一来，投资者就可立于不败之地。剩下的，就是尽量增加股票数量，等到周线或者月线级别大顶到来，一次性将股票清仓，获得巨额利润后离场。

听起来一切都很美好，但要想做到这一步谈何容易，缠论作者为此给出了一个降成本、搞短差的程序，尽可能让这种愿望变成现实。这种短差程序的好处是，即使不能将持仓成本降到负值，也能找到一个震荡比较剧烈的股票，每次获得 10% 的利润还是有可能的。

缠论作者给出的短差程序是：“大级别买点进入的，在次级别第一类卖点出现时可以先减仓，其后在次级别第一类买点出现时回补。”

假设一名投资者以日线为本级别，利用均线系统在一只股票出现第一类买点时进场，这个时候有两种操作：一是一直持股不动，这样成本就是买入价；二是按照短差程序在次级别图上，也就是 30 分钟图上找到第一类卖点，卖出一部分，这样一来，最初的持股成本就会降低。等到次级别图出现第一类买点时，再把原先卖出的筹码补回来。这样的一个来回操作，股票数量没有发生改变，但由于中间有获利，持股成本也会降低。

假设一名投资者在第一类买点以每股 10 元的价格买进 1 000 股某只股票，在不考虑交易费用的情况下，每股的持股成本就是 10 元。其后该投资者利用 30 分钟次级别图发现了第一类卖点，并以每股 12 元的价格卖出 500 股，共获利 1 000 元。注意，这个时候的计算方式不是投资者获利 1 000 元离场，因为投资者账户里还有部分股票，所以这 1 000 元获利是算在剩下的 500 股股票身上的。用 1 000 除以 500，我们可以知道剩余股票的每投的持股成本此时已经变成 8 元。其后该投资者利用次级别图又发现该股重新出现第一类买点，于是再次买进 500 股，这样其总体仓位依然保持在 1 000 股的数量不动。一般而言，再次买进的价格大概率是要比最低点高一些的，假设二次买进的价位在 11 元，买进 500 股总计需要 5 500 元。原来剩下的 500 股，每股持股成本在 8 元，总市值就是 4 000 元，加上现在的 5 500 元，投资者持仓市值就是 9 500 元。股票数量是 1 000 股，计算下来每股持股成本就是 9.5 元。一番操作下来，该投资者每股持股成本变成了 9.5 元，比原来的 10 元降低了 5%。

图 10-15 所示是中国石化（600028）2019 年 8 月至 12 月的日线图。

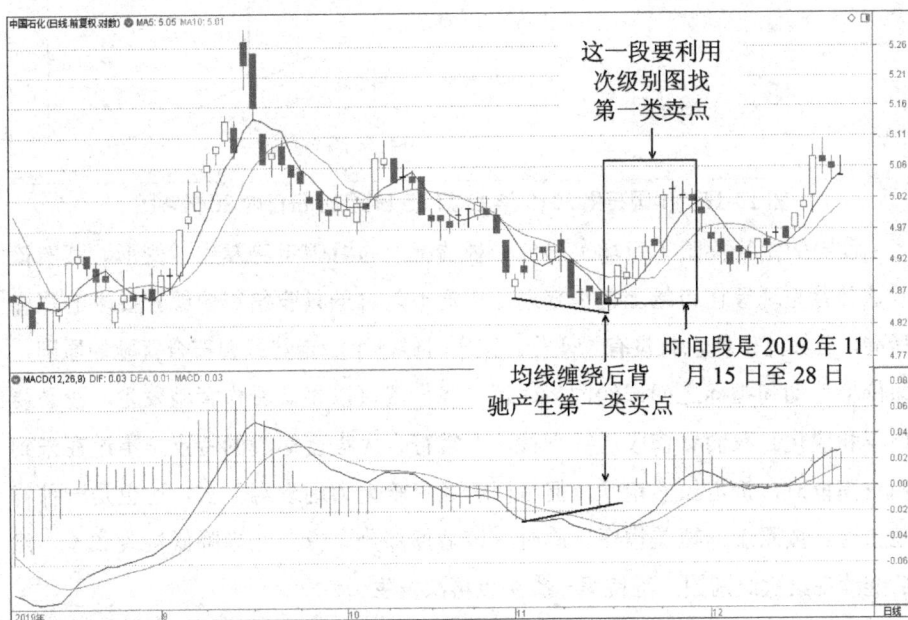

图中标注："这一段要利用次级别图找第一类卖点"、"时间段是 2019 年 11 月 15 日至 28 日"、"均线缠绕后背驰产生第一类买点"

图 10-15 中国石化 2019 年 8 月至 12 月日线图

中国石化是典型的大盘蓝筹股，流通盘巨大，通常情况下，这样的股票震荡幅度不是很大。在该股日线级别，也就是本级别的图上，第一类买点还是非常清楚的，我们买进后需要做的程序就是转到次级别图，也就是在 30 分钟图上面找到可以离场的第一类卖点，卖出部分筹码，降低我们的持股成本。图 10-15 中已经标注，这一段走势时间段发生在 2019 年 11 月 15 日至 28 日，在 30 分钟图中我们只观察这一段。

图 10-16 所示是中国石化（600028）2019 年 11 月 15 日至 28 日的日内 30 分钟图。

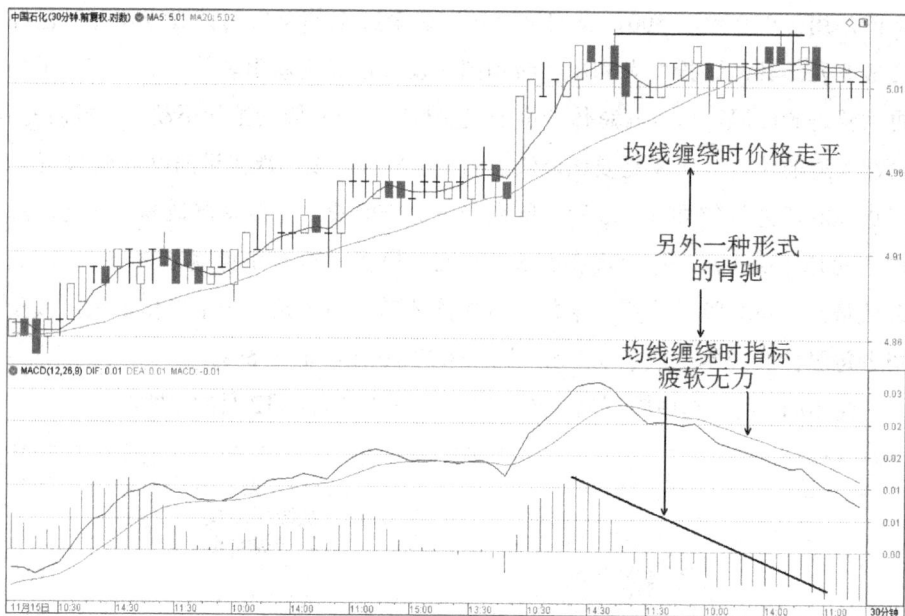

图 10-16　中国石化 2019 年 11 月 15 日至 28 日日内 30 分钟图

该股的走势反映了市场上另外一种情况，即背驰走势发生了变形。其实该股这种背驰现象在市场上也很普遍，毕竟不是每一只股票都像缠论要求的那样标准，若如此市场也就没有了变化。很多时候，个股走势只要符合背驰的原则，即价格运动和指标之间未能同步运行，我们就可以将其看作背驰发生，没必要拘泥和僵化。我们看该股运行平稳，非常符合大盘蓝筹股的特点，不过在来到相对高位时，价格虽然走平，但指标已经疲软无力地衰竭下去，这也是一种背驰信号。按照缠论短差程序，此时应该减掉部分仓位，适当降低持股成本，然后继续观察次级别图，等待第一类买点再次发生。

图 10-17 所示是中国石化（600028）2019 年 11 月 26 日至 12 月 9 日的日内 30 分钟图。

这是中国石化的后续走势图。可以看到，其走势同样出现另外一种形式的背驰，即价格运动持平的时候，指标已经昂扬向上。此时均线发生缠绕，可以看成第一类买点形成。看图 10-15 的走势，就知道该股即使体量如此庞大，但依然符合缠论短差程序，可以获得几分钱的差价以降低成本。

当然，按照缠论作者的观点，这样的股票其实并不适合普通投资者参与，因为其股性不活跃，震荡幅度小，操作起来时间周期长。但这类股票也有优点，就是走势标准，让人看得清楚，如果投资者的资金量具有一定规模，这类股票其实也是不错的选择，毕竟参与这类股票的都是阳光大资金。下面我们看一个股性活跃，震荡幅度大的股票。

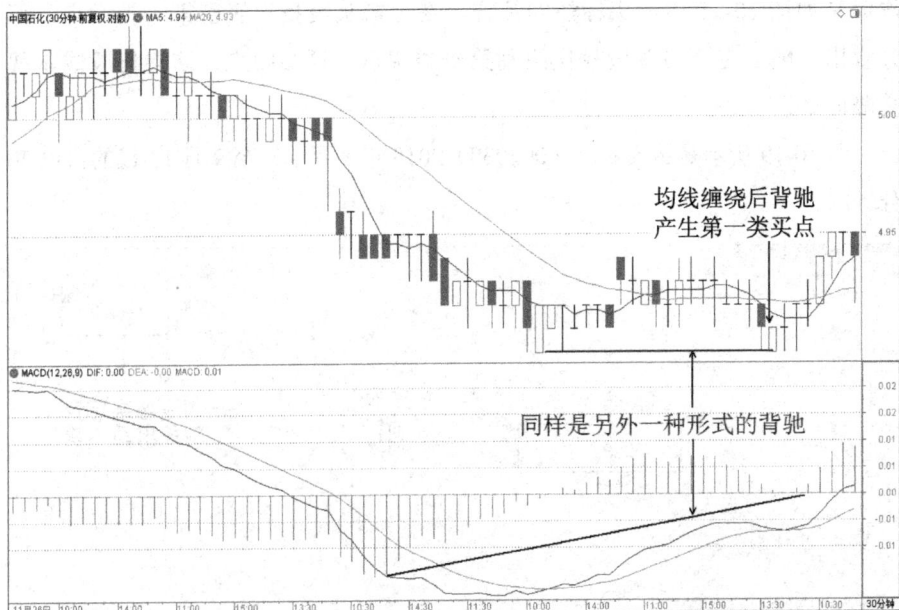

图 10-17 中国石化 2019 年 11 月 26 日至 12 月 9 日日内 30 分钟图

图 10-18 所示是达安基因（002030）2019 年 2 月至 12 月的日线图。

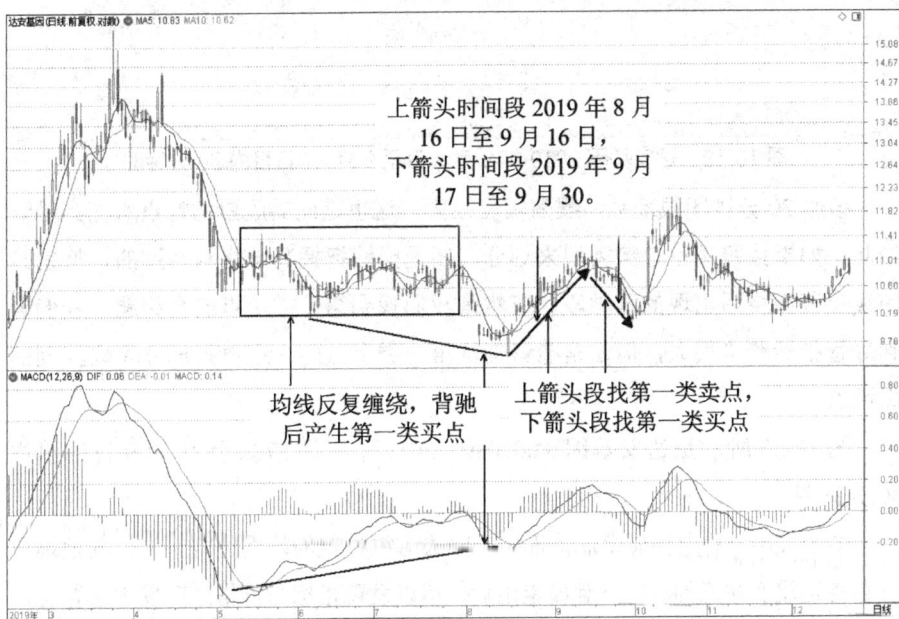

图 10-18 达安基因 2019 年 2 月至 12 月日线图

我们看该股日线级别的走势非常规范，在一个大型的均线反复缠绕区间之后，均线系统出现背驰，进而产生第一类买点。如果在此买点买进，后续的操作就是如图 10-18 中箭头标注的那样，在上箭头段找次级别第一类卖点，部分卖出，随后在下箭头段找次级别第一类买点，再买回来，这样持股成本就会降低。

图 10-19 所示是达安基因（002030）2019 年 8 月 8 日至 9 月 17 日的日内 30 分钟图。

图 10-19　达安基因 2019 年 8 月 8 日至 9 月 17 日日内 30 分钟图

该股 30 分钟图很凌乱，震荡幅度很大，这也是此类股票的特点所在。尽管如此，如果按照缠论走势类型来划分，还是能够把握其脉络与轨迹的，特别是均线反复缠绕后出现的背驰段，依然是我们找到第一类卖点的金钥匙。我们看到尽管指标跨度很大，但还是能够确认第一类卖点的，这也是部分筹码获利的离场点。

图 10-20 所示是达安基因（002030）2019 年 9 月 10 日至 10 月 9 日的日内 30 分钟图。

图 10-20 中的走势显得规范许多，除去方框框定的均线缠绕区域，其他地方没有特别需要注意的。在背驰段走出后，可以发现指标与价格之间发生了背驰，

第一类买点再次出现，这就是回补筹码的绝佳位置。

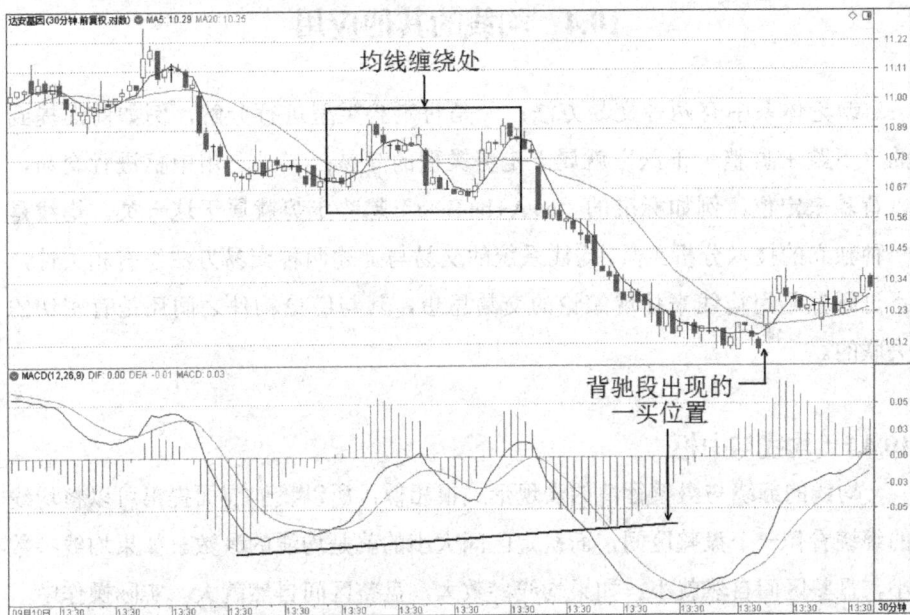

图 10-20 达安基因 2019 年 9 月 10 日至 10 月 9 日日内 30 分钟图

　　一次完整的操作看起来很简单，但实际的交易却是千变万化的，有的时候行情走势并不会如我们想象的那样，会有许多意想不到的情况发生。对于第一类买点，一旦上涨后还出现长期均线排列在上的缠绕，这个时候一定要退出来，因为这与我们当初设定的程序完全不符，说明我们前面认为可以买入的缠绕不是最后一个缠绕。不确定是最后一个缠绕，均线系统的买进程序就不能启动，尽管价格在后面可能会通过用时间换空间的方式调整好均线的位置与关系，使得后面可能还会出现大涨，但这绝不是我们想要的结果，也不要因为一时侥幸获得成功而放弃原来的程序，因为还有一种可能性也同时存在，这就是最后的一跌。

　　对于第二类买点，一旦缠绕后价格跌破前面长期均线排列在上的最低点，我们也要坚决地退出，因为这也预示着我们买进的程序出现了问题。

　　选择了均线系统，就只能按照均线系统的操作原则去交易，这不单是方法问题，更能体现严格的交易纪律。那种没有章法，胡乱操作的投资者注定会失败。

10.4 均线的其他应用

缠论体系中有两种交易方法：一是将走势类型进行分解，例如前面提到的"下跌＋盘整＋下跌"就属于走势类型的交易；二是利用中枢进行交易，以背驰来定位，例如标准的"a+A+b+B+c"趋势走势就属于这一类。均线是一种独立的技术分析工具，均线系统的交易与上述两种交易方法没有相关性，不过既然是用均线来体现缠论的交易思想，其与缠论构件之间还是有密切的关联的。

10.4.1 均线与中枢

均线的缠绕与盘整行情的表现形式很相似，所以我们前面提出可以将均线的缠绕看作一个盘整区间，而决定区间大小的就是均线的参数。如果均线参数小，盘整区间自然就小；如果均线参数大，盘整区间自然就大。实际操作中，我们可以利用均线参数的大小来判断中枢的级别，这是均线系统应用的一个小技巧。

一般情况下，同级别的中枢往往会被同一条均线压制，据此我们可以借助均线来判断中枢的级别。如果一个中枢被参数较短的均线压制，则这个中枢只能是次级别中枢；如果一个中枢被参数较长的均线压制，则这个中枢有可能是高级别中枢。

图 10-21 所示是 TCL 集团（000100）2017 年 11 月至 2018 年 12 月的日线图。

图 10-21 中均线系统由 5 日、10 日、20 日、60 日、120 日和 250 日这 6 条均线构成。我们看到该股在下跌过程中一共出现了 4 处走势中枢，其中两处是被 60 日均线压制的，另外两处是被 20 日均线压制的。毫无疑问，被较短均线压制的中枢在本级别图中只能代表次级别中枢，其作用远不及本级别中枢。在交易中，级别较高的中枢作用更大，它可以决定趋势的转折。至于相同条件下的次级别中枢，它仅仅起到做短差、降成本的作用，孰轻孰重一目了然。

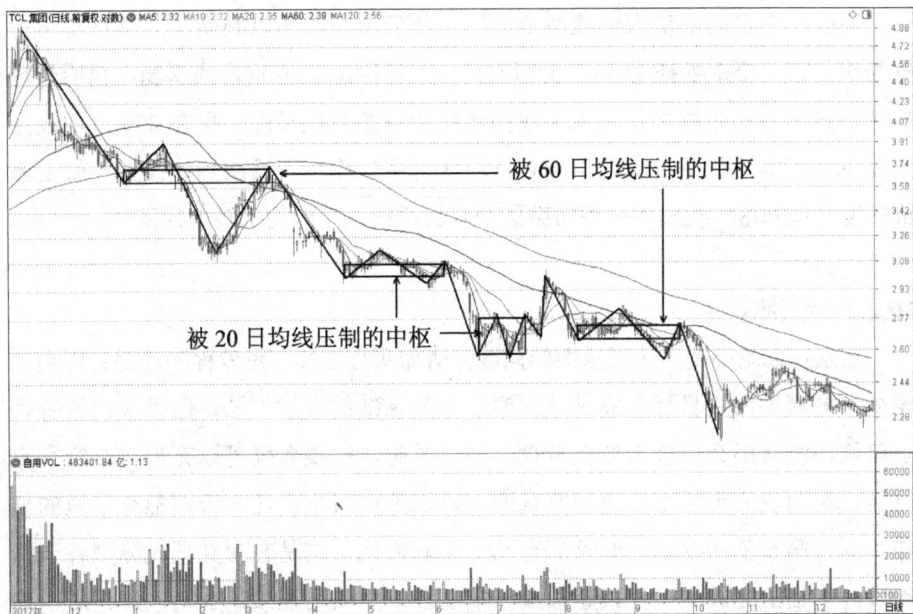

图 10-21　TCL 集团 2017 年 11 月至 2018 年 12 月日线图

图 10-22 所示是中国建筑（601668）2019 年 9 月 9 日至 12 月 26 日的日内 30 分钟图。

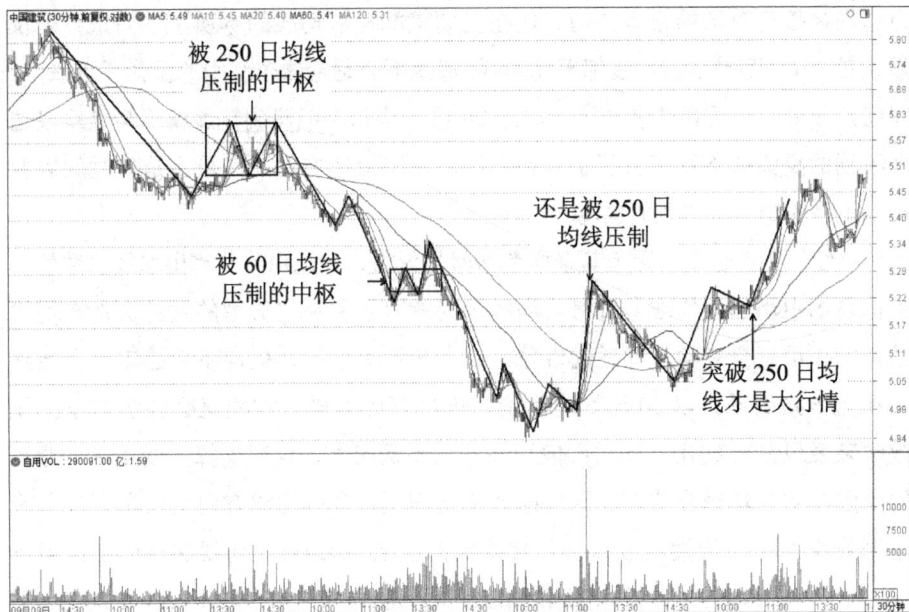

图 10-22　中国建筑 2019 年 9 月 9 日至 12 月 26 日日内 30 分钟图

该股在下跌途中依次形成两个中枢，我们用均线加以判断，很容易看出中枢的级别。一个中枢被 250 日均线压制，一个中枢被 60 日均线压制，很明显，被大均线压制的中枢级别也大。我们看股价后来见底反弹，但在 250 日均线处还是见顶回落，说明本级别下 250 日均线起主导作用。反映到该股上，就是股价需要经过回落二次整理，进而突破 250 日均线，才能迎来较大行情。

10.4.2　级别定位

级别在缠论中是一个很重要的问题，诸如买点定律、短差程序等都会用到。轮换不同周期图表目标个股进行观察，这是标准的看盘方法，但很多投资者是上班族，没有那么多精力放在看盘上面。此时，均线系统可以充当一个级别定位器，帮助我们更好地快速浏览盘面，辨识不同级别。任一级别都有最短的延伸时间。第 5 章介绍过，形成 1 笔需要 5 条 K 线，这是在舍弃顶底分型各一侧 K 线的基础上完成的，如果想构成一个线段，则需要连续的 3 笔，那么居中线段的 K 线就不能舍去，实际需要 18 条 K 线，与 20 这个参数很相近。由此看来，证券分析软件中按照日常习惯设置的 5 日均线和 20 日均线不是没有道理的，因为它们最接近市场的根本结构。现在我们就能理解均线的本质了，如果一个反弹或者一个下跌连 5 日均线都不能碰到，那就不会是笔这个级别的反弹或下跌了。同理，如果一个反弹或者一个下跌连 20 日均线都不能碰到，那就不会是线段这个级别的反弹或下跌了。至于其他均线，按照上述方法，其最少延伸时间以及最少挑战的均线参数我们也能够推导出来。

均线离不开价格，因为其采样数据就是价格，并能由此计算出均线的数值。当价格图中添加上均线，价格与均线之间就有了关系，典型的就是价格在均线回拉的作用下会有穿越均线的现象。向上穿越无所谓，但向下穿越就分有效跌破和无效跌破了。以 20 日均线为例，价格有效跌破，均线就会转折向下；无效跌破表现在 K 线击穿均线，但均线方向还是向上，说明支撑力度还在，背后的原因其实与均线公式有关。均线转折定理是：N 日均线方向是由当下收盘价与倒数第 $N+1$ 个周期的收盘价位置决定的，当下 $>N+1$，均线保持向上；当下 $<N+1$，均线方向向下。好比 20 日均线，要想使其方向由上转下，必须是在当下收盘价跌破倒数 21 日收盘价的时候才能出现。这个数学证明不难，这里不多解释。

理论上我们可以这样理解，一个围绕 20 日均线波动的价格走势可以被定义为 20F 走势类型，跌破 20 日均线就产生 20F 的次级别走势类型；越过 20 日均线，就是另一个 20F 的次级别走势类型，这样两个次级别走势类型实际上就是中枢的雏形。按照趋势原理，价格在后面还会有跌破 20 日均线的次级别走势，那么这 3 个次级别的重叠区域就构成 1 个 20F 的中枢，也就产生了 20F 的级别。

只是这种走势也有一个问题，就是如果 K 线的收盘价仅简单碰触了一下 20 日均线，之后又掉头向上，这种情况算不算呢？为了解决此问题，我们需要在 5 日和 20 日均线之间再加一条均线作为中轴线，毫无疑问，10 日均线是最合适的。5 日和 20 日均线的交叉点可以确认一个级别的转折，于是整个次级别也就可以画出来了。这样一来，我们可以通过 3 条均线来辨别 1 个级别的产生，其力度能够达到的标准就是连续同一方向发生交叉。例如先发生 5 日均线上穿 20 日均线，随后发生 10 日均线也上穿 20 日均线，这就表明一个 20F 的次级别开始向上了，同时次级别的问题也得到了彻底解决。

图 10-23 所示是上证指数（999999）2019 年 8 月至 12 月的日线图。

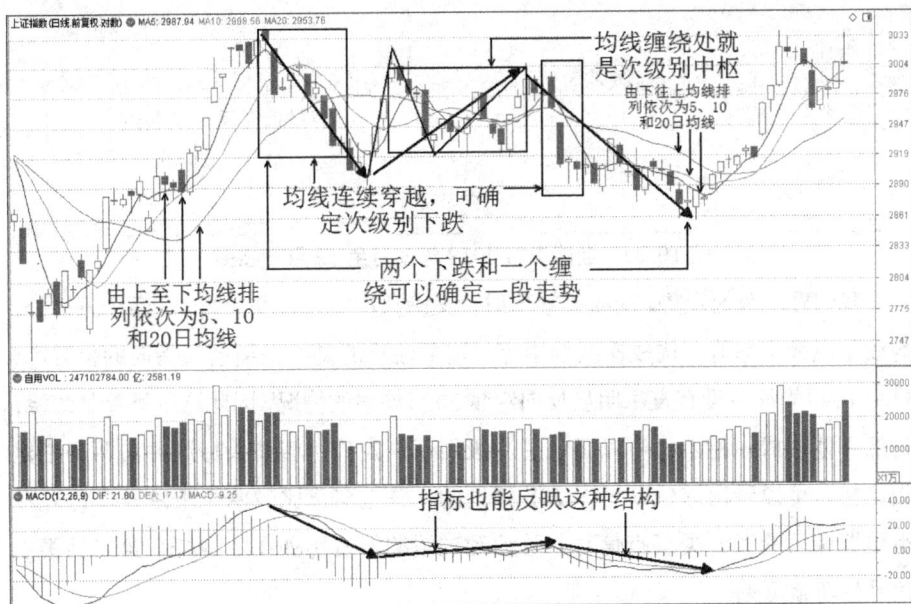

图 10-23　上证指数 2019 年 8 月至 12 月日线图

如图 10-23 所示，我们以线段和箭头标注的这段行情作为分析对象。图中左右两侧各有一个方框，里面 5 日均线下穿 20 日均线后，10 日均线也跟随下穿 20 日均线，这就确定了次级别走势的下跌行情正在进行。其后均线在图中中间位置连续发生缠绕，构成一个次级别中枢，这样一来，两个次级别下跌行情加上一个次级别中枢，就构成了"下跌＋盘整＋下跌"的走势类型，这样的结构在MACD指标上也可以观察到。这种类型的判断方法很简单，就是比较两段下跌走势是否出现背驰，就可以得出是否有买点出现，进而得到是否可以进场的信息。

图10-24所示是浙能电力（600023）2019年3月至12月的日线图。

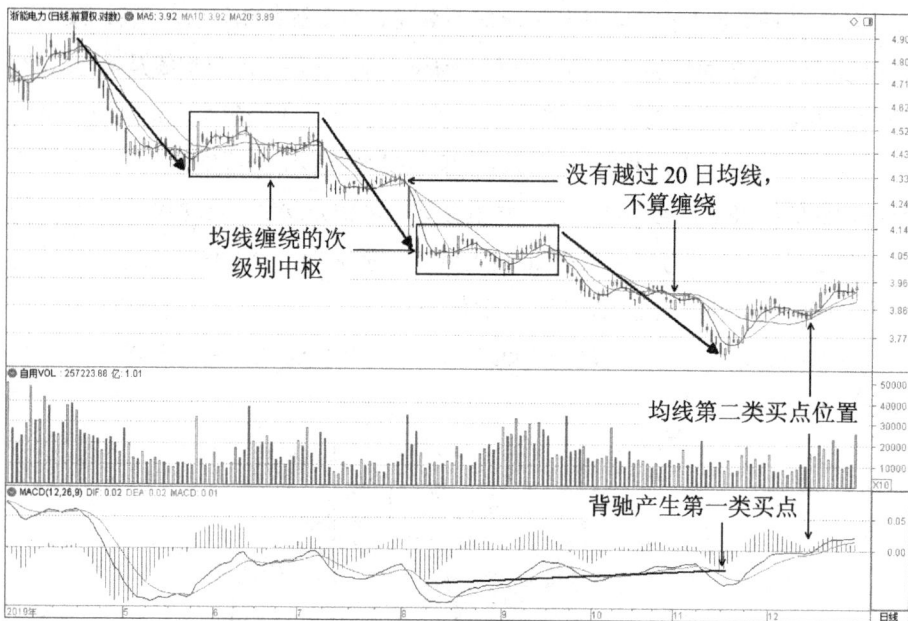

图10-24　浙能电力2019年3月至12月日线图

我们看该股的走势，均线连续形成死叉确认次级别下跌行情。在两个方框处，均线呈现缠绕态势，构成次级别中枢。需要注意的是，在细箭头指向的位置，5日和10日均线并没有发生明显反向穿越20日均线的情况，因此这里不算是缠绕，自然不能构成中枢。将可以确认的次级别下跌走势用粗箭头标注并与两个中枢相连接，可以看出这就是一个20F级别的下跌趋势。比较两个下跌段，可轻易得出背驰后的第一类买点信号。随后经过短期均线排列在上缠绕，第二类买点信号也清晰可见。

以日线级别为例，连续3条线段构成一个中枢，这在本级别图上就意味着是60日均线，所以20日和60日均线就可以构成本级别均线系统。又因为本级别是更高级别图的次级别，一旦20日均线和60日均线反复发生缠绕进而构成中枢，这就意味着在周线图上可以看到盘整。同理，我们可以依次推导出60日、

120 日以及 250 日均线之间的关联，只不过这种级别的关联普通投资者几乎用不上，这里也就不再赘述。一般情况下，读者如果能搞清楚两个级别的均线关系，就足以满足交易需要了。

图 10-25 所示是浙能电力（600023）2017 年 10 月至 2019 年 12 月的日线图。

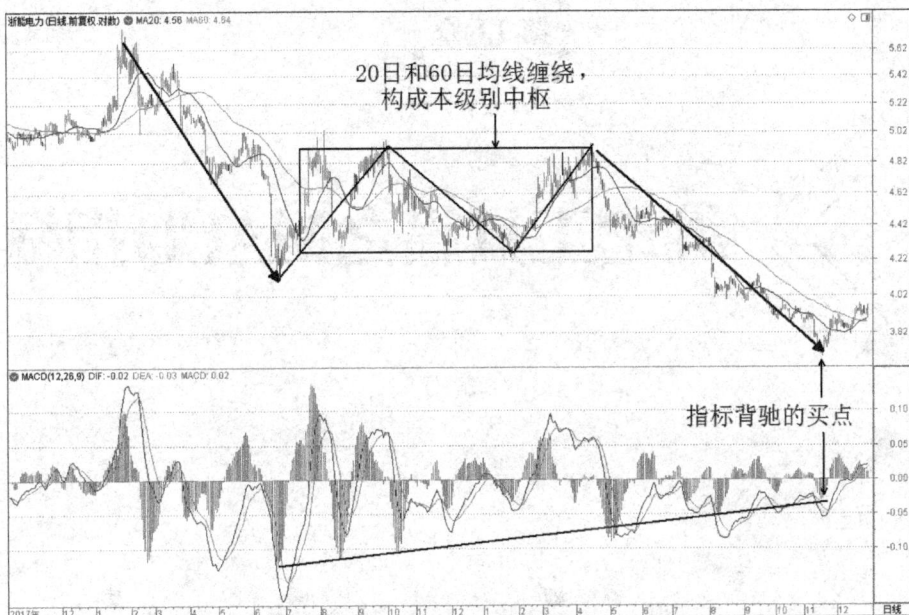

图 10-25 浙能电力 2017 年 10 月至 2019 年 12 月日线图

在长达两年的时间跨度里，如果以 20 日均线和 60 日均线构成均线系统对该股走势进行分析，不过是图 10-25 中方框和箭头标注的围绕一个中枢的震荡行情。比较两个下跌段的走势，背驰的买点很容易就能够看出来。

均线系统固定下来后可以放到任一周期图上面。读者需牢记一点，那就是短周期均线系统永远反映次级别走势，长周期均线系统一直代表本级别走势。

除去上面介绍的方法，均线系统还有另外一种设置方法，就是根据 K 线倍数来设定均线参数，以求在不同时间周期下均线系统的反应一致。这种均线设置方法也可以得到不同周期下的立体联动效应，只不过相对复杂一点，不适合本书读者群体学习，这里不再赘述，感兴趣的读者可以寻找相关资料自行研究。

均线系统看似简单，实则博大精深，如果读者能真正掌握均线系统，对于深刻理解缠论具有很人的好处。

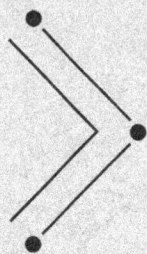

第 11 章

缠论工具篇之MACD指标

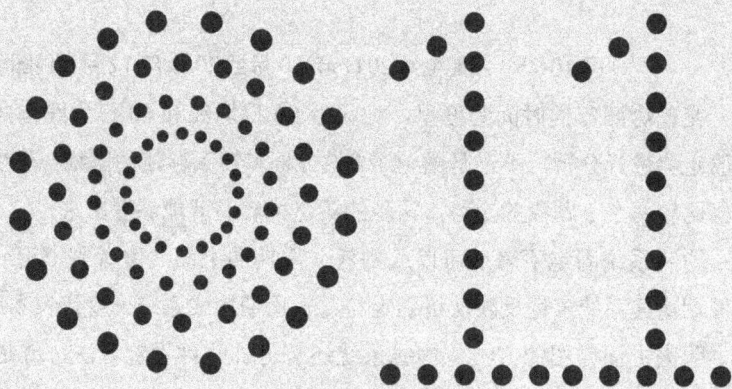

通篇阅读《教你炒股票 108 课》系列文章会发现，缠论作者使用最多的工具只有两个，一个是第 10 章介绍的均线系统，另一个就是本章的主角，被称为指标之王的 MACD 指标。

11.1 MACD 指标简述

MACD 的英文全称是"Moving Average Convergence Divergence"，中文译为"指数平滑异同移动平均线"，由美国人杰拉尔德·阿佩尔创建。

MACD 指标有指标之王的美誉。之所以如此，主要在于该指标集摆荡指标、趋势指标、动力指标等指标的诸多特点于一身，几乎囊括了市场上所有指标的优点。由于 MACD 指标兼具这些特色，因此其在反映趋势变化、多空转折、中长期走势等方面的表现非常优异。历经时代考验，MACD 指标现已成为市场上的经典指标，深受投资者欢迎。

图 11-1 所示为 MACD 指标示意图。

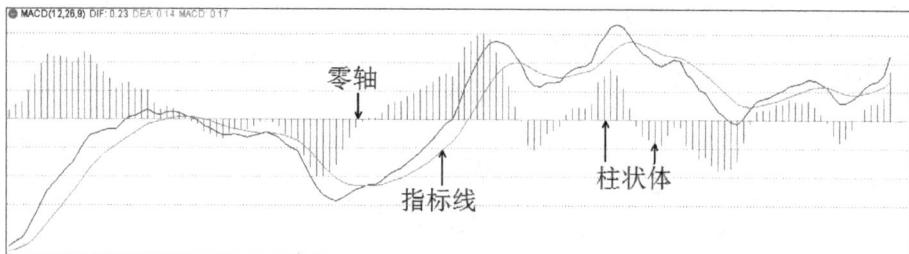

图 11-1　MACD 指标示意图

MACD 指标由 3 个部分构成。第一部分即指标中的水平线，又称零轴，是多空双方的分界线。第二部分即指标中的两条指标线，它们是依据均线原理构造的，其中快速指标线 DIF 是计算 12 日均线与 26 日均线的差值。需要说明的是，这里的均线指的不是均线系统中的 MA 均线，而是指 EMA 均线，即指数移动平均线。慢速指标线 DEA 是对快速指标线进行平滑计算，指标中取 9 日均值作为计算的结果。第三部分即分布在零轴上下两侧的柱状体。由于两条指标线数值不同，计算二者差值时既有正值也有负值，为反映这种现象，指标构造者将指标线差值用柱状体表示，差值为正时在零轴上方分布，用红色柱状体表示，差值为负时在零轴下方分布，用蓝色柱状体表示，实际走势图中分别显示为红色、蓝色。

MACD 指标可以很好地反映价格中长期趋势的演变，这是其趋势指标的属性。如果我们将目光锁定在柱状体上面，其背后原理是均线交叉后的动能强弱，此时它摇身一变，会成为一个衡量价格涨跌速度变化的动能指标。等到我们依靠指标线寻求交易信号时，它又会围绕零轴起伏变身为摆荡类指标。EMA 均线有个最大的特点，就是会对近期交易数据赋予较重的权值。由于 MACD 指标采用这种计算方式，加之计算过程中指标线又经过两次平滑，一些不可靠的信号在计算过程中就被过滤掉了。MACD 指标的计算数据来自均线，且设置方式与均线雷同，都采用短期与长期均线搭配的方式，因此 MACD 指标中的两条指标线其实就是另一条均线，这也是指标可以替代均线的根本原因。

11.2　MACD 指标走势类型

关于 MACD 指标，缠论作者说得很明白，使用它的意义就是对背驰起到一个不绝对精确，但比较方便、容易理解的辅助判断作用。既然是辅助作用，那么 MACD 时指标自然居于次要地位，主体还是价格走势类型以及走势中枢。尽管如此，MACD 指标在缠论中还是有一些独特的使用技巧。了解这些技巧，对于读者深入了解缠论有很大的帮助的。

11.2.1 两次回抽

回抽是市场中很常见的走势类型，反映在 MACD 指标上分为两种情况，一种是指标线从零轴下方涨起来后的回抽，另一种是指标线从零轴上方跌下来后的回抽。

无论是哪一种回抽，通常情况下，两次回抽的结果都是会形成下跌或上涨途中的第一个中枢。

图 11-2 所示是深圳机场（000089）2019 年 5 月至 10 月的日线图。

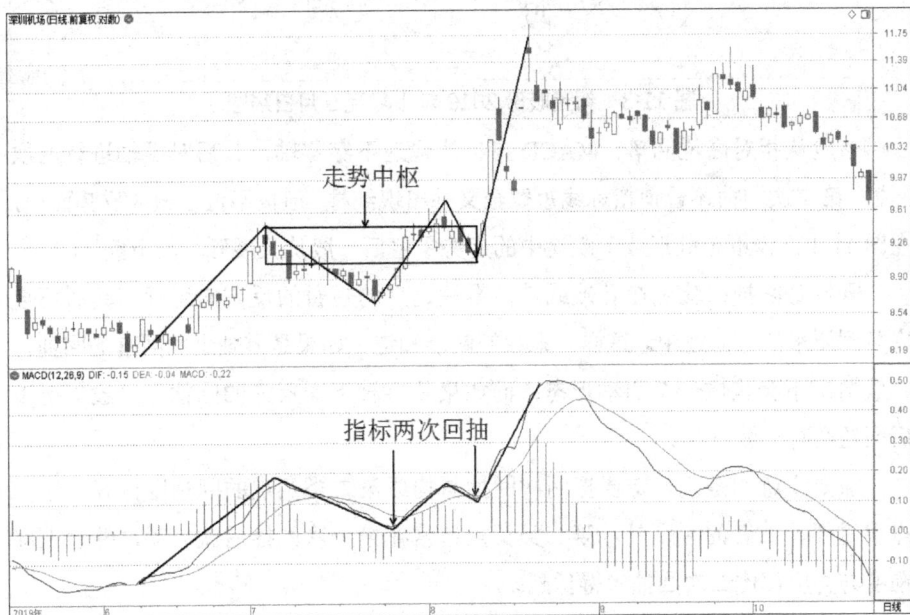

图 11-2　深圳机场 2019 年 5 月至 10 月日线图

该股由相对低位起步向上运行，MACD 指标线由下向上穿越零轴，其后对零轴进行两次回抽，图 11-2 中方框框定处就是一个走势中枢形态。

图 11-3 所示是新澳股份（603889）2019 年 1 月至 9 月的日线图。

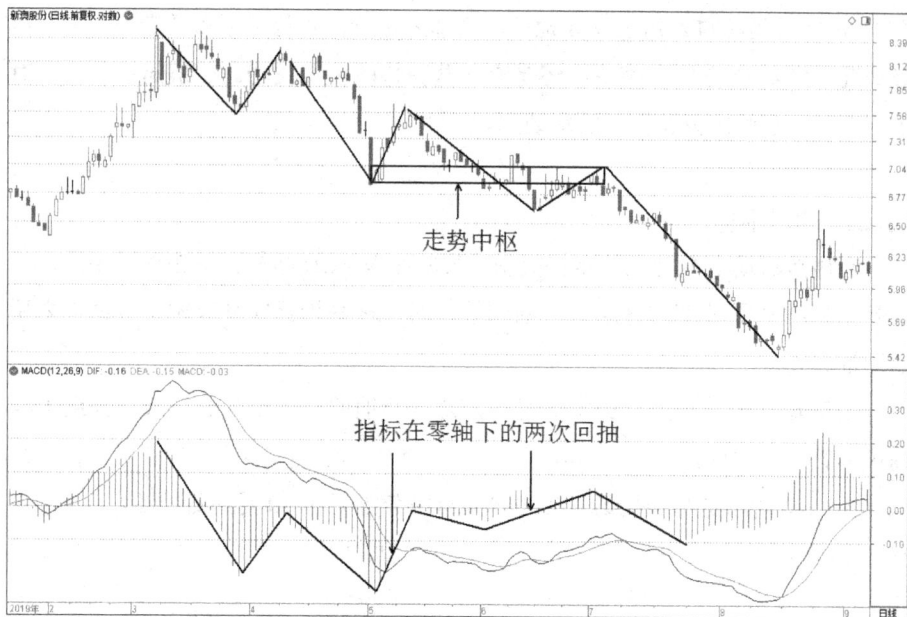

图 11-3　新澳股份 2019 年 1 月至 9 月日线图

该股从相对高位回落，MACD 指标线快速下穿零轴，其后对零轴进行两次回抽，第二次回抽还曾使指标线短暂金叉并出现红柱，但也不过是微弱反弹而已，在图 11-3 方框框定处形成下跌途中的走势中枢后，股价又展开一波下跌。

既然是回抽，就是在升破或跌破零轴之后的短暂的反方向运行，其后还会恢复到原来的方向之中。这样一来我们就能知道，如果是零轴上面回落的回抽，一般情况下会构成一个启动形态；而如果是零轴下面反弹的回抽，一般情况下后面还会有一波下跌。

需要注意的是，一定要把两次回抽与构成第二类买点的回抽区分开，这一点很重要。二者的区别是，第二类买点通常在第一次回抽后就启动，并且上涨幅度与力度都比二次回抽来得猛烈。

对于一段下跌走势来说，指标线一定在零轴下方，此时第一类买点出现后，第一次次级别上涨会把指标线拉回零轴之上。之后可能会有两种情况出现，一是完成第二段上涨，二是构成第一个中枢，无论是哪一种，都要完成三段走势。

图 11-4 所示是华泰证券（601688）2019 年 8 月至 12 月的日线图。

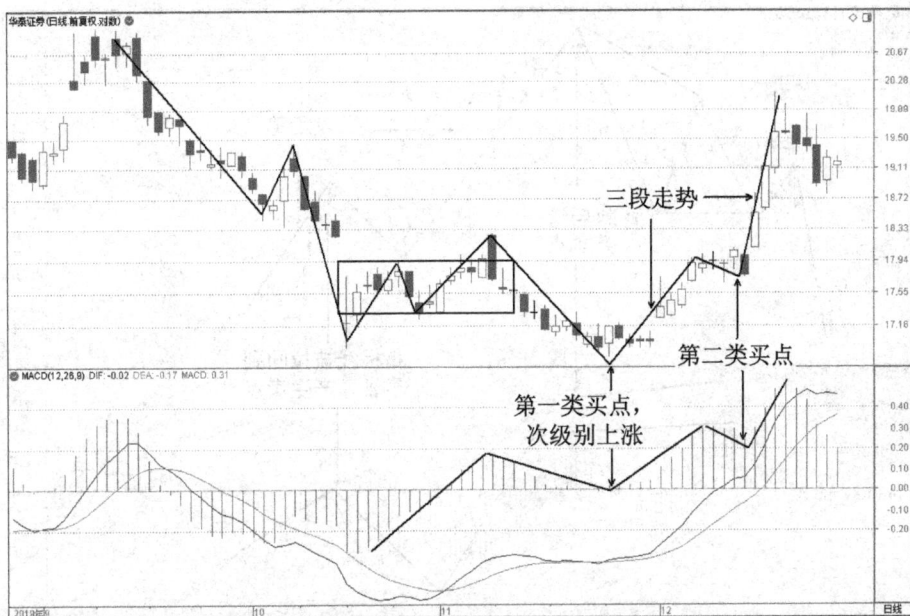

图 11-4 华泰证券 2019 年 8 月至 12 月日线图

该股左侧下跌走势在背驰发生后产生第一类买点，其后股价次级别图上的上涨把指标线拉回零轴上方，并经过回抽后二次上涨，完成标准的三段式结构。如果出现二次回抽，则符合前面的定义，价格大概率会形成一个中枢结构。

对于一段上涨走势而言，指标线一定在零轴上方，此时第一类卖点出现后第一次次级别下跌会把指标线拉回零轴之下。之后也可能有两种情况出现，一是完成第二段下跌，二是构成下跌过程中的第一个中枢。无论是哪一种情况，也都要完成三段走势。

图 11-5 所示是科华生物（002022）2019 年 11 月 8 日至 12 月 9 日的日内30 分钟图。

图 11-5 左侧的上涨走势在背驰发生后产生第一类卖点，其后股价在次级别图上面的下跌把指标线拉回零轴下方，在对零轴进行回抽后完成二次下跌，形成标准的三段式结构。如果出现二次回抽零轴走势，则符合前面的定义，价格大概率会形成一个中枢结构。

如果两次回抽形成了买点，则次级别走势一定是盘整或是下跌比较剧烈的形态，次级别 MACD 指标会产生背驰，且二段走势一定要完成。读者可以多留意，从中也能发现并确认这个交易机会。

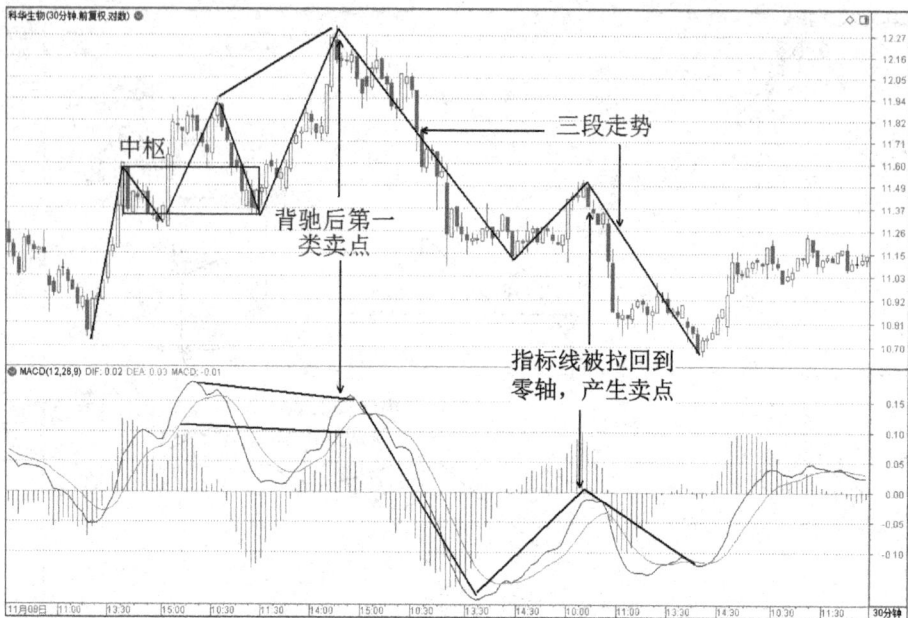

图 11-5　科华生物 2019 年 11 月 8 日至 12 月 9 日日内 30 分钟图

11.2.2　双头形态

双头也是一种市场上常见的形态。通常情况下，它只对应次级别走势中的一个中枢，如果在次级别图中观察，其结构有点类似于前面提过的两次回抽。不过与两次回抽不同的是，此种形态不会越过零轴，大多出现在零轴一侧，主要的原因还在于级别太小。

图 11-6 所示是三花智控（002050）2018 年 12 月至 2019 年 5 月的日线图。

如图 11-6 所示，该股在运行过程中于 2019 年 2 月 20 日至 26 日构成 MACD 指标双头形态，对应的价格如果从本级别图上看，其实连最基本的分型都不是，之所以标注出来主要是为了方便读者观察。要想细致地观察这里的结构，我们还要到次级别图上面去看。

图 11-7 所示是三花智控（002050）2019 年 1 月 30 日至 3 月 13 日的日内 30 分钟图。

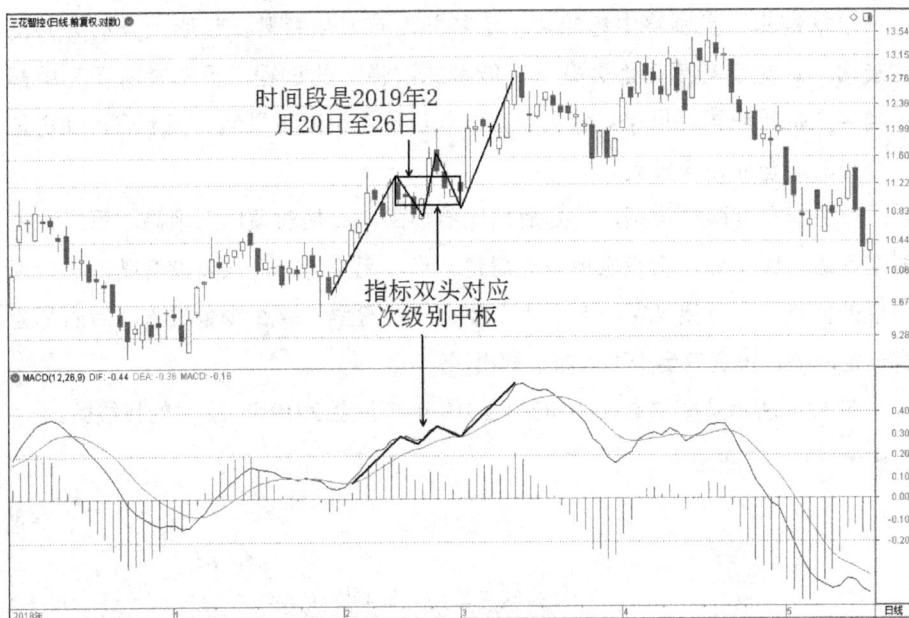

图 11-6　三花智控 2018 年 12 月至 2019 年 5 月日线图

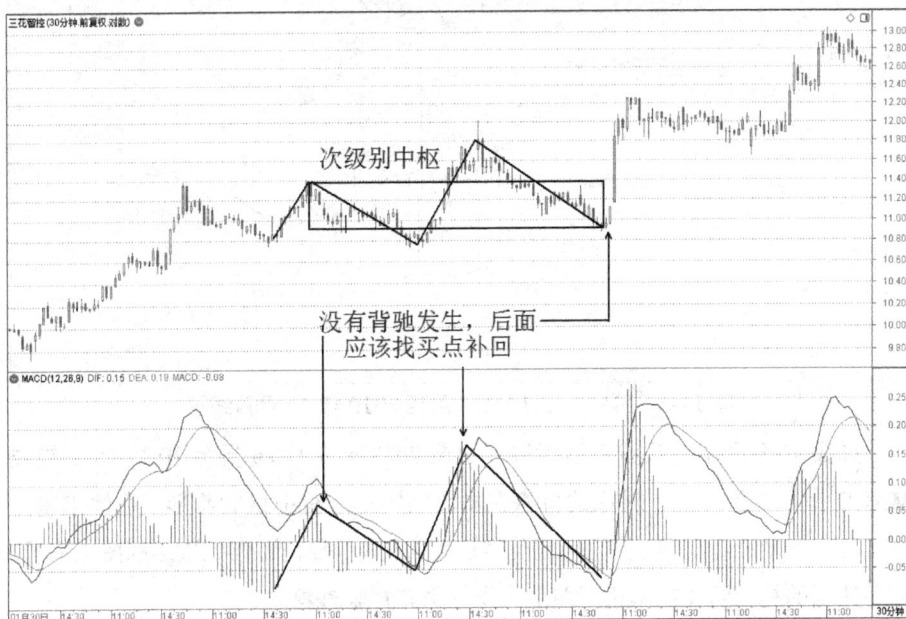

图 11-7　三花智控 2019 年 1 月 30 日至 3 月 13 日日内 30 分钟图

图 11-7 中线段标注的时间段就是图 11-6 的中枢区间段。可以看出这是

一个中枢结构，且围绕中枢的两段走势并没有发生背驰，说明上升动力并没有衰竭。这类走势后面都会有一个能量二次释放的过程，投资者需要利用第一类买点把筹码再补回来。我们看该股其后价格短期内果然大幅上涨，确实是一个好的增仓或补仓机会。

双头形态有两种类型，一是后顶比前顶高，二是前顶比后顶高。第二种类型在次级别图上面，卖点表现得更清楚一点。无论怎样，只要没有跌破次级别中枢的低点，一旦出现第一类买点，要么补回筹码，要么少量进入，后面都会有一定涨幅，投资者至少可以获小利出局。

图 11-8 所示是威尔泰（002058）2019 年 7 月至 2019 年 12 月的日线图。

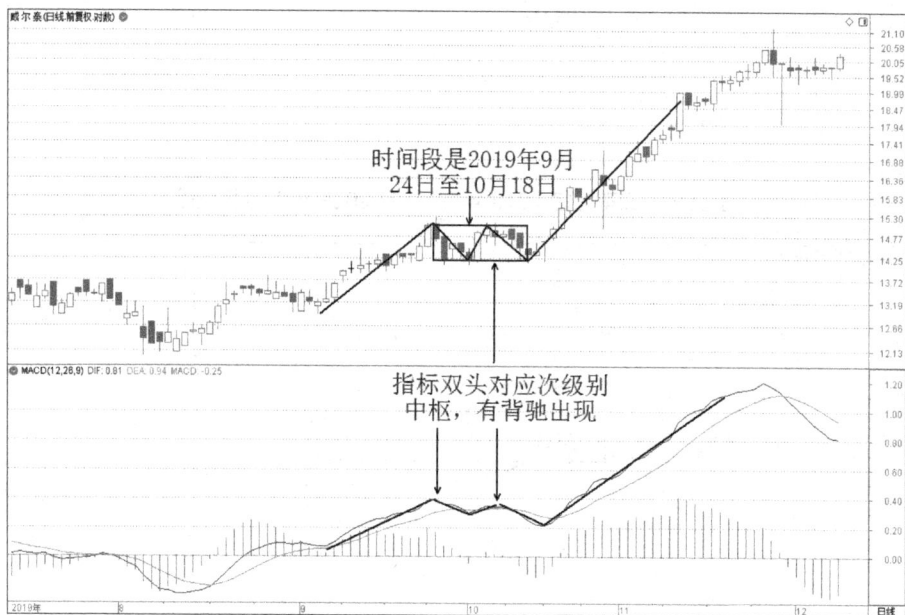

图 11-8　威尔泰 2019 年 7 月至 2019 年 12 月日线图

如图 10-8 所示，该股在运行过程中于 2019 年 9 月 24 日至 10 月 18 日构成 MACD 指标双头形态，对应的价格在本级别图上只有中枢的雏形，标注出来主要是为了方便读者观察。要想细致观察这里的结构，我们还要到次级别图上去看。需要注意的是，即使在本级别图上，指标也有背驰迹象。

图 11-9 所示是威尔泰（002058）2019 年 9 月 16 日至 10 月 25 日的日内 30 分钟图。

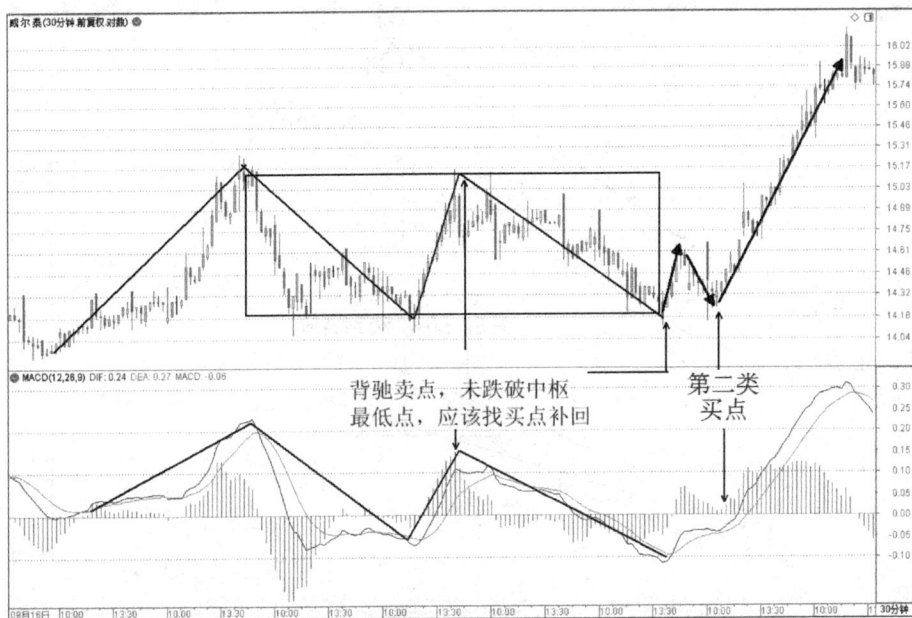

图 11-9　威尔泰 2019 年 9 月 16 日至 10 月 25 日日内 30 分钟图

　　该股就是双头形态有背驰卖点的实例,只是其后的下跌并没有跌破指标双头对应的中枢最低点,因此后续操作还是应该寻找第一类买点来补回。至于该股,我们看次级别的背驰后的第一类买点并不是很清晰,但随后的第二类买点很容易辨识,产生了一个很好的进场时机。

　　通常情况下,如果双头形态出现的位置不是很高,则其大概率是一个中继形态,后面的走势还会延续之前的方向,因此要想把握这里隐藏的买点,投资者还需要提升自己的看盘能力。

11.2.3　三角形结构

　　MACD 指标中的三角形结构有两种情况:一是扩张型,对应上涨中次级别背驰;二是收敛型,对应下跌中次级别背驰。

　　图 11-10 所示是惠程科技(002168)2019 年 12 月 9 日至 12 月 25 日的日内30 分钟图。

　　随着股价的不断上扬,MACD 指标线也向上发展,呈现出扩张型三角形态势,最后发生次级别走势背驰,引发股价下跌。图 11-10 是 30 分钟级别图,其次级别就是 5 分钟图,如果想要观察详细的背驰情况,就要到该级别图上去寻找。

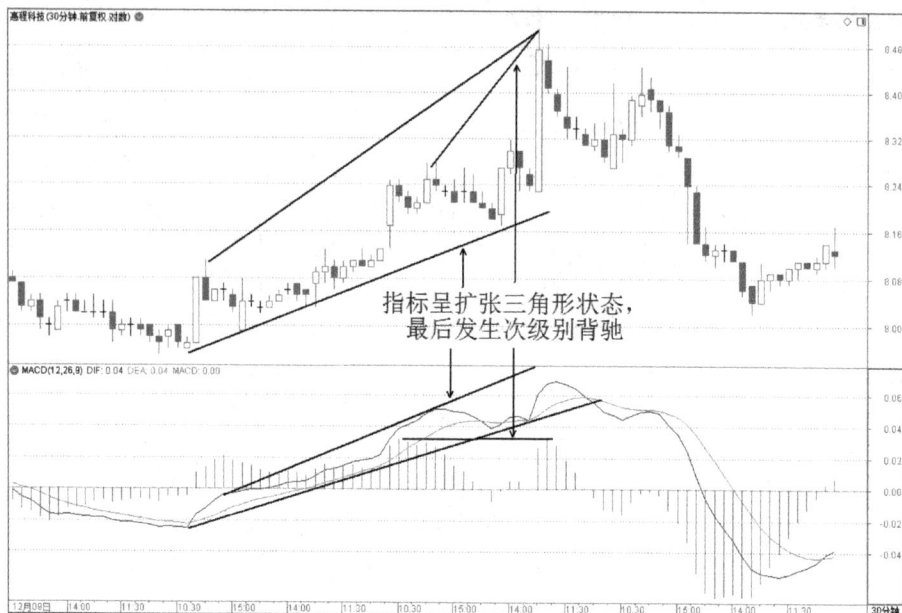

指标呈扩张三角形状态，
最后发生次级别背驰

图 11-10　惠程科技 2019 年 12 月 9 日至 12 月 25 日日内 30 分钟图

图 11-11 所示是云海金属（002182）2018 年 9 月至 2019 年 5 月的日线图。

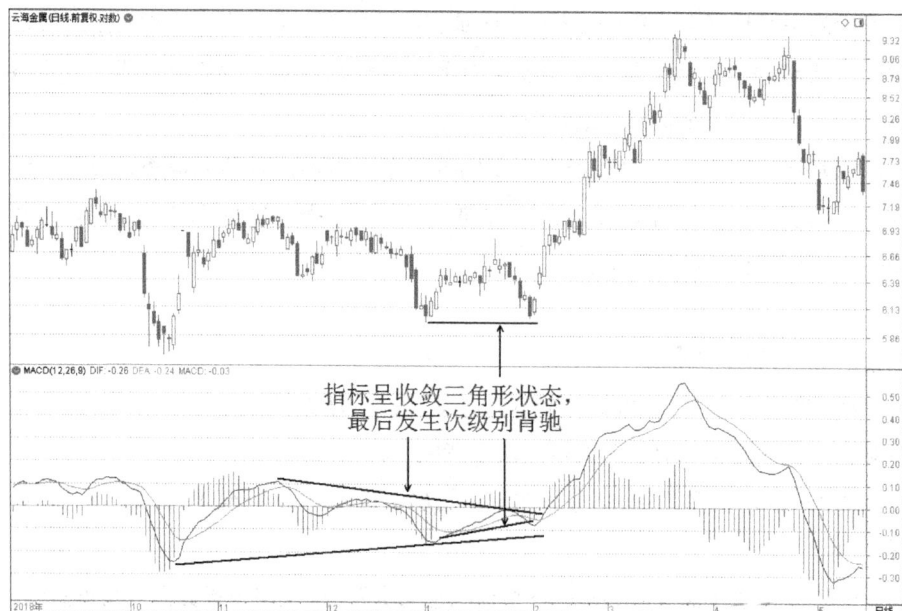

指标呈收敛三角形状态，
最后发生次级别背驰

图 11-11　云海金属 2018 年 9 月至 2019 年 5 月日线图

该股整体处在盘整态势当中，MACD 指标对应的是指标线的不断收敛，形成了三角形的一个夹角，并在最后出现背驰，引发次级别上涨。

关于 MACD 指标收敛型三角形状态，缠论作者在原文中只是粗略提到，并未详细说明，毕竟 MACD 指标在缠论中属于从属地位，仅起到辅助作用。

为了提高读者使用 MACD 指标的准确性，笔者也对缠论中涉及的 MACD 指标的三角形形态做了归纳，方便读者对照。

■ 股价持续创新高，指标线跟随价格创新高，但柱状堆持续缩短，与价格和指标线呈相反走势，一般是次级别背驰，后面会引发调整。

■ 股价持续创新低，指标线跟随价格创新低，但柱状堆持续缩短，与价格和指标线呈相反走势，一般是次级别背驰，后面会引发反弹。

■ MACD 指标线持续收敛，柱状堆持续缩短，与指标线呈正向走势，下跌过程中的背驰最终都会被突破。

■ MACD 指标线持续创新低，柱状堆持续缩短，与指标线呈反向走势，价格形成走势中枢并不断震荡，最终中枢都要被突破。

投资者要时刻牢记 MACD 指标的从属地位，在交易中真正影响投资决策的还是走势类型以及价格围绕中枢的变化，指标的一切外在形式都只是对价格的映射而已。

11.3 MACD 指标参数

当前市场上的技术指标很多，但设计采样的源头除了价格就是成交量。随便找到一个指标，只要其采样源头是价格或成交量，就都存在一个技术指标参数优化的问题。好比均线，其参数从最常见的 5 日开始，可以一直设置到 250 日，究竟哪一条均线参数最好？没有标准答案。其实缠论作者说过，最佳均线就是最符合当时市场行情走势的那条均线。问题是这种回答太笼统，投资者正因为不知道哪条均线最重要，所以才使用不同周期均线来构成均线系统。

MACD 指标也不例外。尽管其创始人杰拉尔德·阿佩尔在设计该指标时已做过大量测试，认为当前参数已经是最佳选择，但后来关于参数优化的争论自始至终也没有平息过。从不同金融市场、不同交易品种的表现来看，MACD 指标的初始参数确实可以说是优秀的，也能比较准确地反映市场走势，否则该指标也不会被称为指标之王。但就是这样，在指标使用过程中，调整指标参数以更好适应市场变化的观点还是被许多投资者所接受，这里面就包括缠论作者。

11.3.1 参数调整

缠论作者在博文中说过，他使用的 MACD 指标，其参数比普通指标大了一倍。这样做的好处显而易见——参数越大，过滤掉的杂波越多，指标信号也就越稳定，这与选择大周期均线是一个道理。但其弊端在于，参数一旦变大，原本可以在本级别显示出的一些次级别波动信号同时也被过滤掉了。归根结底，这是一个操作风格的问题，如果投资者的资金量比较大，自然可以增大指标参数，好比周线系统就是比日线系统稳定与准确一样。如果投资者的资金量小，那就没有必要增大指标参数。相反，我们可以仿照调整参数的做法，适当缩小指标参数，让原本缓慢的 MACD 指标变得快速与灵活，这样可以增加操作频次。对于保持原有指标参数不动的投资者而言，这个问题无须探讨。

缩小 MACD 指标参数，就相当于在本级别图上观察次级别走势，好处是可以为操作带来便利，增加交易机会；弊端就是容错率降低后，出错的可能性相应增大。

图 11-12 所示是创业板指（399006）2019 年 8 月至 10 月的日线图。

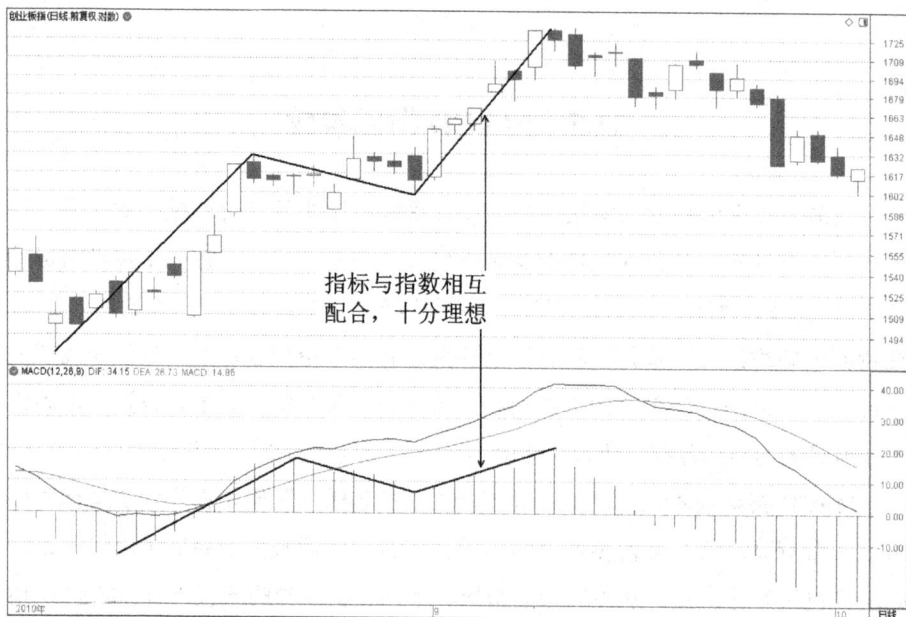

图 11-12 创业板指 2019 年 8 月至 10 月日线图

在这段横跨两个月的时间段里，指标与价格配合得十分理想。随着价格的持续升高，指标也同步创出新高，表示上升动能还是十分充足的，后市理应进一步看好。但其后指数并没有再创新高，而是逐级走低，这是为什么呢？

图 11-13 所示是创业板指（399006）2019 年 8 月 5 日至 9 月 17 日的日内 30 分钟图。

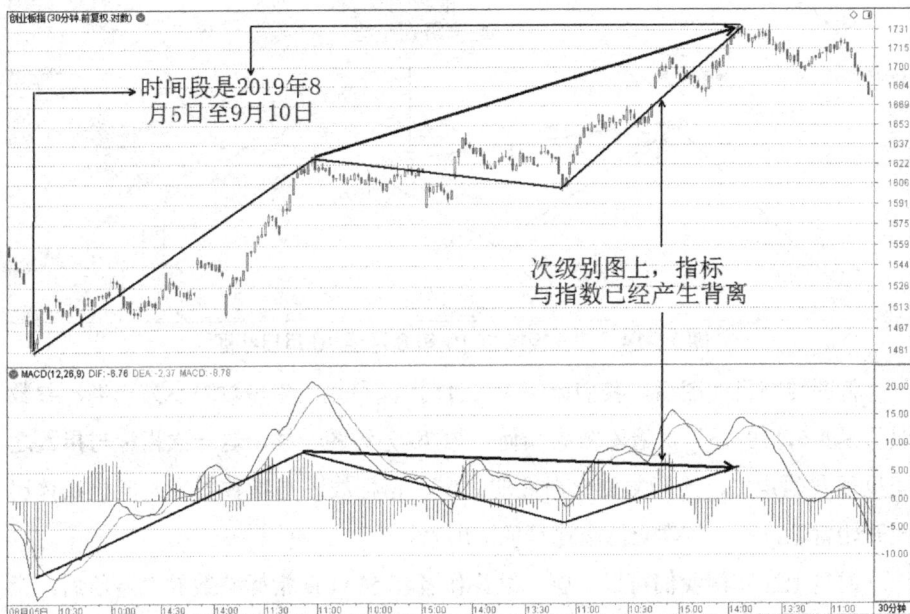

图 11-13　创业板指 2019 年 8 月 5 日至 9 月 17 日日内 30 分钟图

我们看创业板指次级别图，也就是日内 30 分钟图可以发现，在 2019 年 8 月 6 日至 9 月 10 日这个时间跨度内，也就是日线级别时间段内，指标与指数走势呈现出背驰态势，这就能解释为何日线图上指标与指数虽同步创新高，但指数后续却下跌。这种现象说明在日线级别图上面，MACD 指标由于表现缓慢而错过了一个好的卖点。

图 11-14 所示是创业板指（399006）2019 年 8 月至 10 月的日线图，只不过在这幅图上，我们将 MACD 指标的参数缩小为一半。

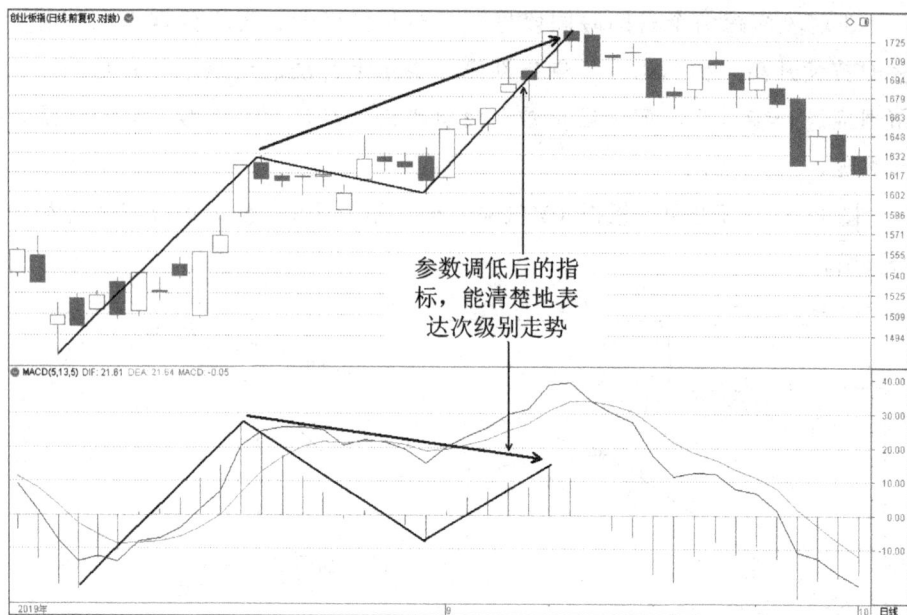

参数调低后的指标，能清楚地表达次级别走势

图 11-14　创业板指 2019 年 8 月至 10 月日线图

将图转回日线图后，我们调整 MACD 指标参数，将参数缩小为一半，参数取值是"5，13，5"，看看效果如何。与 30 分钟图一样，这一次指标与指数之间呈现背驰走势，当指数创出新高的时候，指标线还与指数同步，但柱状体已经开始背驰，第一类卖点清晰地呈现了出来。

通过上述实例我们可以了解，缠论作者将 MACD 指标参数放大一倍后，指标效果就相当于在日线级别看到了周线 MACD 指标的变化。因为稳定，所以效果好，这对于指导大资金进出市场是非常有利的。我们将 MACD 指标参数缩小为一半，指标效果就相当于在日线级别看到了次级别 30 分钟图上 MACD 指标的变化。因为变化频率较快，所以利于普通投资者操作，以此来提高效率。

MACD 指标原始参数是"12，26，9"，缩小为一半后为什么是"5，13，5"呢？其实这与时间周期有关。MACD 指标最初被设计出来的时候，交易制度还是每周 6 个交易日，2 周就是 12 天，1 个月有 4 个交易周，就是 24 天。由于每月是 30 天，4 个交易周仅仅是 28 天，这样还富余 2 个交易日，加在一起就是 26 天。至于选择 9，就是取一周半的数值。双休日制度施行后，2 周有 10 个交易日，1 个月是 24 天，各缩小为一半就是 5 与 12。考虑到斐波那契数列中数字 13 与 12

接近，因此取 5、13 作为参数。9 缩小为一半是 4.5，但软件上不允许设置小数，取整就是 5，这样"5，13，5"就是缩水为一半的指标参数。

如果投资者一直使用 30 分钟图进行交易，愿意像缠论作者那样采用高级别指标信号确定交易时机，也可以将 MACD 指标参数放大一倍，这样就能在本级别图上看到高级别指标信号，这也是一种可行之策。如果放大参数，目前普遍采用"26，55，13"参数组合，感兴趣的读者可以去尝试一下。

11.3.2　指标双用

最好的投资方法还是多周期互换来看盘，它能让投资者体会到价格在不同周期间那种既独立又彼此相关的立体联动性，可以很好地培养投资者的盘感，对投资者理解缠论中的区间套、走势类型、中枢等都大有裨益。可是现代社会中每个人压力都很大，投资者可能很少有时间与精力坚持做到这一点，为此笔者借鉴 MACD 指标参数优化的方法，在这里向大家推荐一个"指标双用"的投资技巧。

所谓指标双用，就是在一个固定级别内使用两套 MACD 指标，一个代表本级别，一个代表次级别；或者一个代表本级别，一个代表高级别。笔者建议普通投资者采用前者。以日线级别为例，我们保持原始参数的 MACD 指标不动，借此观察本级别价格变化。另外，再设置一个 MACD 指标，将参数缩小为一半，用以观察次级别走势。当然，最好的情况是三级联动，形成一个立体操作模式。不过即使在缠论原文中，作者也大部分是在讨论次级别走势对本级别的帮助，而很少同时提到高级别对本级别的影响，所以两级联动的投资模式也完全可以适应市场的变化。

我们以创业板指为例，看看怎样理解这种指标双用的看盘方法。

图 11-15 所示是创业板指（399006）2019 年 8 月至 10 月的日线图。在这幅图上，我们确定日线图为本级别，在图上面使用 5 日、10 日均线构成最简单的均线系统，同时采用指标双用模式，设置两个 MACD 指标，只不过其中一个参数缩小为一半，用以观察次级别走势。

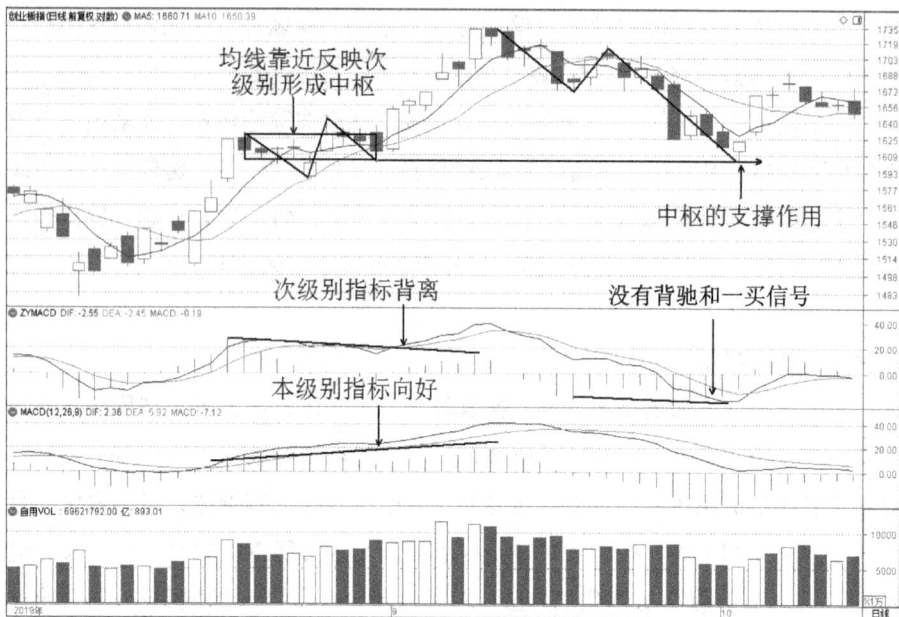

图 11-15　创业板指 2019 年 8 月至 10 月日线图

在图 11-15 中，主图上均线系统曾有过一次接触行为，两条均线靠得很近，价格也呈现出小规模震荡走势，这往往是次级别图产生中枢的地方。其后指数继续向上拓展空间，此时我们看到次级别 MACD 指标给出背驰信号，而本级别指标却没有任何反应。这是一种很正常的现象，因为高级别决定低级别，这样的结构说明在本级别图中上升动能并没有释放完毕，哪怕前面完成三段式结构后会有一个调整，但后面还会有一波攻势，只有等到本级别指标出现背驰后上涨动能才会完全耗尽。正确的做法是，利用次级别指标信号先出掉部分仓位，降低原有持股成本，然后等待指数下跌，再利用次级别指标产生的第一类买点把出掉的仓位补回来。这样一来，就实现了缠论所说的买点定律原则。

需要注意的是，中枢是成本汇聚的地方，一旦中枢形成，对后面行情往往有支撑或阻力作用。本例就是如此，我们看到指数在回落至中枢延长线时出现了企稳反弹行情，观察本级别指标，指标线快速向零轴回抽，对这次小反弹根本没有反应。再看次级别指标，我们看到这里没有出现背驰，也就表明这里没有第一类买点存在，说明发生在中枢延长线上的反弹仅是一个技术性反弹，而不是一个可以操作的位置，正确的做法就是再等等看。

图 11-16 所示是创业板指（399006）2019 年 8 月至 11 月的日线图，也是

图 11-15 的延续。

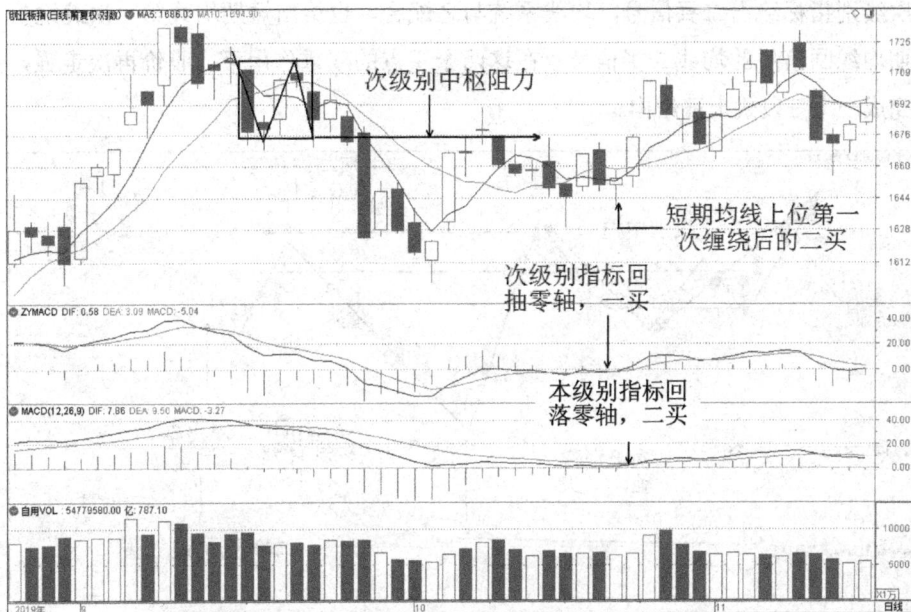

次级别中枢阻力

短期均线上位第一次缠绕后的二买

次级别指标回抽零轴，一买

本级别指标回落零轴，二买

图 11-16　创业板指 2019 年 8 月至 11 月日线图

指数在次级别指标发生背驰后开始下跌，在下跌过程中又形成了一个次级别中枢，并且这个中枢变身压力位，阻挡了指数其后的反弹，让指数再次回落。此时短期均线排列在上与长期均线缠绕回落，正是均线系统中第二类买点的位置。我们看次级别 MACD 指标，指标线低位向上后回抽零轴，由于前面下跌没有背驰发生，所以现在的买点就是次级别指标的第一类买点。再看本级别 MACD 指标，指标线从高位回落到零轴，由于前面本级别指标没有背驰发生，预示会有二次上攻机会，所以这个位置就是本级别指标的第二类买点。

我们再看一个实例。

图 11-17 所示是中国平安（601318）2019 年 6 月至 9 月的日线图。

该股由相对高位回落，股价的波动似乎没什么特别之处，其实隐藏在次级别图中的是一个走势中枢。股价看起来要离开这个中枢，但后被反向拉回并直接破底。本级别 MACD 指标此时没有丝毫反应，但次级别 MACD 指标却给出一个背驰后的第一类买点信号。其后价格展开反弹，在中枢上边沿延长线以及波段高点的双重压力下见顶。注意，卖点处的那条阳线看起来力度很大，但在次级别指标上，却是一个更小的、次级别的次级别的背驰，导致股价在长阳线后立刻回落。此时，两个不同级别的 MACD 指标均完成指标回抽零轴的动作，次级别指标给出二买信号，均线系统与之配合，也给出短期均线第一次缠绕长期均线回落后的均线二买信号。在这两个买点的双重作用下，股价再次走强，完成一个三段式上涨结构。

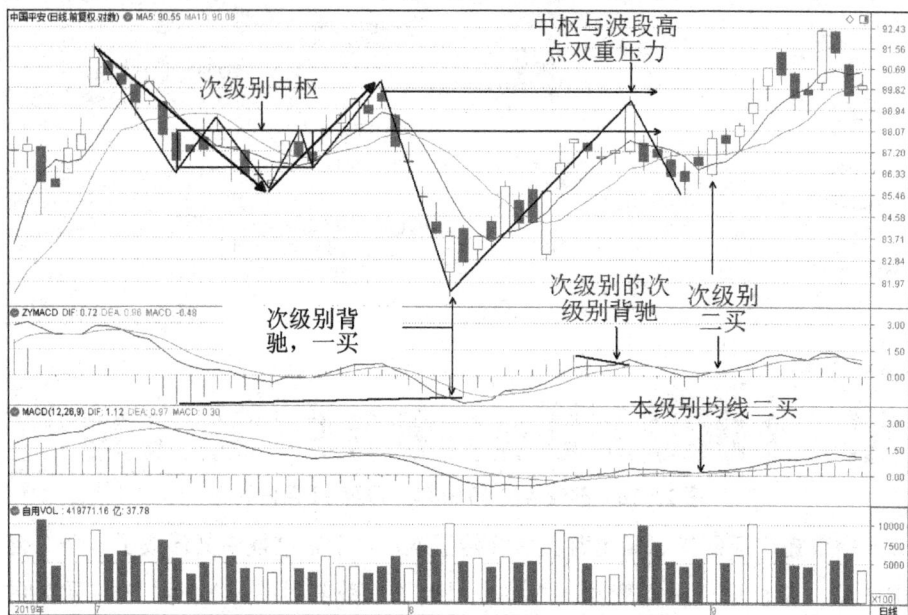

图 11-17　中国平安 2019 年 6 月至 9 月日线图

类似该股这样的小波段走势在市场上很常见，如果把握得好，每一次进出都会有 5% ～ 10% 的收益，即使一个月只做一次，半年的收益也会很可观，远比寻找黑马股强得多。当然，用缠论作者的话来说，这么做的前提是要找到一些波动比较大的股票。

指标双用模式其实属于缠论中高低级别配套操作的内容，也可以理解成简易版的区间套。严格来讲，缠论的操作应该是在 3 个级别联立，形成立体结构的情况下进行的。例如，我们以日线级别作为本级别，那么就可以在次级别 30 分钟图上寻找比较精确的买卖点，利用买点定律做短差、降成本。与此同时，还可以利用周线级别决定日线级别的操作节奏并确定趋势方向。综合分析 3 个级别的情况当然是最有效率的操作，但在没有完全熟悉并掌握这套方法前，指标双用不失为一个好的办法，它既可以减轻投资者的工作量，又能保证很好的交易效果，只要大家有意识地进行自我训练，相信可以很快熟练地掌握这套方法。